참 신앙과
거짓 신앙

참 신앙과
거짓 신앙

ⓒ 생명의말씀사 2019

2019년 12월 16일 1판 1쇄 발행
2024년 7월 18일   5쇄 발행

펴낸이 l 김창영
펴낸곳 l 생명의말씀사

등록 l 1962. 1. 10. No.300-1962-1
주소 l 서울시 종로구 경희궁1길 6 (03176)
전화 l 02)738-6555(본사) · 02)3159-7979(영업)
팩스 l 02)739-3824(본사) · 080-022-8585(영업)

지은이 l 김형익

기획편집 l 임선희, 전보아
디자인 l 조현진
인쇄 l 영진문원
제본 l 보경문화사

ISBN 978-89-04-16691-6 (03230)

저작권자의 허락없이 이 책의 일부 또는 전체를
무단 복제, 전재, 발췌하면 저작권법에 의해 처벌을 받습니다.

참 신앙과 거짓 신앙

김형익 지음

생명의말씀사

추천사

믿는 자로 살아가는 것이 쉽지 않은 시대입니다. 절대 진리를 거부하며 모든 가치를 인정하라고 강요하는 오늘날에는 예수 그리스도만이 길이고 진리라고 외치는 것만으로도 편협하고 시대착오적인 사람이 되어 버리기 때문입니다. 이처럼 혼란스러운 시대에 '참 신앙과 거짓 신앙'을 이야기하는 책이 출간되어 반갑습니다. 이 책은 모두가 중요성을 절감하는 신앙의 본질을 이야기합니다. 진리와 비진리를 분별하지 말고 자기 소견에 옳은 대로 행복하게 살자는 그럴 듯한 유혹에 맞섭니다. 이 땅을 살아가는 모든 사람에게 구원보다 중요한 문제는 없고, 그 문제를 해결하려면 하나님께서 인정하시는 참된 그리스도인이 되어야 한다고 강조합니다.

성경적인 가르침을 언제나 명확하게 선포하시는 김형익 목사님은 이 책에서도 핵심을 피하지 않으면서도 목회자의 따뜻한 마음을 담아 우리 모두가 참된 신앙의 길로 들어설 것을 간곡히 권면합니다. 또한 단지 교회에 다니는 것으로 자신이 구원받았다고 여기는 안일한 교인들을 일깨우며 말씀 앞에서 자신의 신앙을 점검할 수 있도록 도와줍니다.

이 책으로 많은 사람이 자신의 신앙과 삶을 돌아보면 좋겠습니다. 저자의 당부처럼, 다른 사람을 판단하기보다 스스로 온전한 그리스도인으로 자라갈 것을 결단하며 하나님의 은혜를 구하면 좋겠습니다.

하나님을 사랑하며 기꺼이 좁은 길을 걸어가는 이 땅의 많은 성도들에게 이 책을 추천합니다. 더불어 이 책을 통해 하나님을 바로 알고 참된 신앙의 길을 걷는 신자들이 한국 교회에 넘쳐나기를 소망합니다.

– 이찬수 목사(분당우리교회)

『우리가 하나님을 오해했다』에서 선하신 하나님에 대한 바른 이해가 어떻게 신앙에 영향을 미치는지 보여 준 저자는 이번 책에서 그 참된 신앙이 어떠한 특성을 가지는지, 어떠한 성품으로 드러나는지, 어떠한 행위로 열매 맺는지를 정교하게 보여 줍니다. 그럼에도 이러한 종류의 책에서 흔히 저지르는 실수, 즉 구원을 받는 것과 그 유익을 누리는 것이 마치 우리의 행위에 따라서 결정되는 것 같은 인상을 주지 않습니다. 이 책이 가지고 있는 두 가지 특징 때문입니다.

첫째로 본서는 각 장의 모든 내용이 성경에 철저히 기반을 둘 뿐 아니라 다양한 본문의 원 의미를 명료하게 드러내기 때문에 독자들로 하여금 자신이 확고한 하나님의 말씀으로 안내를 받고 있다는 확신을 얻게 합니다.

둘째는 저자가 오랜 목회사역을 통해 얻은 영혼을 다루는 지혜를 통해 따뜻하고 섬세하게 인도와 돌봄을 받을 수 있습니다. 즉 성도들이 자신의 믿음을 점검하며 돌이켜 봐야 할 지점에서 자신의 행위를 의지하는 방식으로 엇나가지 않도록 섬세한 코칭을 줍니다. 따라서 성도들은 명료하고 든든한 성경적 가르침 위에서, 막연한 두려움이 아닌 하나님의 성품을 아는 경외함으로 자신의 신앙을 시험할 수 있습니다.

참된 신앙이 주는 "믿고 말할 수 없는 영광스러운 즐거움으로 기뻐하기를 원하는 성도"라면 이 책을 통해 배부름을 경험하게 될 것입니다. 18세기의 탁월한 걸작 『신앙감정론』을 통해 누릴 수 있는 유익을 21세기 한국의 독자들은 이 책을 통해 누릴 수 있을 것입니다.

— 이정규 목사(시광교회)

서른세 살, 재발된 암으로 인해 두 번째 수술을 치른 후 극심한 고통과 씨름하고 있을 때 김형익 목사님에 대해 처음 듣게 되었습니다. 제대로 움직이지도 못한 채 귀만 열어 놓고 있던 때에 목사님의 설교를 들으며 저는 주어진 상황을 완전히 다르게 바라볼 수 있게 되었습니다. 꺼져 가는 불씨에 기름을 들이붓는 듯한 목사님의 설교가 지금도 귀에 울립니다. 저는 그 설교의 내용을 통해서 선하신 하나님에 대한 신뢰와 믿음이 생겼으며, 모든 상황을 만족하며 기뻐할 수 있게 되었습니다.

제가 투병하던 당시 들었던 여러 설교 중 하나가 '참 신앙과 거짓 신앙' 시리즈입니다. 다른 설교도 책으로 출판된다면 더할 나위 없이 기쁘겠지만, 저는 이 책이 성도 모두에게 큰 유익을 가져다주리라 믿어 의심치 않습니다.

김형익 목사님이 시작하는 글에서 밝히시듯, 이 책은 조나단 에드워즈의 『신앙감정론』 내용을 바탕으로 설교한 것입니다. 신학생 시절 두꺼운 『신앙감정론』을 읽으며 큰 도움을 받았지만, 그 책을 읽는 것은 많은 시간과 에너지가 소모되는 일이었습니다. 보화 같으나 읽기 쉽지 않던 에드워즈의 책이 사려 깊은 안내자의 손에 들려지고, 소화되고, 또 설교된 후, 다시 우리에게 주어졌습니다.

저는 이 책의 출간이 진심으로 기쁩니다. 절망과 고통 속에서 신음하는 또 다른 누군가를 일으켜 주리라 기대하기 때문입니다. 성경의 기준에 따라 자신의 신앙을 점검하며, 자신의 정체성을 예수 그리스도와 그분의 말씀 위에 세우길 바라는 모든 성도들에게 이 책을 기쁘게 추천합니다.

— 심성현 강도사(천안하나교회)

오늘날 성도들의 '신앙이 성장하지 않거나 더딘 이유'가 무엇일까 늘 생각합니다. 수많은 이유가 있겠지만, 많은 사람이 영혼의 변화와 성숙에 놀라울 정도로 무관심하고 간절함도 전혀 없는 것을 봅니다. 본인의 신앙 정서나 태도에 대한 솔직한 질문과 깊은 사고는 물론 위기의식조차 없습니다. 입술의 신앙고백은 있어도 근본적인 회개, 회심이 없습니다. 종교적 행위와 희열에 스스로 속고 만족할 뿐, 자기 삶의 변화는 없습니다.

때마침 저자는 계속해서 본질적인 것을 질문합니다. 위선의 가면을 쓰고 바른 신앙을 저해하는 영혼의 상태에 대해 묻습니다. 눈에 보이는 것에만 치우쳐서 보이지 않는 영혼의 문제에 소홀하여 정작 중요한 것을 놓치고 있는 것들은 무엇인지 낱낱이 살펴봅니다. 자기 영혼에 관대하고 타협에 능숙한 고질적인 병폐를 뿌리 뽑을 것을 천명합니다. 우리 존재의 정체성과 자아, 인간 본성의 지배적인 감정, 타성에 젖은 신앙, 여전히 숨어 있는 죄의 습성에 대해 충분히 숙고하고 반성하게 합니다.

자기기만과 신앙의 거품을 제거하고 참된 신앙과 거짓 신앙을 분별하는 데로 도약하고 싶다면, 이 책이 아주 좋은 수단이 될 것입니다. 하나님과 우리의 관계 설정을 체크해 주고, 하나님과 우리의 영적 환경 설정을 초기화해 주기 때문입니다.

참된 신앙과 거짓 신앙의 분별과 회심의 문제는 가장 중요하기 때문에 결코 잊혀진 주제가 되어서도 안 되고, 버려져서도 안 됩니다. 이 책을 통해 많은 사람이 거룩한 삶을 살라고 촉구하는 경고의 목소리에 귀 기울이고, 과거의 잘못된 신앙 방식으로부터 돌아서면 좋겠습니다.

— 서자선 집사(광현교회)

시작하는 글

교회에서 무시되어 온 가장 중요한 주제

거듭남과 회심은 교회 안에서 가장 무시되고 있는 가장 중요한 주제입니다. 저는 이 주제가 교회 안에서 가장 무시되고 있는 가장 중요한 주제 가운데 하나라고 말하고 싶지 않습니다.

거듭남과 회심은 어느 시대, 어떤 사람에게든지 절대적으로 시급하고 중요한 주제입니다. 이것은 우리 주님의 가르침의 핵심일 뿐 아니라, 성경 전체가 일관되게 가르치는 내용입니다.

주님께서 유대교의 지도자이며 율법 학자였던 니고데모에게 "진실로 진실로 네게 이르노니 사람이 거듭나지 아니하면 하나님의 나라를 볼 수 없느니라"(요 3:3)고 하신 말씀은 어느 시대에나 그랬고, 오늘 우리에게도 들려져야만 하는 말씀입니다.

이 땅에 태어나 살아가는 모든 사람에게 거듭남보다 중요한 문제는 없습니다. 물론 대부분의 사람들은 그 문제를 거의 무시하거나 중요하지 않은 일로 여기고 살아가지만 말입니다.

교회 안으로 들어가 보십시오. 교회에서 우리는 거듭남과 회심이라는 주제를 얼마나 자주 들을 수 있습니까? 매 주일 오전 예배당 안에 앉아 있는 많은 사람이 "당신이 거듭나지 않으면 하나님 나라를 볼 수 없다"는 말씀을 얼마나 자주 들을 수 있을까요? 거듭남과 회심은 교회 강단에서조차 잊혀진 주제가 되어 버린 느낌입니다.

그 결과 사람들은 교회에 등록하고 주일마다 예배에 참석하고 최소한의 활동을 하는 것으로 자신들의 구원을 확인하게 되었습니다. 구원의 확신이라는 놀라운 선물과 특권은 익숙하게 훈련된 자기긍정 이상도 이하도 아니게 된 것입니다. 더 이상 교회는 예수를 "보지 못하나 믿고 말할 수 없는 영광스러운 즐거움으로 기뻐"하는(벧전 1:8) 것이 무엇인지 도무지 알지 못하는 사람들의 모임이 되었습니다.

제가 대학 시절에는 서구 기독교의 문제가 명목상의 신자들이 너무나 많다는 것이라는 이야기를 종종 들었습니다. 그런데 이제 복음이 전해진 지 150년도 채 되지 않은 한국 교회가 무수한 명목상의 신자들로 채워지고 있다는 부인할 수 없는 현실을 직면하게 되었습니다.

지난 30여 년 동안 한국 교회는 '교회 성장'이라는 기치 아래 놓쳐 버린 것이 너무나 많습니다. 더 많은 사람들을 교회로 끌어들이기 위해서 교회는 문턱을 더 낮추어야만 했고, 문턱을 낮추기 위해서 복음에 적당량의 물을 타야만 했습니다.

고린도후서에서 바울 사도를 통하여 주시는 하나님의 말씀에 의하면 복음에 물을 타는 행위는 거짓 사도, 거짓 교사들이 하는 일입니다. 바울 사도의 말을 기억할 필요가 있습니다. "우리는 수많은 사람들처럼 하나님의 말씀을 **혼잡하게** 하지 아니하고 곧 순전함으로 하나님께 받은 것같이 하나님 앞에서와 그리스도 안에서 말하노라. … 이에 숨은 부끄러움의 일을 버리고 속임으로 행하지 아니하며 하나님의 말씀을 **혼잡하게** 하지 아니하고 오직 진리를 나타냄으로 하나님 앞에서 각 사람의 양심에 대하여 스스로 추천하노라"(고후 2:17, 4:2).

"혼잡하게"라는 말을 직역하면 '물을 타서'라는 말입니다. 사도들은 이런 거짓 사도들, 거짓 교사들과 싸워야 했고, 이것은 2000년의 교회 역사에서 언제나 있어 온 진리의 싸움이었습니다.

저는 작금의 한국 교회야말로 이 싸움이 시작되어야 할 적기라고 생각합니다. 그리고 이 책이 비록 미미할지라도 그 싸움에 불을 지피는 하나의 불씨가 되었으면 하는 바람을 가지고 있습니다.

가장 깊은 신앙의 고민

저는 자신의 구원 문제로 고민하는 분들을 알고 있습니다. '나는 참으로 거듭난 사람이 맞을까?' '내가 거듭났다는 것을 어떻게 확인할 수 있을까?' '구원의 확신을 어떻게 얻을 수 있을까?' 그들을 정말 힘들게 하는 것은 이런 신앙의 고민을 내놓을 데가 없다는 것입니다. 가슴 아프게도 이런 고민을 하는 분들이 교회 안에서 이 고민을 풀 수가 없습니다. "너무 고민하지 말고 쉽게 믿으세요."라든지, "그렇게 의심하지 말고 무조건 믿으세요."라는 식의 어이없는 대답이 돌아오기 때문입니다.

우리는 바울 사도가 고린도교회 성도들에게 도전했던 말을 어떻게 받아들여야 할까요? "너희는 믿음 안에 있는가 너희 자신을 시험하고 너희 자신을 확증하라. 예수 그리스도께서 너희 안에 계신 줄을 너희가 스스로 알지 못하느냐? 그렇지 않으면 너희는 버림받은 자니라"(고후 13:5). 또 성령님께서 사도 요한을 통하여 하신 말씀은 어떻게 받아들여야 합니까? "우리는 형제를 사랑함으로 사망에서 옮겨 생명으로 들어간 줄을 알거니와 사랑하지 아니하는 자는 사망에 머물러 있느니라. 그 형제를 미워하는 자마다 살인하는 자니 살인하는 자마다 영생이 그 속에 거하지 아니하는 것을 너희가 아는 바라"(요일 3:14-15).

사도 바울이 고린도교회 성도들의 믿음을 흔들고 있는 것입니까? 사도

요한은 왜 공연히 형제 사랑이라는 근거를 내세워 생명에 들어간 자와 사망에 머무는 자를 나누려고 하는 것입니까?

성령님께서 사도들을 통하여 기록하여 주신 말씀이 왜 오늘날 우리 교회의 강단에서는 들려질 수 없으며, 설혹 들려진다고 하더라도 그토록 완화된 채, 죽이지도 살리지도 못하는 무력한 소리가 된 것입니까?

이런 가르침은 청교도들의 설교 전통에서 분명하게 회복되고 드러났습니다. 그들은 영혼의 거듭남과 회심을 위해서 설교했고, 그들의 간절한 열망은 그들의 설교 속에 고스란히 녹아서 선포되었습니다. 18세기의 조지 휫필드(George Whitefield), 19세기의 찰스 스펄전(Charles Haddon Spurgeon), 20세기의 마틴 로이드존스(Martyn Lloyd-Jones)의 이름을 거론할 필요가 있을까요? 그들의 설교는 늘 참된 신자와 거짓된 신자를 분별하는 도전과 함께, 참된 믿음으로의 회심을 촉구하는 내용을 담았습니다. 실로 많은 사람이 설교를 통해서 거듭나고 회심에 이르는 은혜로운 역사들이 그들의 시대에, 그들의 교회에서 일어나곤 했습니다.

하지만 오늘날 이 글을 읽는 독자들이 부인할 수 없을 정도로 현저한 하나의 현상은, 교회 안에서 회심이 많이 일어나지 않는다는 것입니다. 물론 우리는 이것이 오늘 우리 시대를 향한 하나님의 뜻이라고 말해야 할지도 모릅니다. 그러나 이런 현상이 일어나는 하나의 원인을 교회의 말씀 선포와 가르침에서 찾아야 하는 것은 아닐까요? 사도 베드로는 "너희가 거듭난 것은 썩어질 씨로 된 것이 아니요 썩지 아니할 씨로 된 것이니 살아 있고 항상 있는 하나님의 말씀으로 되었느니라"(벧전 1:23)고 말했습니다. 야고보서에서도 이 말씀과 같이 "그가 그 피조물 중에 우리로 한 첫 열매가 되게 하시려고 자기의 뜻을 따라 진리의 말씀으로 우리를 낳으셨느니라"(약 1:18)라고 동일하게 말씀합니다.

복음은 선명하게 선포되고 들려져야 합니다. 그리고 참 신앙과 거짓 신앙이 무엇인지 분별할 수 있도록, 자신이 참으로 거듭난 신자인지 아닌지 확인할 수 있도록 분명하게 선포되어야 합니다.

이 책은 본래 강단에서 설교로 전해진 내용을 책으로 엮은 것입니다. 이 점에서 복음의 선명한 선포, 그리고 참 신앙과 거짓 신앙의 분별 문제를 다루어야 하는 동료 목회자들뿐 아니라, 이 문제를 풀지 못한 채 고민하는 믿음의 형제들에게 유익한 길잡이가 되기를 바라는 마음입니다.

이 책 사용설명서

바로 앞에서 말씀드렸듯이, 이 책의 내용은 본래 설교였습니다. 설교는 그 시간, 그 공간에서 그 회중에게 전해진 말씀입니다. 설교가 글이 될 때, 그 맥락과 상황이 고스란히 담길 수는 없는 것입니다. 그래서 많이 다듬고 상당한 내용이 편집되었음에도 불구하고 오독되거나 오해될 소지가 있습니다. 이런 이유로 저는 이 책이 전자제품이 아님에도 불구하고 사용설명서가 필요하다고 느낍니다.

이 책의 용도는 제목에서 드러나듯이, 자신의 신앙의 참됨과 거짓을 분별하는 것입니다. 자신이 우리 시대의 일반적인 신자들과 비교해 볼 때 괜찮은 신자인지 보는 것이 아니라, 하나님의 말씀인 성경의 가르침이라는 절대적 기준 앞에서 참된 신자인가를 보게 하는 것입니다.

R. C. 스프룰(R. C. Sproul)은 구원의 확신을 기준으로 교회 안의 사람들을 네 범주로 분류했습니다.[1] 첫째는 구원받았고, 그것을 아는 사람입니다. 이들은 참으로 거듭났고 구원을 확신하는 경우입니다. 둘째는 구원받았고, 그것을 모르는 사람입니다. 그는 참으로 거듭났지만 자신의 구원을 확신하지 못하는 경우입니다. 셋째는 구원받지 못했고, 그것을 아는 사람입니다. 넷째는 구원받지 못했고, 그것을 모르는 사람입니다. 이 사람은 확실히 거듭나지 않았지만, 거짓된 구원의 확신에 머무는 경우입니다. 당신은 이 네 경우 중 어디에 속한다고 생각하십니까? 저는 이 네 범주의 사람들이 각각 어떻게 이 책을 사용하는 것이 좋은지 간단한 지침을 드리겠습니다.

첫 번째 경우입니다. 어떤 분은 한 장 한 장 읽어 가면서 자신의 신앙이 참됨을 확인하는 가운데 주께서 부어 주시는 참된 확신을 경험하고 누리게 될 것입니다. 물론 어떤 항목에 대해서는 자신 안에서 참된 신앙의 아주 연약한 증거들만을 보게 될지도 모릅니다. 그러나 만일 그것이 참된 신앙의 믿을 만한 증거라면, 아무리 미미하더라도 거듭난 사람에게만 적용될 수 있는 증거라는 사실을 확인하실 수 있기 바랍니다. 그리고 그 미미한 부분이 더 큰 은혜로 자라 갈 수 있기를 간구하십시오.

두 번째 경우입니다. 거듭났지만 자신이 구원받았다는 확신에 이르지 못하는 연약한 심령입니다. 저는 이분들에게 가장 마음이 쓰인다고 정직하게 말하겠습니다. 어쩌면 이 책을 읽어 나가는 동안 당신은 낙심하게 될지도 모릅니다. '어느 것 하나 내게는 두드러지게 나타나는 것이 없고 너무나 결핍되었구나.'라고 느끼실지 모릅니다. 만일 당신에게 참된 신앙의 믿을 만한 증거가 부족하다고 느낀다면, 그래서 구원받지 못했다고 느껴 당신의 영혼에 대해서 근심하게 된다면, 당신은 낙심과 절망에 이르는 대신 자비하신 하나님의 은혜와 그 풍성한 약속을 기억하고 참된 구원의 은혜뿐 아니라 구원의 확신을 누리는 자리로 인도하여 주시기를 간구하셔야 합니다. 두 번째 범주에 속한 분들에게는 이 책이 더 큰 은혜, 확신, 그리고 성화의 자리로 나아가는 역할을 할 수 있기를 바랍니다.

그러나 이것은 세 번째나 네 번째 범주에 속한 분들에게 적용되는 것이 아니라는 점을 주의하십시오. 세 번째 범주는 구원받지 못했고, 그것을 자신이 아는 사람입니다. 어쩌면 세 번째 범주에 속한 분들에게 이 책은 어렵고 무거운 책일지 모릅니다. 하지만 당신이 이 책을 계속해서 읽어 나간다면, 이제까지 당신이 가지고 있던 신앙에 대한 많은 오해가 벗겨지게 될 것입니다. 성령님께서 당신 안에 참으로 구원에 이르기를 열망하는 마음을 불러일으켜 주시기를 바랍니다.

끝으로 네 번째 부류의 사람입니다. 가장 심각하게 다루어져야 하는 경우입니다. 구원받지 못했지만, 그것을 모르고 자신이 구원받았다고 거짓된 확신을 가진 경우이기 때문입니다. 여기에는 명목상의 신자들이 포함됩니다. 교회에 다니지만 참된 믿음이 없는 분들입니다. 물론 어떤 경우(혹은 많은 경우), 교회에서는 믿음이 좋다고 인정을 받을 수도 있습니다. 그래서 거짓된 확신이 더 깊이 자리를 잡게 되는 것입니다. 저는 이들이야말로 이 책을 통해서 가장 큰 유익을 얻을 수 있는 분들이라고 생각합니다.

한 장 한 장 정직한 마음, 경성하는 마음으로 읽어 가면서 자신의 영혼을 살피시기 바랍니다. 사람들이 하는 말이 아니라, 하나님의 말씀인 성경이 가르치는 절대 기준 앞에서 자신의 영혼을 정직하게 보십시오. 자기 영혼에 대한 지나친 관대함을 조심해야 합니다. 그리고 각 장을 읽어 나가며 자신의 영혼이 거듭나지 못했다는 것을 깨닫고, 자신의 신앙이 거짓 신앙이라는 것을 발견하게 될 때, 자비하신 하나님의 은혜와 구원의 약속을 붙잡고, 통회하며 하나님의 구원의 은혜를 구하시기 바랍니다. "아버지께서 내게 주시는 자는 다 내게로 올 것이요 내게 오는 자는 내가 결코 내쫓지 아니하리라"(요 6:37)고 하신 주님의 약속을 붙잡으십시오.

마지막으로 모든 독자들께 적용되는 내용을 하나 말씀드립니다. 자신의 영혼을 살피기 위해서 이 책을 읽으십시오. 이 책의 내용을 자신의 신앙이 아닌 다른 사람들의 신앙을 판단하는 자료로 삼지 않도록 조심하십시오. 물론 우리는 우리 자신과 다른 사람들의 신앙에 대해서 무분별한 태도를 가져서는 안 됩니다. 분별은 필요합니다. 그러나 우리는 가장 선한 일을 하는 동안에도 우리의 죄성을 과소평가하지 말아야 합니다. 아무리 좋고 성경적으로 합당한 내용이라고 하더라도 이것이 분별을 넘어 판단과 비판의 자리로 인도하는 도구가 된다면, 우리 자신이 넘어지게 될 것입니다.

이 책의 배경

미국 버지니아에서 죠이선교교회를 목양하던 시절, 2014년 5월 25일부터 9월 14일까지 주일마다 16회에 걸쳐 '참 신앙과 거짓 신앙'이라는 주제로 설교를 했습니다. 이 설교의 바탕은 잘 알려진, 조나단 에드워즈의 『신앙감정론』(Religious Affections)입니다.[2] 『신앙감정론』은 지금의 미국 동부 지역에서 1740년대에 거세게 일어난 대각성운동을 배경으로 합니다. 물론 지금 우리가 『신앙감정론』의 내용을 읽고 받아들이는 상황은 당시와는 큰 차이를 가지는 것이 사실이지만, 앞서 언급하였듯이 모든 시대, 모든 사람에게 참 신앙과 거짓 신앙을 분별하고 참 신앙으로 하나님께 나아가는 문제는 결코 무시될 수 없고 무시되어서는 안 되는, 생사를 가늠하는 중요한 문제입니다. 한 사람의 목회자와 설교자로서, 하나님께서 맡겨 주신 영혼들의 구원을 위해 염려하고 갈망하는 마음으로 이 시리즈의 설교를 전했습니다. 조나단 에드워즈는 『신앙감정론』의 전반부에서 참 신앙의 확실한 표지로 여겨져서는 안 되는 것 12가지를 다루었고, 후반부에서는 참 신앙이 아니면 드러날 수 없는 확실한 표지 12가지를 다루었습니다. 저는 이 모든 것을 제가 서 있던 목회의 맥락에서 적절하게 재구성하여 16차례의 설교로 다루었습니다.

조나단 에드워즈와 우리 시대에는 250년 이상의 간격이 있습니다. 그리고 그의 다른 모든 걸작처럼, 『신앙감정론』은 모두에게 쉽게 읽힐 수 있는 책이 아닙니다. 그런 까닭에 이미 여러 영미권 저자들은 현대판 『신앙감정론』을 내놓은 바 있습니다.[3] 이외에도 거듭남과 신앙의 확신에 대하여 다룬 책들도 적지 않습니다. 그럼에도 불구하고 이 책을 내는 이유는 이 책만이 한국 교회의 독자들에게 줄 수 있는 유익이 있다고 여겼기 때문입니다. 이 책은 동시대를 살아가는 목사요, 설교자가 한 시대를 살아가는 독자들에게 주는 메시지입니다. 조나단 에드워즈와 우리 시대의 250년의 간극, 그리고 영미권 저자들의 책이 한국 교회의 독자들에게 가지는 문화적 간극 없이, 이 중요한 성경의 가르침이 용이하게 전달될 수 있기를 기대합니다.

기꺼이 저의 졸저를 추천해 주신 이찬수 목사님, 이정규 목사님, 심성현 강도사님, 서자선 집사님께 감사의 말씀을 전합니다. 특별히 이정규 목사님은 이 책의 미주와 관련해서 크나큰 도움을 주셨습니다. 그리고 이 책이 출판되기까지 저와 함께 수고해 주신 생명의말씀사와 임선희 편집자님께도 감사의 인사를 전합니다. 외롭고 좁은 길을 저와 함께 걸어오면서 한결같은 친구요, 지지자가 되어 준 사랑하는 아내 희정에게 감사와 사랑을 전합니다. 아무쪼록 이 책이 한국 교회의 영적 회복을 위한 작은 밑거름이 될 수 있다면 제게는 그 이상의 보상이 없을 것입니다.

오직 하나님께만 영광!

빛고을 광주에서
김형익

목차

추천사 | 04
시작하는 글 교회에서 무시되어 온 가장 중요한 주제 | 08
가장 깊은 신앙의 고민 | 이 책 사용설명서 | 이 책의 배경

1. 참 그리스도인과 거짓 그리스도인 | 24
당신은 그리스도인입니까? | 새롭고 특이한 공동체 | 가장 본질적이고 중요한 정체성 | 명목상 그리스도인 | 아무것도 판단하지 말라 | 금보다 귀한 믿음 | 사람들의 오해와 착각 | 시련의 유익 | 영광스러운 즐거움 | 가장 중요한 질문

2. 거룩한 감정인가, 자의적 감상인가? | 48
거룩한 감정이 있습니까? | 감정과 이성의 대립을 넘어 | 거룩한 감정과 참된 신앙 | 거룩한 감정의 빛과 열 | 거룩한 감정의 다양한 표현들 | 말씀을 사랑해야 하는 이유 | 영혼을 위한 권면

3. 성령의 내주하심인가, 마귀의 미혹인가? | 66
성령이 계십니까? | 하나님께서 주시는 마음 | 성령의 역사와 마귀의 흉내 | 확실한 증거 | 배우고 확신한 일에 거하라

4. 하나님을 사랑하는가, 자신을 사랑하는가?　　| 84

하나님을 사랑하십니까? | 하나님을 사랑하는 이유 | 참 신앙과 거짓 신앙의 시금석 | 원망하지 않는 삶 | 본능적인 사랑 | 참된 신앙의 특징 | 도덕적 탁월하심과 본성적 탁월하심 | "하나님을 최고로 사랑하는 것"

5. 지식 있는 열심인가, 맹목적인 열의인가?　　| 106

하나님을 아십니까? | 지식 없는 열심 | 거짓된 지식과 신앙 | 관계적인 지식 | 올바른 지식의 영향력 | 진리에 대한 확신 | 사탄의 속임수 | 올바른 지식이 올바른 열심을 만든다 | 가장 가치 있는 일

6. 참된 성화인가, 종교적인 위선인가?　　| 126

그리스도의 성품이 있습니까? | 성품은 성숙이 아닌 구원의 문제다 | 종교적인 변화와 복음적인 변화 | 마음에 덮인 수건이 벗겨질 때 | 어떻게 그리스도의 형상으로 변화하는가? | 구하고, 찾고, 두드리라

7. 은혜를 구하는가, 자기 영광을 구하는가?　　| 144

겸손하십니까? | 하나님을 아는 지식과 겸손 | 기준이 다르다 | 자기 자신을 잊어버리는 것 | 팔복과 겸손 | 참된 겸손의 특징 | 은혜의 영적 원리

8. 하나님을 경외하는가, 방종하는가? | 162

하나님을 두려워하십니까? | 신앙은 관계다 | 신앙생활의 근본 원리 | 경외함이 없는 신앙 교육 | 하나님을 경외하는 기쁨 | 거짓 두려움 | 참된 묵상의 능력

9. 하나님의 '말씀'을 듣는가, '음성'을 듣는가? | 182

하나님의 말씀이 들리십니까? | 사람들의 오해 | 스스로 속이지 말라 | 하나님께 속한 자

10. 온전한 복종인가, 선택적 순종인가? | 200

하나님의 말씀에 복종하십니까? | 성경 속 세 가지 사례 | 권위 아래 있는 자 | 완전한 순종 | 누구를 섬길 것인가?

11. 영적 갈망이 있는가, 적당히 안주하는가? | 218

하나님을 갈망하십니까? | 거듭난 본성의 증거 | 하나님을 갈망하는 사람의 고백과 기도 | 은혜와 순종 | 참 신앙과 거짓 신앙의 차이 | 더욱 깊은 갈망

12. 은혜 안에서 형제를 사랑하는가, 끼리끼리 어울리는가? | 236

형제를 사랑하십니까? | 이신칭의(以信稱義)인가, 이애칭의(以愛稱義)인가? | 요한일서의 형제 사랑 | "서로 사랑"의 범위 | 존재가 행위를 결정한다 | 형제 사랑은 참된 신앙의 증거다 | 형제 사랑의 원천 | 하나님을 아는 지식과 형제 사랑 | 교회에 부어 주신 복

13. 교회 중심의 삶인가, 나 홀로 신앙인가? | 258

교회를 사랑하십니까? | 그리스도와 교회의 연합 | 왜 교회인가? | 이상과 현실 사이 | 교회가 교회다워지려면 | 장래의 아름다움 | 교회 중심의 삶 | "교회는 기독교의 최후 변증이다"

14. 실천하는 믿음인가, 말만의 믿음인가? | 280

열매를 맺으며 사십니까? | 열매 없는 교회의 현실 | 열매는 믿음의 표지다 | 마음의 변화 | 하나님이 심판하시는 기준 | 율법주의가 아니다 | 믿음의 실천 | 유일하고 참된 만족

15. 끝까지 인내하는가, 한철 신앙인가? | 304

인내하십니까? | 한철 신앙 | 참된 신앙은 인내한다 | 소망이 인내를 만든다 | 참된 성도의 소망 | 믿음의 선배들을 본받으라

16. 온전한 그리스도인을 향하여 | 328

균형 잡힌 신앙 | 거짓 신앙의 두 가지 모습 | 성령님의 조명하심 | 하나님의 열심 | 온전한 그리스도인이 되는 길

마치는 글 참된 신앙의 회복을 구하며… | 350
주 | 354

1. 참 그리스도인과 거짓 그리스도인

너희는 믿음 안에 있는가 너희 자신을 시험하고 너희 자신을 확증하라. 예수 그리스도께서 너희 안에 계신 줄을 너희가 스스로 알지 못하느냐? 그렇지 않으면 너희는 버림받은 자니라.

고린도후서 13:5

그러므로 너희가 이제 여러 가지 시험으로 말미암아 잠깐 근심하게 되지 않을 수 없으나 오히려 크게 기뻐하는도다. 너희 믿음의 확실함은 불로 연단하여도 없어질 금보다 더 귀하여 예수 그리스도께서 나타나실 때에 칭찬과 영광과 존귀를 얻게 할 것이니라. 예수를 너희가 보지 못하였으나 사랑하는도다. 이제도 보지 못하나 믿고 말할 수 없는 영광스러운 즐거움으로 기뻐하니

베드로전서 1:6-8

"그리스도인입니까?"

이 세상을 사는 동안 우리가 던지고 받는 수많은 질문이 있지만, 이 질문보다 더 중요한 질문은 없습니다. 하나님께서 우리에게 이 질문을 하실 것이고, 그 대답 여하에 따라서 우리의 영원한 운명이 결정되기 때문입니다. 이 질문은 아무도 피할 수 없습니다. 평생 이 질문을 피하고 살아도 결국 마지막 날에는 하나님의 심판대 앞에서 이 질문을 받게 될 것이기 때문입니다.

당신은 그리스도인입니까?

베드로전서 서두에는 다른 서신들처럼 이 서신을 받는 사람들이 누구인지 기록되어 있습니다. "예수 그리스도의 사도 베드로는 본도, 갈라디아, 갑바도기아, 아시아와 비두니아에 흩어진 나그네 곧 하나님 아버지의 미리 아심을 따라 성령이 거룩하게 하심으로 순종함과 예수 그리스도의 피

뿌림을 얻기 위하여 택하심을 받은 자들에게 편지하노니"(벧전 1:1-2).

편지를 받는 사람들은 소아시아의 여러 지역에 흩어져 있는 사람들입니다. 베드로 사도는 그들을 "나그네"라고 불렀고, 더 구체적으로는 "하나님 아버지의 미리 아심을 따라 성령이 거룩하게 하심으로 순종함과 예수 그리스도의 피 뿌림을 얻기 위하여 택하심을 받은 자들"이라고 불렀습니다. 이들이 바로 그리스도인들입니다.

고린도후서도 시작 부분에서 서신의 수신자가 누구인지를 분명히 이야기합니다. "고린도에 있는 하나님의 교회와 또 온 아가야에 있는 모든 성도에게"(고후 1:1). 이 구절에 따르면 고린도후서는 고린도에 있는 교회와 성도들, 곧 그리스도인들에게 쓴 편지입니다. 그럼에도 불구하고 바울 사도는 고린도후서를 거의 마무리하는 13장 5절에서 "너희는 믿음 안에 있는가 너희 자신을 시험하고"라고 말합니다. 너희가 진짜 믿음을 가지고 있는 사람인지, 너희가 진짜 그리스도인인지, 너희가 가지고 있는 믿음이 진짜 구원을 얻는 믿음이 맞는지 스스로 테스트하라는 것입니다.

이와 같이 우리가 그리스도인이냐 아니냐 하는 질문, 단지 교회를 다니는지 여부가 아니라 그리스도인인지 아닌지에 대한 질문은 우리의 영원한 운명을 결정하는 중요한 질문입니다.

오늘날 우리는 교회에 다니는 것이 곧 예수를 믿는 것이라고 간주하는 시대에 살고 있습니다. 그러나 성경은 그렇게 말하지 않습니다. 교회사에서 하나님의 말씀이 선명하게 증거되고, 하나님의 교회가 깨어 있을 때에는 언제나 참된 그리스도인과 거짓된 그리스도인, 참 신앙과 거짓 신앙에 대한 문제가 다루어지곤 했습니다. 단순히 교회에 나오는 사람을 그리스도인이라고 간주하지 않았습니다.

바울 사도가 고린도후서에서 바로 그것에 대해 이야기하고 있습니다.

그는 모든 성도에게 편지를 썼습니다. 그렇지만 맨 마지막에 다시 한 번 주의를 주고 경고합니다.

"당신은 그리스도인입니까?"

새롭고 특이한 공동체

그렇다면 내가 가진 믿음이 진짜 믿음인지 가짜 믿음인지 어떻게 확인할 수 있을까요? 그것이 바로 이 책이 다룰 주제입니다. "당신은 그리스도인입니까?"라는 질문은 "그리스도인이 누구인가?"라는 그리스도인의 정의가 무엇인지를 생각하게 합니다. 그리스도인은 누구입니까? 그리스도인의 정의는 무엇입니까?

우리는 수리아 안디옥에서 역사적으로 가장 먼저 '그리스도인'이라는 이름이 예수 믿는 사람들에게 붙여졌다는 것을 알고 있습니다. "제자들이 안디옥에서 비로소 그리스도인이라 일컬음을 받게 되었더라"(행 11:26).

안디옥교회는 최초의 이방인 교회였습니다. 하나님의 복음이 예루살렘에서 시작하여 하나님의 교회가 성장해 가고 있었습니다. 그런데 스데반의 순교 사건이 예루살렘에서 교회에 대한 큰 핍박을 촉발시켰고, 예루살렘의 성도들은 원하든 원하지 않든 흩어질 수밖에 없었습니다. 흩어지지 않을 수 있는 방법은 신앙을 부인하는 길뿐이었습니다. 결국 사도들을 제외한 대부분의 성도들이 흩어졌습니다.

당시 예루살렘의 교회 공동체는 최소한 1만 명 이상이었을 것입니다. 5천 명이 회심하였고(행 4:4), 이어서 3천 명이 회심하는 역사가 있었기(행 2:41) 때문입니다. 그 많은 사람이 다 유대와 사마리아로 흩어졌습니다. 흩어진 사람들 일부는 당시 국제적인 도시였던 안디옥에 이르러 헬라인들에게 복음을 전했고, 그 결과 수많은 이방인의 회심이 이어졌습니다(행 11:19-21). 그렇게 그 사회 속에 매우 특이한 한 무리의 사람들이 생겼습니다. 과거에 있지 않았던, 역사적으로 찾아볼 수 없었던, 유대인과 이방인이 하나가 되어, 민족과 신분과 사회적인 모든 경계가 다 무너진 새롭고 특이한 공동체가 생겼습니다.

그들은 민족이나 신분, 혹은 사회적인 범주로 규정하기 어려운 사람들이었습니다. 그래서 그들을 규정하는 "그리스도인"이라는 새로운 용어가 생겼습니다. 이 말은 외부 사람들이 교회를 향해 붙인 이름이었습니다. "저들은 그리스도를 따르는 자들이다."라는 꼬리표입니다. 그들은 핍박과 박해에도 불구하고 그리스도를 따르는 자들이었습니다. 그들은 예루살렘에서 일어난 박해를 피해 신앙을 지키려고 나온 유대인들이었고, 여기에 안디옥에서 예수님을 믿고 따르게 된 이방인들이 더해졌습니다. 교회 곧 그리스도인들의 무리는 그 당시 사회학자들이 있었다면 연구해 볼 만한 주제라고 느끼기에 충분한, 기이하고도 놀라운 사회 현상이었습니다.

가장 본질적이고 중요한 정체성

칼빈(John Calvin)을 따르는 사람을 칼빈주의자라고 하고, 루터(Martin Luther)를 따르는 사람을 루터주의자라고 합니다. 이처럼 우리는 어떤 철학자, 신학자, 사상가를 따르는 사람들을 그 사람의 이름을 붙여 표현합니다.

우리는 그리스도인입니다. 그리스도인은 그리스도를 따르는 제자들입니다. 헬라어로 제자라는 말도 '따르는 자'를 의미합니다. 따라서 "당신은 그리스도인입니까?"라는 질문은 "당신은 그리스도를 따르는 자입니까?"라는 뜻입니다.

제자는 주님께서 말씀하신 대로 이 땅에서 자기를 부인하며 십자가를 지고 주님을 따라가는 사람입니다. 자기를 부인하고 십자가를 지고 좇지 않는다면 그것은 그리스도를 따르는 것이 아닙니다. 그리스도인은 이 세상을 살지만 자기를 부인하는 자입니다. 자기의 욕구와 자기가 추구하는 바와 자기의 이상과 자기의 모든 성향과 자기의 모든 것, 자신에게 속한 모든 것을 부인하는 사람입니다. 왜입니까? 그리스도를 위해서, 그리스도를 따라가기 위해서입니다. 그리스도인은 그리스도를 따라가기 위해서 죽음도 불사하는 사람입니다. 그리스도를 따라가기 위해서 죽음이 내 앞에 있을지라도 두려워하지 않고 그리스도를 따르는 사람입니다. 그 어떤 대상보다 하나님을 더 두려워하기 때문에 죽음을 불사하고 그리스도를 따르는 사람이 그리스도인입니다. 자기를 부인하고 십자가를 지고 주님을 따라가는 사람입니다. 적어도 안디옥의 그리스도인들은 세상 사람들 눈에 그런 사람들로 보였습니다. 그들은 그리스도로밖에는 설명할 수 없는 사람들이었습니다.

어떤 모임이든지 어느 지방 출신, 혹은 어느 학교 출신이라는 공통점이 있습니다. 그런데 안디옥교회의 그리스도인들에게는 그러한 사회적인 공통점이 발견되지 않았습니다. '그들은 그리스도를 따라가는 사람들이다, 그리스도를 따라가기 위해 자기를 부인하고 십자가를 지는 사람들이다, 그리스도가 그들을 하나로 묶고 있다.'라는 것 외에는 설명할 수 없는 사람들이었습니다.

우리 모두에게는 자신을 규정하고 설명해 주는 정체성의 요소들이 있습니다. 저에게는 김형익이라는 고유한 이름이 있고, 한 여인의 남편이고, 두 자녀의 아버지이자, 또한 벧샬롬교회의 목사라는 정체성의 요소들이 있습니다. 저를 설명해 주는 수식어도 많습니다.

하지만 그리스도인이라는 말은 우리가 가진 여러 수식어 중 하나가 아닙니다. 그리스도인이라는 정체성은 자신이 기존에 갖고 살아 온 가장 중요한 정체성의 요소도 더 이상 중요하게 여기지 않을 만큼 결정적인 정체성입니다.

만일 그리스도인이라는 정체성이 당신에게 세 번째, 네 번째, 혹은 다섯 번째 정도 오는 것이라면 당신은 그리스도인이 아닐 가능성이 큽니다. 누구의 남편이기 전에, 누구의 아들이기 전에, 누구의 아버지이기 전에, 목사이기 전에 저는 그리스도인입니다. 그것이 저에게 가장 본질적이고 중요한 정체성입니다. 주님께서 하시는 모든 말씀과 서신서의 모든 말씀을 생각해 보십시오. 우리는 주님보다 더 사랑하는 것이 있으면 안 된다는 말씀을 듣습니다(눅 14:26). 한 몸인 부부 사이보다도 더 중요한 관계가 있습니다. 그것은 바로 그리스도와의 관계입니다.

마지막 날 하나님의 심판대 앞에서 우리가 맞닥뜨리게 될 질문은 결국 "당신은 그리스도인입니까?"라는 질문이 될 것입니다. "진짜 그리스도인입니까?" "당신이 가진 믿음은 진짜 믿음, 구원 얻는 믿음입니까?"일 것입니다. 당신은 스스로를 어떤 사람으로 인식하고 있습니까? 당신이 그리스도인이라는 사실이 스스로를 인식하는 가장 중요한 정체성입니까?

명목상 그리스도인

초대교회는 환난과 핍박 속에서도 주님을 따르는 공동체였습니다. 하지만 거기에도 참 신앙과 거짓 신앙, 참 신자와 거짓 신자가 있었습니다. 아나니아와 삽비라 같은 사람들이 있었습니다(행 5장 참조). 물론 아나니아와 삽비라가 성령을 속였고, 이 일로 인해 죽임을 당했습니다. 신약 교회의 탄생기에 하나님은 아나니아와 삽비라 사건을 통해 아무도 하나님을 속일 수 없다는 것을 분명하게 보여 주셨습니다.

우리는 아나니아와 삽비라 사건을 통해서 그때에도 거짓 신앙이 존재했다는 것을 볼 수 있습니다. 심지어 예수님의 제자였던 가룟 유다도 그런 사람 중 하나였습니다. 바울 사도는 경건의 모양은 있지만 경건의 능력은 부인하는 거짓 신앙을 가진 위선자들이 있다는 것을 디모데에게 다음과 같이 경고합니다.

> 경건의 모양은 있으나 경건의 능력은 부인하니 이같은 자들에게서 네가 돌아서라(딤후 3:5).

경건의 모양은 있습니다. 그 모양은 아나니아와 삽비라가 가지고 있던 것이었습니다. 그들은 교회 안에서 꽤 괜찮은 사람들이었을 것입니다. 하지만 실제로는 능력이 없습니다. 그 능력은 돈보다 사람을 사랑하게 하는 능력입니다. 이전에 중요하게 여겨 온 것들보다 하나님을 가장 중요하게 여기도록 만드는, 성령께서 중생자 안에 만들어 내시는 능력입니다.

경건의 능력을 부인하는 사람들은 말로 경건의 능력을 부인하지 않습니다. 그들은 매우 경건한 사람들처럼 보였습니다. 가장 경건하고, 가장 괜찮은 사람들 같았지만 실제의 삶은 경건의 능력을 부인하는 거짓 신앙, 즉 위선이었습니다. 바울 사도는 이런 사람들을 멀리하라고 말합니다.

주님이 사데교회에 하신 말씀을 기억하십니까? "살았다 하는 이름은 가졌으나 죽은 자로다"(계 3:1). 이것은 자신이 살아 있는 그리스도인이고, 예수를 잘 믿고 있다고 생각하지만 이름뿐이고 명목상인(nominal) 그리스도인일 수 있다는 것입니다. 무늬는 그리스도인이지만 실제로는 하나님이 보실 때 죽었다는 말입니다. 사람들 눈에는 살아 있는 신앙 같지만 주님께서는 그 사람을 죽은 사람이라고 판단하시는 것입니다.

주님이 가르치신 열 처녀의 비유를 아실 것입니다(마 25:1–13). 신랑을 기다리는 열 명의 처녀가 신부의 집에서 신랑 일행을 기다렸습니다. 그들은 혼인잔치에 들어가기 원했습니다. 그래서 등을 준비했습니다. 이 열 처녀 모두 혼인잔치의 문 앞까지는 갈 수 있었습니다. 중간에 떨어져 나간 것이 아니라, 모두 끝까지 갔습니다. 끝까지 갔는데 다섯 처녀는 문으로 들어가지 못했습니다. 열 처녀 모두 자기의 등을 준비했습니다. 열 처녀 모두 신랑이 오는 시간을 기다렸습니다. 하지만 다섯 처녀는 등 안에 기름이 없었습니다. 겉으로 볼 땐 차이가 없었습니다. 그러나 시간이 흐르자 등 안의 기름이 다하였고, 다섯 처녀에게는 준비해 둔 기름이 없었습니다.

주님께서 가르치신 열 처녀의 비유에서 우리가 배울 수 있는 것은 혼인잔치의 문 앞에 이를 때까지는 아무도 판단할 수 없다는 것입니다. 그들 모두가 혼인잔치의 문 앞에 이르렀다는 사실은 거짓 신앙을 가지고도 끝까지 갈 수 있다는 것을 보여 줍니다. 이와 같이 신앙의 문제, 즉 참 신앙이냐 거짓 신앙이냐 하는 것은 겉으로 쉽게 보이는 것이 아닙니다. 그럼에도 불구하고 우리는 누구나 알고 판단할 수 있는 객관적이고 가시적인 명확한 증거를 원합니다. 시험을 봐서 정확한 점수가 확인되는 것처럼 말입니다. 그것이 편할 수는 있습니다. 자기 자신을 놓고 볼 때 그렇습니다. '아, 내가 합격이구나! 들어갈 수 있구나. 안심이다.' 생각할 수 있습니다. 하지만 성경은 그런 방식으로 우리를 인도하지 않습니다.

예컨대 겉으로 나타나는 신앙의 증거들은 다음과 같은 것이 있을 것입니다. 영접 기도를 했다거나, 부흥회 때 강단 앞으로 나가서 결신했다거나, 세례를 받았다거나, 오랫동안 교회에 다녔다거나, 성경을 많이 알고 있다거나, 성경공부를 많이 했다는 것 등입니다. 이러한 것으로 영혼에 관한 문제를 확신하는 것은 어리석은 일입니다. 신앙은 우리 내면에 속한 것이고, 성령께서 행하시는 신비한 일이기 때문에 어느 누구도 이러한 것들로 다른 사람의 영혼을 정확하게 판단할 수 없습니다.

아무것도 판단하지 말라

성경은 우리가 주님 앞에 갈 때 매우 놀라게 될 것을 암시합니다. '이 사람은 진짜가 아니야.'라고 생각했던 사람에게 주님이 "착하고 충성된 종아!"라고 하실 수 있고, '이 사람은 분명히 주님께 큰 칭찬을 받을 거야.'라고 생각했던 사람에게 주님이 "나는 너를 도무지 모르겠다."라고 하시는 경우가 일어날 것이기 때문입니다(마 25:31-46).

성경은 우리에게 다른 사람의 신앙을 판단하라고 가르치지 않습니다. 다른 사람이 나를 어떻게 판단하느냐도 중요하지 않습니다. 심지어 자신에 대한 스스로의 판단조차 중요하지 않습니다. 중요한 것은 '하나님께서 나를 어떻게 보시는가?'입니다. 하나님께서 우리를 보실 때 가장 중요하게 여기시는 기준이 무엇인지가 중요합니다. 하나님께서는 우리의 재산이 많고 적음이나 성공과 명성으로 판단하시지 않습니다. 그분은 세상에서 비교할 대상이 없을 만큼 가장 귀한 것으로 우리를 판단하실 것입니다.

고린도전서 4장에서 바울 사도는 우리가 신앙생활을 하면서 자칫 휘둘리기 쉽고, 넘어지기 쉬운 부분을 자신의 이야기를 통해 다룹니다.

너희에게나 다른 사람에게나 판단 받는 것이 내게는 매우 작은 일이라 (고전 4:3).

고린도교회는 유난히 바울 사도에 대해서 말을 많이 했습니다. 그들은 바울이 진짜인지 가짜인지를 두고 판단했습니다. 그런 배경에서 바울 사도는 이렇게 말합니다. "나는 너희의 판단을 중요하게 생각하지 않는다. 너희가 나를 가짜라고 보든, 진짜라고 보든, 그것은 나에게 중요하지 않다. 다른 사람들이 나를 판단하는 것도 마찬가지다."

나도 나를 판단하지 아니하노니(고전 4:3).

바울 사도의 이 말은 매우 중요합니다. '나는 구원받지 못한 사람이야.' '나는 너무 능력이 없어.' 같은 열등감부터 시작하여 우리는 다양한 모습으로 자기 자신을 판단하며 살아갑니다. 그런데 바울 사도는 그것도 별로 중요하지 않다고 이야기합니다.

"내가 자책할 아무것도 깨닫지 못하나"(고전 4:4)라는 말은 담대한 표현입니다. 물론 우리 스스로 양심에 걸리는 것이 없으면 하나님 앞에 담대할 수 있습니다. 그런데 바울 사도는 "내가 자책할 아무것도 깨닫지 못하나"라고 이야기합니다. "나는 죄인이 아니다."라는 얘기가 아닙니다. 이것은 시편에서 우리가 종종 보게 되는 표현과 같은 말씀입니다. 시편에는 "내가 나의 완전함에 행하였사오며"(시 26:1), "내가 무죄하므로"(시 26:6)와 같은 표현이 나옵니다. 이 말은 자신이 죄인이 아니라는 얘기가 아니라, 자기가 비난을 받고 있는 그 상황과 그 일에 대하여는 허물이 없다고 말하는 것입니다. 사도 바울은 "내가 자책할 아무것도 깨닫지 못하나 이로 말미암아 의롭다 함을 얻지 못하노라"고 말합니다. 분명히 사도 바울을 거짓 사도라고 판단한 고린도 교인들의 판단은 틀린 것이었습니다. 그런 뜻에서 사도 바울은 이렇게 말하고 있지만, 사실은 내가 나를 판단하는 것이나 다른 사람이 나를 판단하는 것 모두가 중요하지 않다고 하는 것입니다.

내가 자책할 아무것도 깨닫지 못하나 이로 말미암아 의롭다 함을 얻지 못하노라. 다만 나를 심판하실 이는 주시니라. 그러므로 때가 이르기 전 곧 주께서 오시기까지 아무것도 판단하지 말라. 그가 어둠에 감추인 것들을 드러내고 마음의 뜻을 나타내시리니"(고전 4:4-5).

마음의 뜻을 나타내는 것은 하나님께서 하시는 일입니다. "그때에 각 사람에게 하나님으로부터 칭찬이 있으리라"(고전 4:5).

'그때에 하나님께서 칭찬하시는 일을 보자! 사람들이 나에 대해 말하는 것이나 내가 나에 대해 생각하는 것은 중요하지 않다! 하나님께서 나를 판단하시는 것 외에는 중요한 것이 없다!'라고 생각해야 합니다.

금보다 귀한 믿음

그렇다면 하나님께서 누군가를 판단할 때 중요하게 여기시는 것이 무엇일까요? 사람마다 사람을 판단하는 기준과 조건이 있을 것입니다. 하나님께서도 사람을 판단하고 평가하시는 기준이 있습니다. 그것은 바로 믿음입니다. "당신은 그리스도인입니까?"라는 질문은 결국 참된 믿음이 있는지 묻는 질문입니다.

너희 믿음의 확실함은 불로 연단하여도 없어질 금보다 더 귀하여 예수 그리스도께서 나타나실 때에 칭찬과 영광과 존귀를 얻게 할 것이니라(벧전 1:7).

사도 베드로는 믿음을 '금'에 비교합니다. 당시나 지금이나 금은 세상에서 가장 가치 있는 통화 중 하나입니다. 세상이 어수선할 때에는 사람들이 금을 사 모으는 경향이 있습니다. 돈은 상황에 따라 휴지 조각이 될 가능성이 있고, 주식도 그러하지만, 금은 금으로서의 가치를 잃어버리지 않기 때문입니다.

인도네시아에서 선교사로 사역하던 시절에 문을 닫는 은행들이 있었습니다. 은행에 돈을 맡기는 것이 불안해서인지, 은행보다 금을 사 모으는 것이 안전하다고 생각하는 사람들을 많이 보았습니다. 심지어 도둑을 맞지 않기 위해 금으로 허리띠를 하고 다니는 사람도 있다는 말을 들었습니다. 금은 세상이 어떻게 돌아가도, 또 어느 나라를 가도 쓸 수 있는 가치가 있기 때문입니다.

그런데 사도 베드로는 믿음을 금과 비교합니다. 믿음은 사람들이 그토록 귀하게 여기는 금보다 훨씬 더 귀하다고 말합니다. '금을 보유하는 것은 안전해.'라고 생각하는 사람에게 믿음의 확실함, 즉 '믿음을 가지고 있는 것은 안전해.'라고 가르치는 말입니다. "믿음의 결국 곧 영혼의 구원을 받음이라"(벧전 1:9)라는 말씀처럼 믿음은 영혼의 구원을 가져오기 때문입니다. 믿음을 통해 결국 구원을 얻는다는 것입니다.

사람들의 오해와 착각

'참 신앙과 거짓 신앙'이 왜 중요한 문제인지 조금 더 설명하겠습니다. 성경은 우리가 신앙의 진위를 판단할 수 있는 충분한 근거를 제공합니다. 자신의 신앙이 참된 믿음인지 판단하라, 시험해 보라고 말하는 것으로 끝나지 않습니다. 그것을 시험할 수 있는 기준이 되는 분명한 말씀을 주고 있습니다. 이 문제가 중요한 만큼 이 문제와 관련하여 교인들이 가지고 있는 오해도 많습니다. 우리는 그러한 오해를 교정하고 참된 성경의 가르침을 통해 확신에 이르러야 합니다.

제가 이 주제를 다루는 이유는 성경이 전반적으로 그런 기준들을 우리에게 제시하고 있는 이유와 같습니다. 그 이유는 첫째, 우리가 스스로 착각하지 않고 참된 신앙을 가지게 하려는 것입니다. 거짓 신앙을 가지고 안심하거나, 자기 자신이 위선적인 신앙으로 빠져 들어가지 않도록 경고하는 것입니다.

신앙생활을 하다 보면 내가 다른 사람을 속이는 것이 무서운 게 아니라 나 자신을 속이는 것이 무섭다는 생각을 하게 됩니다. "만물보다 거짓되고 심히 부패한 것은 마음"(렘 17:9)이라는 예레미야 선지자의 말씀은 가볍게 들을 말씀이 아닙니다. 우리 자신을 속이는 게 무엇보다 심각한 문제입니다. 신앙생활을 하다 보면 어느새 익숙해지고 형식에 묶여 습관적으로 살기 쉽습니다. 이것이 위험합니다.

참된 신앙은 한때, 혹은 한철 믿고 마는 신앙이 아닙니다. 성경은 그것을 경고합니다. 우리가 늘 말씀을 읽고 가까이해야 하는 이유는 좌우에 날선 검과 같은 말씀을 통해 우리의 마음과 믿음이 참된지 돌아보고 검증받을 수 있기 때문입니다. 하나님의 말씀을 멀리하면 위선으로 흘러가지 않을 수 없습니다. 평생 참된 신앙을 갖고 있다고 착각하며 살다가 주님 앞에 섰을 때 주님께서 "나는 너를 도무지 모르겠다." 하시는 말씀을 듣는 비참한 일이 일어나서는 안 되지 않겠습니까?

참 신앙과 거짓 신앙을 이야기하는 두 번째 이유는 주님께서 거짓 선지자들을 조심하라고 말씀하셨기 때문입니다. 주님께서는 분명하게 거짓 선지자들을 삼갈 것을 경고하셨고 그들을 열매로 분별하라고 말씀하셨습니다(마 7:15-27). 그러기 위해서 우리는 참된 신앙의 열매가 어떤 것이고 거짓 신앙의 열매가 무엇인지를 정확하게 분별할 수 있어야 합니다. 이것을 분별하지 못하면 자기 믿음을 허물게 되는 치명적인 실족을 경험할 수 있습니다. 오늘날에도 너무나 많은 사람이 거짓 교사와 거짓 목사들에게 속으며 삶을 허비합니다. 단지 이단만을 얘기하는 것이 아닙니다. 정통이라고 하는 교단 안에서 거짓 복음을 전하는 거짓 목사들이 많다는 것이 무섭도록 심각한 문제입니다.

누구든지 영접 기도를 하고 입으로 시인하기만 하면 구원을 받는다고 가르치는 목사들이 있습니다. 그 말을 듣고 영접 기도를 하고 입으로 시인하였기 때문에 자신은 구원받은 사람이라고 철석같이 믿고 살다가 주님 앞에 섰을 때 주님께서 "내가 너를 도무지 모르겠다"고 하신다면, "우리 목사님이 저에게 천국에 갈 거라고 확증해 주셨는데 무슨 소리입니까?"라고 말하겠습니까?

거짓 교사를 분별할 줄 모르면 우리는 '나는 교회에 다니니까 괜찮아.'라는 안일한 생각을 가지고 신앙생활을 하게 될 것입니다. 그러므로 우리는 참과 거짓을 반드시 분별해야 하고, 그러기 위해 참 신앙과 거짓 신앙에 대해 생각해 보는 것은 우리 영혼의 구원과 관련하여 가장 중요한 문제라고 할 수 있습니다.

그러나 한 가지 당부하고 싶은 것이 있습니다. 이런 주제를 다루다 보면 참된 믿음을 가지고 있으나 믿음이 약하고 어린 하나님의 자녀들이 낙심하게 되는 부작용이 일어날 수 있습니다. 신앙이 어린 사람들은 이런 말씀을 들을 때마다 '아, 나는 구원받지 못한 사람이구나. 지금까지는 나에게도 희망이 있는 줄 알았는데 역시 나는 아닌가 보구나.' 이렇게 생각하기 쉽습니다. 하지만 찰스 스펄전이 말했듯이, 말씀을 들으면서 자기 영혼에 대해 근심하고 걱정하는 사람은 오히려 더 안전한 사람입니다. 자신의 영혼에 대해 걱정한다는 것은 그가 하나님 나라에 가까우며, 여전히 하나님께서 그에게 역사하고 계시는 것을 그가 거부하지 않고 있다는 이야기입니다.

그와 반대로, 말씀을 듣지만 자신의 영혼을 돌아보지 않고, 자기 영혼에 대한 염려를 전혀 하지 않으며, 더 나아가 말씀을 거부하고 싫어하게 된다면 그 사람이야말로 영적으로 심각한 상태에 있는 사람입니다.

말씀을 듣고 자기 영혼에 대한 낙담이 일어나기 시작한다면 상한 갈대를 꺾지 아니하며 꺼져 가는 등불을 끄지 아니하시는(사 42:3) 하나님을 기억하고, 그분께 나아가 간절한 마음으로 은혜를 구하시기 바랍니다. 하나님의 말씀 앞에 마음이 부드러워지고 있다면, 그것은 이미 하나님께서 당신에게 은혜를 베푸시는 증거입니다. 하나님께서 연약하고 어린 믿음 가운데 있는 분들께 이 책을 통하여 '내가 너무 연약한 신앙을 가지고 있구나. 더 확실하고 성숙한 신앙으로 나아가야겠다'고 생각하고 더 견고하고 확실한 믿음으로 나아가는 은혜를 주시기를 구하시기 바랍니다.

시련의 유익

베드로전서 1장 6절에서 베드로 사도는 "시험"이라는 말을 쓰고 있습니다. "너희가 이제 여러 가지 시험으로 말미암아 잠깐 근심하게 되지 않을 수 없으나 오히려 크게 기뻐하는도다."

여기서 말하는 "너희"는 1절에서 언급한 "나그네"입니다. 흩어진 사람들입니다. 이 사람들은 다 믿음 때문에 흩어졌습니다. 믿음 때문에 박해를 받았고, 그로 인한 연단과 시련, 시험이 있었습니다.

그런데 사도 베드로를 통해 하나님께서 우리에게 주시는 말씀은 이런 시험과 시련, 고난이 우리의 믿음에 관하여 어떤 일을 한다는 것입니다. 그것을 주목할 필요가 있습니다.

첫째로 시련은 신앙의 진위를 드러내 줍니다. 고난이 오면 그 믿음이 진짜인지 가짜인지가 드러납니다.

참된 믿음을 가진 사람들은 시련을 통해서 그들의 "믿음의 확실함"(벧전 1:7)이 더욱 온전하게 드러났습니다. 그들은 고난을 통해 자기들의 믿음을 지키고 하나님을 붙잡았습니다. 심지어 자기들의 재산까지 버리고 나왔습니다. 지금도 여전히 그 고난 속에서 살아가고 있습니다. 그래서 근심이 있고 고통이 있습니다. 사는 것이 힘듭니다. 이전에 예수님을 알지 못했을 때에는 그런대로 문제없이 살았는데 예수를 믿기 시작하면서 찾아온 고난은 이전에 누리던 행복을 깨뜨렸습니다. 그래서 그들에게는 근심이 있습니다. 잠깐 근심하게 되지 않을 수 없었습니다(벧전 1:6). 그러나 아무리 혹독한 시련 속에서도 참된 믿음의 사람들은 시련을 견디고 이겨냈고, 잠깐의 근심 뒤에 큰 기쁨으로 기뻐할 수 있었습니다. 그래서 성경은 "너희 믿음의 확실함은 불로 연단하여도 없어질 금보다 더 귀하다"(벧전 1:7)고 그들의 믿음을 확증해 줍니다. 그렇다면 이 사람들은 무엇을 붙잡고 그 시련을 이긴 것일까요?

> 우리 주 예수 그리스도의 아버지 하나님을 찬송하리로다. 그의 많으신 긍휼대로 예수 그리스도를 죽은 자 가운데서 부활하게 하심으로 말미암아 우리를 거듭나게 하사 산 소망이 있게 하시며 썩지 않고 더럽지 않고 쇠하지 아니하는 유업을 잇게 하시나니 곧 너희를 위하여 하늘에 간직하신 것이라(벧전 1:3-4).

그들은 "산 소망"을 붙잡았습니다. "산 소망"은 "썩지 않고 더럽지 않고 쇠하지 아니하는 유업"입니다. 그것은 하나님께서 하늘에 간직해 두신 것입니다.

너희는 말세에 나타내기로 예비하신 구원을 얻기 위하여 믿음으로 말미암아 하나님의 능력으로 보호하심을 받았느니라(벧전 1:5).

그들은 마지막 날에 받게 될 영광, 즉 예수 그리스도가 나타나실 때에 받을 칭찬, 영광, 존귀, 영원한 유업을 바라보았습니다(벧전 1:6-7). 참된 믿음은 히브리서 기자가 성령의 영감으로 기록한 대로 "바라는 것들의 실상이요 보이지 않는 것들의 증거"입니다(히 11:1). 그들은 장래의 소망이라는 렌즈로 자신들이 경험하고 살아가는 현재를 보았습니다. 그들에게는 "산 소망"이 있었습니다. 그것은 그리스도 예수 안에서 썩지 않고, 더럽지 않고, 쇠하지 않는, 하늘에 예비된 유업이었습니다. 세상에 있는 모든 가치는 다 썩어 없어집니다. 영구한 것은 없습니다. 우리가 무엇을 붙잡고 있든 언젠가 다 없어집니다. 우리의 죽음과 함께 나와의 관계가 단절됩니다. 그런데 죽음도 끊어내지 못하는 유업, 우리 삶에 무슨 일이 일어난다 할지라도 잃어버릴 가능성이 없는 유업이 있습니다. 그것은 썩지 않고, 더럽지 않고, 쇠하지 않는 유업인 "산 소망"입니다. 그래서 사도 베드로는 그들이 여러 시련으로 인하여 잠깐 근심하지 않을 수 없게 되었지만 "오히려 크게 기뻐하는도다."라고 쓸 수 있었던 것입니다(벧전 1:6).

믿음은 곧 소망입니다. 믿음은 하나님께서 약속하신 유업을 보는 것입니다. 장래에 얻게 될 것을 보는 것이 믿음입니다. 그래서 히브리서 11장 6절은 하나님을 기쁘시게 하는 그 믿음은 하나님께서 살아계시고, 나를 아시며, 나를 보고 계신다는 것과 하나님을 찾는 자들을 위하여 상 주시는 분임을 믿는 것이라고 이야기합니다. 하나님께서 우리를 보고 계십니다. 우리를 알고 계십니다. 모든 것을 세고 계십니다. 모든 것을 판단하고 계십니다. 신자는 하나님이 주신 상, 곧 장래의 유업을 바라보고 사는 사람입니다. 이것이 신자의 "산 소망"입니다.

두 번째로 시련이 우리의 믿음과 관련하여 하는 일은 우리 믿음을 연단하는 일입니다. 우리의 믿음 안에는 불순물이 많이 섞여 있습니다. 종교개혁자 존 칼빈은 "이 세상에 사는 신자에게 100퍼센트 순도의 믿음은 없다"고 말합니다.[1] 우리 믿음에는 의심과 불안함과 염려 등이 섞여 있습니다. 그런데 시련을 통해서 하나님은 우리 믿음의 불순물들을 제거해 주시고, 우리의 믿음을 견고하고 순전하게 세워 주십니다.

'나는 말만 해도 잘 알아들으니까 시련을 주실 필요가 없습니다.'라고 생각하십니까? 말만으로 알아듣는 사람은 없습니다. 하나님은 그분의 자녀들에게 징계를 통해 그 일을 이루십니다. 주님이 재림하실 때 칭찬과 영광과 존귀를 얻게 하시기 위해서입니다. 아름다운 신부로 흠 없이 정결하게 혼인잔치에 들어갈 수 있도록 주님께서 그분의 자녀들에게 이 일을 하십니다. 하나님을 사랑하는 자, 곧 그 뜻대로 부르심을 입은 자들에게 모든 것이 합력하여 선을 이룰 것입니다(롬 8:28).

영광스러운 즐거움

18세기 뉴잉글랜드에서 일어난 제1차 대각성운동 때 격정적이고 흥분을 불러일으키는 다양한 종교적 체험과 현상들(기이한 개 짓는 소리를 내고, 껑충껑충 뛰고, 넘어지고, 데굴데굴 구르는 모습 등)이 있었습니다. 그리고 사람들 사이에서 그런 현상을 참된 신앙으로 받아들여야 하는지에 대한 논쟁이 벌어졌습니다. "이와 같이 현저한 역사를 어떻게 성령의 역사가 아니라고 말할 수 있겠느냐"고 말하는 사람들이 있었고, "이렇게 이상한 현상들이야말로 가짜다."라며 부정하는 사람들이 있었습니다. 이때 조나단 에드워즈는 성경의 가르침을 따라 참된 신앙의 확실하고 믿을 만한 증거와 참된 신앙이 아닐지라도 일어날 수 있는 체험이나 결과들을 분별하여 제시할 필요를 느꼈습니다. 그가 쓴 『신앙감정론』은 그 열매입니다. 그 책 서두에서 조나단 에드워즈는 베드로전서 1장 8절을 인용합니다.

> 예수를 너희가 보지 못하였으나 사랑하는도다. 이제도 보지 못하나 믿고 말할 수 없는 영광스러운 즐거움으로 기뻐하니

참된 신앙과 거짓 신앙을 말하기 위해서 그는 왜 이 구절을 선택했을까요? 참 신앙과 거짓 신앙을 분별하는 가장 중요한 기준은 그 사람 안에 있는 거룩한 감정(holy affection)이며, 참된 신앙은 거룩한 감정 안에 있다는 것을 말하기 위해서였습니다.

오늘날에는 주로 지정의(知情意)로 사람의 인격을 이해합니다. 그래서 '나는 너무 감정적이야.' '난 너무 이성적이야.' 하는 식으로 생각합니다. "저 사람은 생각도 하지 않고 행동부터 해."라고 이야기하기도 합니다. 그러나 조나단 에드워즈가 말하는 '거룩한 감정', 혹은 '신앙 감정'은 그런 식으로 정확하게 이해할 수 없습니다. 조나단 에드워즈는 신앙 감정이 그 사람의 신앙의 유무, 혹은 진위를 결정한다고 보았습니다. 그리고 그것을 설명하기에 이 구절이 가장 합당하다고 여겼습니다.

베드로와 베드로전서의 수신자들은 같은 믿음을 가졌고, 같은 예수를

믿고 있었습니다. 그들 모두에게 산 소망이 있었습니다. 하나님께서 주시는 썩지 않고, 더럽지 않고, 쇠하지 아니하는 유업이 베드로와 나그네 된 하나님의 백성들 모두에게 동일하게 약속되었습니다. 그러나 베드로와 그들의 차이점이 있습니다. 베드로는 예수님을 직접 보았지만 그 사람들은 예수님을 육신으로 만나 본 적이 없습니다. 그런데도 그들은 동일하게 예수님을 사랑했습니다. 그래서 사도 베드로는 이렇게 말했습니다. "예수를 너희가 보지 못하였으나 사랑하는도다. 이제도 보지 못하나 믿고 말할 수 없는 영광스러운 즐거움으로 기뻐하니."

그들은 주님을 볼 수 없었지만 믿음의 눈으로 사랑하는 주 예수님을 보면서 말할 수 없는 영광스러운 즐거움으로 기뻐했습니다. 보지 못한 예수님을 사랑하는 사람들, 보지 못한 예수님을 사랑하기 때문에 금도 버리고, 집도 버리고, 모든 기득권을 버리고 예수 그리스도를 따르는 이 사람들이 가진 예수 그리스도에 대한 사랑을 조나단 에드워즈는 참된 신앙 감정이라고 말하는 것입니다. 그리고 참 신앙은 바로 이 신앙 감정에 존재한다고 말합니다. 우리는 다음 장에서 이 신앙 감정이 어떤 것인지 계속 살펴볼 것입니다.

신앙은 예수를 믿는다고 말하는 사람의 겉모습이나 행동으로 판단되지 않습니다. 아무리 오랫동안 주님을 섬겨 왔고, 은사를 받았고, 주님을 위해 많은 일을 했다 할지라도 그것이 그 사람의 신앙이 참되다는 것을 증거하지 못합니다. 아마도 베드로는 "예수를 너희가 보지 못하였으나 사랑하는도다."라고 말했을 때 다락방에서 주님이 도마에게 하신 말씀을 기억했을지 모릅니다. "너는 나를 본 고로 믿느냐? 보지 못하고 믿는 자들은 복되도다"(요 20:29). 주 예수님을 보지 못했지만 사랑하는 사람들은 믿음으로 주 예수님을 보는 사람들입니다. 이렇게 그들은 자신들의 믿음이 참됨을 증명했습니다. 그래서 사도 베드로는 그들이 "믿고 말할 수 없는 영광스러운 즐거움으로 기뻐하니"라고 말합니다.

예수님을 믿는다는 것은 믿음으로 예수님을 보는 것입니다. 예수님을 믿는다는 것은 믿음의 눈으로 보는 주 예수님을 사랑하는 것입니다.

사랑은 사람을 움직이는 힘이 있습니다. 주 예수님에 대한 그들의 사랑은 박해와 핍박이라는 시련을 감당할 힘을 주었습니다. 그리고 계속해서 그리스도를 따라갈 수 있는 힘을 주었습니다. 이것이 참된 사랑을 가진 믿음의 능력입니다. 믿음은 역사합니다. 믿음을 가진 사람 안에서 일합니다. 믿음이 그 안에서 일하는 사람, 그 사람이 그리스도인입니다. 그리스도인은 말이 아니라 전인격으로 그리스도를 사랑하여 그리스도께로 마음이 기울어지는 사람입니다. 주 예수님에 대한 사랑은 그들에게 "말할 수 없는 영광스러운 즐거움"을 가져다주었습니다. 이것은 세상에 있는 유한한 존재에 대한 사랑이 만들어 내는 기쁨과 다릅니다. 무한하고 영원하시며 완전한 아름다움이신 주 예수님에 대한 사랑만이 만들어 낼 수 있는 하늘의 기쁨이고, 주님 안에 있는 기쁨입니다. 이것이 "말할 수 없는 영광스러운 즐거움으로 기뻐하는 것"입니다.

가장 중요한 질문

당신은 그리스도인입니까? 주 예수님에 대한 참된 믿음을 가지고 있습니까? 그것은 실로 참된 믿음입니까? 인생에서 이보다 더 중요한 질문은 없습니다. 사도 베드로는 예수님을 보지 못했지만 사랑하는 사람이 그리스도인이라고 말했습니다. 베드로전서를 전해 받았던 나그네들처럼 우리도 주님을 육신으로는 보지 못했습니다. 그 주님을 당신도 사랑하십니까?

비록 현실적으로는 시련과 시험, 고난이 있기에 잠깐 근심하지 않을 수 없지만 그리스도인은 금보다 귀한 믿음과 산 소망 때문에 말할 수 없는 영광스러운 즐거움으로 기뻐하는 사람입니다. 그 믿음은 힘이 있어서 일평생 그리스도께 나아가게 하고, 그리스도를 위해 살게 합니다.

이 책을 읽는 당신이 스스로에게 물어야 하는 질문은 '내 믿음은 그런 힘이 있는가? 믿음이 내 안에서 그런 일을 하는가? 내 믿음에 힘이 있다면 그것은 내가 그리스도를 사랑하기 때문인가?'입니다.

> 예수를 너희가 보지 못하였으나 사랑하는도다. 이제도 보지 못하나 믿고 말할 수 없는 영광스러운 즐거움으로 기뻐하니(벧전 1:8).

이 말씀이 당신의 이야기입니까? 이 말씀이 당신의 경험을 설명하고 있습니까? 이것이 주님 앞에 사는 평생 동안 순간순간 당신의 살아 있는 고백이 되기를 바랍니다. 경건의 모양은 있지만 능력은 부인하는 자, 살았다 하는 이름은 가졌으나 죽은 자로 살아가지 않도록 말입니다. 그리스도를 믿고 사랑하기에 말할 수 없는 영광스러운 즐거움으로 기뻐하는 은혜를 풍성하게 누리기를 구하십시오.

나눔을 위한 질문

1. 저자는 "내가 그리스도인인가?"라는 질문보다 중요한 것은 없다고 말합니다. 당신도 그렇게 생각합니까? 그렇게 생각하는 이유는 무엇입니까?

2. 이 장을 읽기 전에 당신이 자신을 그리스도인이라고 확신하고 있었다면, 그 근거로 생각했던 것은 무엇입니까? 반대로 자신을 거듭난 그리스도인이 아니라고 생각했다면, 그 근거는 무엇이었습니까?

3. 이 장을 읽은 후 자신을 그리스도인이라고 확신했던 근거나, 그리스도인이 아니라고 여겼던 근거에 대한 생각이 어떻게 바뀌었습니까?

4. 영접기도, 결신 경험, 세례, 교회에 다니는 것, 성경을 알고 있는 것, 성경을 공부한 것 등이 왜 참된 신앙의 믿을 만한 근거가 될 수 없습니까?

5. 당신 자신의 영혼 구원 문제를 염려한 적이 있습니까? 저자는 그것이 어떤 긍정적 의미를 가진다고 말합니까?

6. 조나단 에드워즈는 "참된 신앙은 '거룩한 감정' 안에 있다"고 말했습니다. 그가 말한 거룩한 감정이 무엇을 의미하는지는 이 책 전체를 통해 살펴볼 것입니다. 그 전에 지금 당신이 이해하는 거룩한 감정, 혹은 신앙 감정을 설명해 보십시오(2장을 읽은 후 당신이 새롭게 이해하게 된 거룩한 감정을 지금 설명한 것과 비교해 볼 수 있을 것입니다).

7. 당신은 보지 못한 그리스도를 사랑합니까? 당신은 그리스도인입니까? 이 질문에 대한 당신의 대답은 무엇입니까?

2. 거룩한 감정인가, 자의적 감상인가?

예수를 너희가 보지 못하였으나 사랑하는도다. 이제도 보지 못하나 믿고 말할 수 없는 영광스러운 즐거움으로 기뻐하니

베드로전서 1:8

오늘날 교회가 직면한 가장 큰 문제는 교회 외부에 있지 않습니다. 확신 없는 교인들이 다수를 차지하는 교회의 현실을 생각해 보십시오. 예수님을 믿는다고 말하지만 진짜 믿음 안에 서 있지 않은 사람이 많습니다. 그리스도를 안다고 말하지만 사실은 그리스도를 잘 모릅니다. 그리스도를 사랑한다고 노래하지만 진실로 그리스도를 사랑하는 사람은 적습니다.

거룩한 감정이 있습니까?

데이비드 웰즈(David Wells)는 근본적으로 성경에 대한 무지가 심각한 지경에 이른 이 시대를 "성경 문맹 시대"라고 말합니다. 상황이 이렇다 보니 확신은 고사하고 참된 믿음이 무엇인지 질문하는 것조차 무색해졌습니다. 아무도 "진짜 믿음이 무엇인가?" "내 믿음이 참된 믿음이고 구원받는 믿음인가?" "내가 하나님을 알고, 하나님도 나를 아시는가?" 질문하지 않습니다. 그냥 믿습니다. 무엇을 믿느냐고 물으면 그 대답이 참으로 부실합니다. 일차적으로 가장 큰 책임은 교회의 영적인 지도자들에게 있습니다. 그들이 오래도록 물 탄 복음을 전해 왔기 때문입니다. 교인들을 불러 모으기 위해 사람들이 원하고 듣고 싶어 하는 이야기들을 해 왔기 때문입니다. 이러한 교회 현실에서 그리스도로 인하여 기뻐하고 그리스도를 즐거워하는 사람들을 찾아보기가 점점 어려워졌습니다. 자기 마음이 만족스럽고, 감동이 되고, 갈망하던 것이 해소되기만 하면 은혜를 받는다고 여기는 사람들이 교회 안에 많아졌습니다. 온통 자기중심적입니다. 거기에 하나님을 아는 지식, 그리스도의 탁월하심과 아름다우심을 즐거워함이 조금도 없는데 은혜를 받았다고 말합니다. 슬프게도 이것은 참된 은혜가 아닙니다. 안타깝게도 교회가 이런 정도의 수준이 되었습니다.

교인들 역시 이런 현실에 대한 책임을 피할 수 없습니다. 우리 모두에게는 성경이 있기 때문입니다. 성경을 조금만 진지하게 읽어 봐도 성경이 내가 듣고 싶어 하는 이야기를 하고 있지 않다는 것을 알 수 있기 때문입니다. 가령 "사랑하는 자여 네 영혼이 잘됨같이 네가 범사에 잘되고 강건하기를 내가 간구하노라"(요삼 1:2), "네 시작은 미약하였으나 네 나중은 심히 창대하리라"(욥 8:7) 등과 같은 구절을 많은 사람이 자기 입맛대로 이해하고 좋아합니다.

이것이 집 안 여기저기에 붙여 놓는 '가화만사성'(家和萬事成)과 무슨 차이가 있습니까? 내가 원하는 구절만 하나님의 말씀이 아닙니다. 그런데도 그런 성구 액자를 붙여 놓고 하나님을 믿는다고 생각할 수 있습니다. 하나님의 뜻을 따르는 경외함이 없는데 액자만 붙여 놓고 좋아할 수도 있습니다. 이것은 우상 숭배와 조금도 다르지 않습니다. 여기에는 하나님을 경외함이 없습니다. 거룩한 감정이 없는 것입니다. 이 일에서 우리 모두가 책임을 면할 수 없습니다.

감정과 이성의 대립을 넘어

조나단 에드워즈는 "참된 신앙은 거룩한 감정에 있다"고 말했습니다.[1] 진짜 신앙은 거룩한 감정에 있고, 거룩한 감정을 통해서 참된 신앙의 본질이 있는지 없는지를 알 수 있다는 것입니다. 하지만 많은 사람이 엉뚱한 것으로 자신의 신앙을 판단합니다. 교회에 다니고, 교회에서 여러 가지 활동과 봉사를 하고 있다는 것 등으로 말입니다. 그러나 마지막 날 주님께서 "내가 너를 도무지 알지 못하겠다"고 말씀하시는 사람들 가운데 주님의 이름으로 선지자 노릇하고 귀신을 쫓아내고 많은 권능을 행한 사람이 많다는 사실을 기억해야 합니다(마 7:22). 주의 이름으로 선지자로 사역하고 귀신을 쫓아내고 많은 권능을 행하는 것은 참된 신앙의 열매, 즉 가시적 결과가 아니라는 것이 분명합니다. 참된 신앙이 없어도 그런 일들을 잘 감당할 수 있습니다. 그렇다면 조나단 에드워즈가 말한 '거룩한 감정'이란 무엇일까요? 조나단 에드워즈가 말한 "신앙 감정"은 우리가 흔히 말하는 "감정"(emotion)이 아닙니다. 일반적으로 "그 사람은 감정적이다."라고 하면 "그 사람은 이성적이지 않다"거나 "이성보다 감정에 더 의존한다"는 의미를 지닙니다. 또 어떤 사람을 가리켜서 "그 사람은 굉장히 이성적인 사람이야."라고 하면 "그 사람은 감정적으로 둔하고 약하다"는 의미가 됩니다. 이런 생각은 우리가 감정과 이성, 가슴과 머리를 대립되는 기능으로 이해하는 데 기인합니다. 우리의 언어 습관과 개념 속에 이성적인 사람은 감정적이지 않고, 감정적인 사람은 이성적이지 않다는 생각이 있습니다.

물론 감정적인 사람이 있고 이성적인 사람이 있습니다. 이런 구분은 신앙의 영역에도 두드러져서, 어떤 사람들은 매우 감정적인 신앙을 보여 주고, 또 어떤 사람들은 이성에 치우친 신앙생활을 합니다. 전자는 지나친 열광주의나 광신주의로 흐르기 쉽고, 후자는 냉담한 지성주의로 가기 쉽습니다. 하지만 참 신앙의 본질은 어느 한쪽으로 치우쳐서 열정이나 지식을 나타내지 않습니다. 또한 조나단 에드워즈가 말한 "신앙 감정"은 이런 의미로 사용된 것이 아니었습니다.

베드로전서 1장 8절 말씀은 진짜 신앙이 어떤 것이고, 조나단 에드워즈가 말한 거룩한 감정이 어떤 것인지 잘 보여 줍니다. "예수를 너희가 보지 못하였으나 사랑하는도다." 여기에 참 신앙의 본질이 있습니다. 베드로전서의 수신자였던 소아시아의 나그네들은 예수 그리스도를 직접 눈으로 보지 못했지만 그분을 사랑했습니다. 뿐만 아니라 그리스도에 대한 그들의 사랑은 증명된 사랑이었습니다. 그들에게는 불시험이라는 혹독한 시험이 있었습니다(벧전 4:12). 그들이 모진 핍박 속에서도 주 예수 그리스도에 대한 믿음을 지켜 낼 수 있었던 힘은 무엇이었을까요? 그것은 바로 예수님을 사랑하는 거룩한 감정이었습니다. 그것은 한순간 타오르다가 식어 버리는 감정(emotion)이 아니었습니다. 성경공부를 많이 해서 얻은 성경 지식이나 교리 지식도 아니었습니다. 그들을 모진 핍박에서 견디게 한 것은 보지 못한 예수를 사랑하는 거룩한 감정이었습니다. 그 거룩한 감정이 "예수를 너희가 보지 못하였으나 사랑하는도다. 이제도 보지 못하나 믿고 말할 수 없는 영광스러운 즐거움으로 기뻐하니"(벧전 1:8)라는 표현 속에 담겨 있습니다. 참된 신앙은 그리스도에 대한 사랑과 그 사랑에서 흘러나오는 기쁨이고, 이것이 바로 거룩한 감정입니다. 여기에 진짜 신앙이 존재합니다.

거룩한 감정과 참된 신앙

예레미야 선지자가 "만물보다 거짓되고 심히 부패한 것은 마음이라. 누가 능히 이를 알리요"(렘 17:9)라고 기록한 것처럼 우리 모두는 자신의 마음을 속이는 데 가히 천재적입니다. 그래서 자신이 신앙생활을 잘하고 있다고 생각하는 순간 위선하게 되고, 소위 바리새인처럼 되기 쉽습니다. 그러므로 스스로 속지 않기 위해서, 우리는 신앙이 바깥으로 드러나는 우리의 행위가 아니라 주 예수 그리스도를 사랑하고 그 사랑 때문에 마음에 일어나는 영광스럽고 말로 형용할 수 없는 기쁨에 있다는 사실을 언제나 기억해야 합니다.

앞에서 설명했듯이, 조나단 에드워즈는 '지정의'라는 구분으로 '신앙 감정'이라는 용어를 사용하지 않았습니다. 그는 '지성을 동반한 감정'에서 참된 신앙의 본질이 드러날 수 있다고 보았습니다. 그것을 'affection'(느낌[feeling]이나 감정[emotion]이 아닙니다), 혹은 'religious affection', 'holy affection'이라고 불렀습니다. 그것을 우리말로 정확하게 옮기기는 어렵지만, '거룩한 감정', 혹은 '신앙 감정'이라고 표현할 수 있을 것입니다. 그는 인간에게 두 가지 기능이 있다고 생각했습니다. 하나는 단순히 사물을 이해하고 지각하고 사유할 수 있는 기능이고, 다른 하나는 사물을 지각하고 분별할 뿐 아니라 지각하고 분별하는 사물에 마음이 끌리거나 기울어지는 기능입니다. 끌리고 기울어지는 것을 호감이라고 할 수 있고, 반대의 경우는 비호감, 반감 또는 불쾌감이라고 할 수 있습니다. 이것은 전적으로 지각하고 분별하는 것에서 옵니다. 무분별하게 끌리는 것은 에드워즈가 말하는 신앙 감정이라고 할 수 없고 오히려 격정, 혹은 열정(passion)이라고 할 수 있습니다. 많은 사람이 오해하는 것이 바로 이 '열정'입니다. 이것은 첫눈에 반해서 자기도 모르게 이끌리고 끓어오르는 감정입니다. 여기에는 이해나 설명이 필요 없습니다. 통제력을 상실하기도 합니다. 하지만 신앙은 그런 것이 아닙니다. 신앙은 '열정'이나 '격정'이 아닙니다. 신앙은 언제나 지성과 분별력, 이해를 바탕으로 하나님을 아는 지식을 갖는 것이고, 그 지식에 근거하여 하나님을 사랑하게 되고, 하나님께 끌리게 되고, 하나님께로 기울어지게 되는 성향이기 때문입니다.

하나님을 좋아하고 그분께 끌리는 정도가 강하다는 것이 바로 "예수를 너희가 보지 못하였으나 사랑하는도다"라는 말에 함축된 의미입니다. 신앙 감정에 속하는 표현은 사랑 외에도 갈망, 소망, 기쁨, 감사, 만족과 같은 것이 있습니다. 물론 그 반대편에는 미움, 두려움, 분노, 슬픔, 반감, 비호감, 불쾌함 등이 있습니다. 이런 신앙 감정을 다른 말로는 '성향'(inclination), 혹은 '경향성'이라고 표현합니다. 이것은 지성과 관계없는 맹목적인 것이 아니라 자아가 판단하고자 하는 대상이나 교리나 사상에 대한 이해에 기초합니다. 성향은 반드시 의지를 움직이고 행동을 만들어 냅니다. 그렇기 때문에 성경을 읽고, 이해하고, 배우는 것이 절대적으로 중요합니다. 교리를 이해하는 것도 중요합니다. 그 인식과 분별과 판단 위에 우리의 거룩한 감정이 움직이기 때문입니다.

신앙의 본질이 거룩한 감정에 있다고 볼 때, 신앙은 본질적으로 미지근한 것이 불가능한 영역이라고 할 수 있습니다. 이도 저도 아니고 둘 사이에서 머뭇거리는 신앙, 말로는 믿는다고 하지만 실제 삶은 그렇지 않은 것은 참된 신앙일 수 없습니다. 신앙의 영역에서는 대충 건성으로 하나님을 믿고 섬길 수 있는 길이 없습니다. 그럼에도 불구하고 우리의 교회 현실은 대충 믿는 사람들이 넘쳐나는 현상을 어떻게 설명할 수 있을까요?

말씀에 비추어 볼 때 판단은 명확하고 조금도 모호하지 않습니다. 오늘날 교회 안에는 참된 신앙, 구원 얻는 신앙을 갖지 않은 사람이 많습니다. 하나님을 향한 열심, 즉 하나님에 대한 사랑이 자신의 마음과 의지를 움직이고, 하나님을 위해 살고 싶고, 어떻게든 하나님을 영화롭게 하는 삶을 살고 싶은 마음을 유발시키지 않는다면 참된 신앙이 있는지 의심해야 합니다. 하나님을 믿는다는 것은 하나님을 알고 하나님을 사랑할 뿐 아니라 하나님을 위해 살고 싶은 거룩한 감정과 성향과 의지가 우리 안에서 불러 일으켜지는 것이기 때문입니다.

거룩한 감정의 빛과 열

목회를 하면서 "말씀을 듣는데 왜 변하지 않습니까?"라는 질문을 많이 받습니다. 이 문제에 대한 답을 조나단 에드워즈의 『신앙감정론』에서 찾는다면, 그것은 한마디로 "말씀을 들을 때 신앙 감정이 그 말씀에 영향을 받지 않기 때문이다."[2]가 될 것입니다. 아무리 오랜 시간 말씀을 듣고, 성경에 대한 지식과 복음에 대한 바른 이해와 심지어 성경을 가르칠 수 있는 실력을 갖추었을지라도, 그 지식에 우리의 신앙 감정이 움직여지고 영향을 받지 않는다면 그 지식은 결코 참된 신앙이 될 수 없습니다. 신앙 감정이 말씀에 영향을 받기까지 사람은 절대로 변할 수 없기 때문입니다.

믿음으로 말미암아 의롭다 함을 받은 사람들은 성화의 삶을 살게 되어 있습니다. 따라서 신앙생활이 10년, 20년 지속되는 동안에(물론 먼저 된 자가 나중 되고 나중 된 자가 먼저 될 수 있지만) 자신이 그리스도와 그분의 인격을 닮아가고 있는지 스스로 질문하는 것이 중요합니다. 청년들도 이런 생각을 해야 마땅합니다. '10년, 20년, 30년 후에 나는 어떻게 경건한 어른이 될 것인가?'라고 말입니다. 교회 안에는 시간이 지날수록 점점 더 덕을 끼치지 못하는 모습으로 변해 가는 사람이 많습니다. 이런 현상을 어떻게 설명해야 할까요? 참된 신앙은 하나님께 끌리는 것입니다. 우리가 하나님을 알면 하나님의 아름다우심과 탁월하심과 완전하심에 끌리게 되어 있습니다.

이것이 신앙입니다. 영의 눈이 열려서 그리스도와 그분의 영광을 바라보고 그리스도께로 나아갈 때 우리는 의식적으로, 그리고 무의식적으로 그분께 끌리게 됩니다. 그리고 자연스레 그분을 점점 닮아 가는 변화가 일어납니다. 성령께서 그 일을 하시기 때문입니다.

말씀을 듣는데도 변하지 않는 이유를 조금 더 설명해 보겠습니다. 첫 번째 이유는 머리로만 말씀을 듣기 때문입니다. 예수를 안 믿어도 신학을 할 수 있고, 심지어 신학으로 학위를 얻을 수도 있습니다. 철학이나 일반 학문을 공부하듯 할 수 있다는 말입니다. 성경의 교리나 복음에 대한 설명도, 예수 그리스도의 사역에 대한 것도 얼마든지 머리로 이해할 수 있습니다. 머리로 이해해도 어느 정도 기쁠 수 있습니다. 지적 희열을 느낄 수 있습니다. 그러나 그리스도를 사랑하지 않는다면 그 지식은 결코 거룩한 감정을 만진 것이 아닙니다. 하나님의 거룩하심과 선하심, 무한하신 지혜와 능력, 의로우심과 사랑하심, 그리스도의 낮아지심과 고난과 죽으심, 그리고 그분의 아름다우심을 듣고 교리적으로 이해한다 할지라도 그것은 그저 지적 이해에 불과할 뿐입니다. 그런 지식은 사람을 영적으로 변화시키지 못합니다.

말씀을 듣는데도 변하지 않는 두 번째 이유는 첫 번째 경우와 반대로 가슴으로만 말씀을 듣기 때문입니다. 설교를 들을 때 늘 감동을 받고 눈물을 흘리지만 전혀 변하지 않는 사람이 있습니다. 그 사람이 설교를 통해 영향을 받은 것은 거룩한 감정이 아니라 그냥 '감정'(emotion)이었기 때문입니다. 그가 감동을 받은 것은 하나님의 거룩하심과 탁월하심과 그리스도의 아름다움 때문이 아니라고 말할 수 있습니다. 그가 영향을 받은 것이 하나님의 계시를 통해 깨달은 하나님을 아는 지식이었다면 그것은 거룩한 감정에 영향을 미쳤을 것입니다. 이런 일은 얼마든지 일어날 수 있습니다.

그러므로 우리는 자기 자신을 진지하게 살펴보아야 합니다.

거룩한 감정에는 빛과 열(熱)이 있습니다. 빛은 진리의 빛이고, 열은 하나님과 그리스도를 사랑하는 것입니다. 이 둘은 분리될 수 없습니다. 그리스도를 알지 못하고 사랑할 수 없습니다. 복음의 진리를 깨닫지 못한 채 그리스도를 사랑할 수 없는 것입니다. 진리의 빛을 받아 하나님과 그리스도의 거룩하심과 아름다우심을 더 깊이 깨달아 알게 되고, 그 지식이 그 사람 안에 있는 거룩한 감정에 영향을 끼칠 때, 이것이 한 인격을 움직여 자기가 사랑하는 하나님을 닮게 하고 하나님을 위하여 살게 합니다. 그러므로 우리는 스스로에게 질문해야 합니다. '나는 예수 그리스도와 복음과 하나님에 대해 충분히 배우고 있는가? 그 지식이 나의 거룩한 감정에 영향을 미치고 있는가?'

우리가 매일 성경을 읽어야 하는 이유는 주일 하루 설교를 듣는 것으로는 우리의 신앙생활이 유지될 수 없기 때문입니다. 하나님의 살아 있는 말씀이 우리에게 매일 들려져서 우리의 거룩한 감정에 영향을 미치게 해야 합니다. 그러지 않으면 거듭난 사람이라 할지라도, 자기 안에 거룩한 감정이 있는지 없는지조차 알 수 없는 지경이 되고 맙니다. 우리의 신앙 감정이 우리가 배우는 하나님을 아는 지식에 의해 지속적으로 영향을 받고 있는지 점검해야 합니다. 단순히 머리의 지식으로 만족하며 속지 마십시오. 또한 가슴이 뜨거워지는 경험으로만 만족하지도 마십시오.

거룩한 감정의 다양한 표현들

성경은 신앙 감정과 연결된 용어들을 통해 다양한 방식으로 신앙을 설명하고 있습니다.

예컨대 이사야 33장 6절은 "네 시대에 평안함이 있으며 구원과 지혜와 지식이 풍성할 것이니 여호와를 경외함이 네 보배니라."라고 말씀합니다. 아마도 성경을 통틀어 참된 신앙을 표현하기 위해 가장 많이 사용된 말이 '하나님 경외'일 것입니다. 하나님을 경외하는 것이 바로 거룩한 감정입니다. 여호와를 경외하는 것은 곧 하나님을 두려워하는 것입니다. 그냥 무서워하는 것이 아니라 깊은 사랑을 담은 외경심입니다. 크고 두려우신 하나님이 나에게 선한 아버지가 되시는 것을 알기에 그분의 은혜 앞에 엎드리고, 그분을 사랑하며, 그분이 나의 전부이심을 고백하며, 나 자신을 온전하게 굴복하여 드리는 것입니다. 하나님이 말씀하시면 사랑으로 순종하는 것입니다. 하나님을 자신의 가장 소중한 분, 궁극의 권위로 삼는 것입니다. 하나님 앞에 날마다 무릎을 꿇는 것입니다. 이것이 하나님을 경외하는 것, 곧 거룩한 감정입니다. 시편에 다음과 같은 구절이 있습니다.

> 사슴이 시냇물을 찾기에 갈급함같이 내 영혼이 주를 찾기에 갈급하니이다. 내 영혼이 하나님 곧 살아 계시는 하나님을 갈망하나니 내가 어느 때에 나아가서 하나님의 얼굴을 뵈올까(시 42:1-2).

여기서 우리가 보는 거룩한 감정은 '갈망'입니다.

언젠가 목사님들과 금식 기도를 하러 간 적이 있습니다. 잠시 쉬는 시간에 벽난로에서 쇠집게로 불붙는 장작을 건드리던 한 목사님이 "마시멜로가 생각난다"고 했습니다. 그런데 저는 그때 마시멜로가 먹고 싶다는 생각이 조금도 들지 않았습니다. 과자 안에 들어 있는 것 말고는 마시멜로를 따로 구워서 먹어 본 적이 없었기 때문입니다. 알아야 갈망할 수 있습니다. 다윗이 하나님을 알았기에 하나님에 대한 갈망이 그의 마음에 깊어졌던 것과 같습니다. 이것이 거룩한 감정입니다.

당신에게 거룩한 갈망이 있습니까? 하나님에 대한 다윗의 거룩한 갈망에 공감하십니까? 시편의 많은 기도문을 읽으면서 '아, 이것은 내 기도구나.'라고 생각하십니까?

주님께서 가르치신 팔복은 믿는 사람들의 특징을 잘 보여 주는 말씀입니다.

> 심령이 가난한 자는 복이 있나니 천국이 그들의 것임이요,
> 애통하는 자는 복이 있나니 그들이 위로를 받을 것임이요,
> 온유한 자는 복이 있나니 그들이 땅을 기업으로 받을 것임이요,
> 의에 주리고 목마른 자는 복이 있나니 그들이 배부를 것임이요,
> 긍휼히 여기는 자는 복이 있나니 그들이 긍휼히 여김을 받을 것임이요,
> 마음이 청결한 자는 복이 있나니 그들이 하나님을 볼 것임이요,
> 화평하게 하는 자는 복이 있나니 그들이 하나님의 아들이라 일컬음을 받을 것임이요,
> 의를 위하여 박해를 받은 자는 복이 있나니 천국이 그들의 것임이라(마 5:3-10).

심령이 가난한 자, 애통하는 자, 온유한 자, 의에 주리고 목마른 자, 긍휼히 여기는 자, 마음이 청결한 자, 화평케 하는 자, 의를 위해 핍박받는 자. 이것은 모두 거룩한 감정이거나 거룩한 감정이 만들어 내는 결과입니다. 거룩한 감정은 하나님의 말씀을 들으면서 '저에게는 하나님의 은혜가 필요합니다. 하나님이 없으면 제가 무엇을 이루었고, 무엇을 소유했고, 어떤 상황에 있든지 저는 아무것도 아닌 죽은 존재와 다르지 않습니다. 하나님, 저는 은혜가 필요합니다. 하나님께서 저의 하나님이신 것을 오늘도 경

험해야 합니다. 주님, 저에게 와 주소서. 주님과 동행하기를 원합니다.'라는 마음을 품는 것입니다.

끝까지 믿음을 지켰던 초대교회 성도들은 불시험을 통과하면서 그들의 믿음이 참됨을 입증하였고, 그들의 참된 신앙은 그리스도에 대한 사랑과 그 사랑이 만들어 낸 기쁨이라는 거룩한 감정으로 표현되었습니다.

조나단 에드워즈는 참된 신앙의 본질을 결정하는 거룩한 감정은 다양하게 표현된다는 것을 이렇게 설명했습니다.

> 하나님에 대한 살아 있고 정열적인 사랑은 필연적으로 다양한 신앙 감정을 드러내는데 그중에는 죄에 대한 강렬한 미움과 혐오, 죄에 대한 두려움, 하나님을 기쁘시게 하지 못하는 것에 대한 두려움, 하나님의 선하심에 대한 감사, 은혜롭게 현존하시는 하나님을 느낄 때 얻게 되는 만족과 기쁨, 하나님께서 함께하시지 않을 때 느끼는 슬픔, 장차 하나님을 누릴 것을 기대할 때 생기는 즐거운 소망, 하나님의 영광에 대한 강한 열정 등이 있다.[31]

말씀을 사랑해야 하는 이유

자신의 신앙생활을 돌아보십시오. 당신에게 거룩한 감정이 있습니까? 거룩한 감정이 하나님의 말씀을 통해 어떻게 지속적으로 영향을 받아 왔습니까? 사도 바울은 말씀을 가르치는 목적을 다음과 같이 말했습니다.

> 내가 마게도냐로 갈 때에 너를 권하여 에베소에 머물라 한 것은 어떤 사람들을 명하여 다른 교훈을 가르치지 말며 신화와 끝없는 족보에 몰두하지

말게 하려 함이라. 이런 것은 믿음 안에 있는 하나님의 경륜을 이룸보다 도리어 변론을 내는 것이라. 이 교훈의 목적은 청결한 마음과 선한 양심과 거짓이 없는 믿음에서 나오는 사랑이거늘(딤전 1:3-5).

우리가 말씀을 가르치고 교회를 섬기는 목적은 청결한 마음과 선한 양심과 거짓이 없는 믿음에서부터 나오는 사랑을 이루기 위한 것, 이 사랑이 이루어지는 것, 이 사랑을 우리의 마음에서 불러일으키는 것이라고 말합니다. 거룩한 감정은 하나님의 말씀을 깨달을 때 불러일으켜지기 때문입니다. 그러기 위해서 다른 교훈을 가르치는 거짓 교사들을 배척하는 일도 중요했습니다. 다른 교훈, 거짓 가르침은 결코 거룩한 감정에 영향을 줄 수 없고, 도리어 무가치하고 비생산적인 변론만을 만들어 내기 때문입니다. 예수님께서는 부활하신 후에 엠마오로 가는 두 제자와 동행하셨습니다. 그들에게 성경을 가르치셨습니다. "이에 모세와 모든 선지자의 글로 시작하여 모든 성경에 쓴 바 자기에 관한 것을 자세히 설명하시니라"(눅 24:27). 예수님은 자신에 대한 구약의 모든 말씀을 꺼내어 그들에게 성경을 가르치셨습니다. 저자 직강의 놀라운 성경공부였을 것입니다. 그 결과 어떤 일이 일어났습니까? 누가복음 24장 32절에서 제자들은 다음과 같이 말했습니다. "길에서 우리에게 말씀하시고 우리에게 성경을 풀어 주실 때에 우리 속에서 마음이 뜨겁지 아니하더냐." 주님이 성경을 풀어 주실 때 그들의 마음이 뜨거워졌습니다. 이것은 그들이 평소에 느끼던 감정이 아니었습니다. 거룩한 감정이 건드려졌습니다. 말씀을 통해 예수 그리스도를 보게 되자 그들의 거룩한 감정이 불러일으켜진 것입니다. 단순히 말씀을 들었기 때문이 아닙니다. 말씀이 가르치는 바를 깨달아 그들의 영혼과 거룩한 감정이 자극을 받은 것입니다. 이것이 성령님의 조명하심입니다.

여기에 우리가 하나님의 말씀인 성경을 사랑해야 할 이유가 있습니다. 참된 믿음을 갖기 원한다면 하나님의 말씀을 사랑하고, 하나님의 말씀을 매일 읽고, 공부하고, 암송해야 합니다. 하나님의 말씀이 들려지고 가르쳐지는 자리에 머물러야 합니다. 말씀 없이 주님을 사랑할 수 없습니다. 말씀 없이 예수를 믿을 수 없습니다. 말씀이 없으면 우리의 거룩한 감정이 메말라 버립니다. "왜 오랫동안 교회에 다니는데 아직도 신앙이 미지근한가?"에 대한 답은 "하나님의 말씀 없이 살기 때문"입니다.

이점에서 하나님의 말씀이 바르게 가르쳐지는 교회의 역할이 중요합니다. 앞에서 사도 바울은 바른 교훈이 아닌 다른 교훈, 바른 복음이 아닌 다른 복음을 전하는 것은 참된 신앙을 키우는 대신 도리어 교만한 변론만 만들어 낸다고 경고했습니다. 그러므로 교회를 결정하는 기준은 따뜻한 분위기나 인격이 훌륭한 사람들, 멋진 연주를 하는 밴드, 병을 치유하고 초자연적인 은사가 나타나는 것, 안락하고 편리한 시설 등이 아닙니다. 이러한 요소는 마귀들도, 예수를 믿지 않아도, 이단들도 얼마든지 모방하여 흉내 낼 수 있기 때문입니다.

하나님께서는 오직 그분의 바른 복음과 말씀을 통해서만 사람의 거룩한 감정을 건드리시고 불러일으키시고 움직이십니다. 그런 방식으로 우리의 신앙을 빚어 가십니다. 그러나 바른 복음을 전하는 교회에 다니는 것만으로 그 사람의 신앙이 보장되는 것은 아닙니다. 말씀을 열심히 품고 청종해야 합니다.

영혼을 위한 권면

다음은 새찬송가 60장 '영혼의 햇빛 예수님'의 2절 가사입니다.

이 눈에 단잠 오기 전 고요히 주를 그리며
구주의 품에 안기니 한없이 평안합니다.

얼마나 많은 사람이 이 찬송시에 공감할 수 있을까요? 작사가는 "이 눈에 단잠 오기 전" 잠자리에서 구주의 품에 안긴다고 생각합니다. 그렇게 주님을 그리워하고 사모합니다. 마치 사랑에 빠진 사람이 연인을 그리며 잠에 드는 것처럼 말입니다.

다른 찬송시에서도 비슷한 가사를 찾아볼 수 있습니다.

내 맘의 주여 소망되소서. 주 없이 모든 일 헛되어라.
밤에나 낮에나 주님 생각. 잘 때나 깰 때 함께하소서.[4]

구주를 생각만 해도 이렇게 좋거든
주 얼굴 뵈올 때에야 얼마나 좋으랴.
예수의 넓은 사랑을 어찌 다 말하랴.
주 사랑 받은 사람만 그 사랑 알도다.[5]

거룩한 감정은 바로 이런 것입니다. 우리가 다 시인이 되어서 이런 시를 쓸 수 있으면 좋겠지만 신앙의 선배들이 써 놓은 찬송시들을 통해 우리도 같은 고백을 하며 찬송을 부를 수 있습니다.

참된 신앙에는 거룩하신 하나님을 아는 지식이 있고, 그 아들 예수 그리스도의 아름다움을 아는 지식이 있으며, 그리스도의 복음 안에 나타난 하나님의 무한하고 위대하신 사랑에 대한 깨달음이 있습니다. 그리고 그 하나님을 더 알기 원하고 사랑하기 원합니다. 그래서 사도 베드로는 "예수를 너희가 보지 못하였으나 사랑하는도다. 이제도 보지 못하나 믿고 말할 수 없는 영광스러운 즐거움으로 기뻐하니"라고 기록했습니다. 이 거룩한 감정 안에 참된 신앙이 있기 때문입니다.

당신에게 이런 거룩한 감정이 있습니까? 있다면 그것으로 인해 하나님께 감사하십시오. 그리고 그 거룩한 감정이 하나님의 말씀을 통해 날마다 주님을 더 사랑하는 마음으로 이어지고, 말로 형언할 수 없는 영광스러운 즐거움으로 주님을 더욱 사랑하는 기쁨이 되게 해 주시기를 하나님께 구하십시오. 만일 이 거룩한 감정이 당신 안에서 조금도 발견되지 않는다면 당신은 낙심에 이르기 전에 자비하신 하나님께 합당한 은혜, 참된 은혜를 구해야 합니다. 하나님의 말씀을 깨달을 수 있는 은혜를 구할 뿐 아니라 매일 말씀을 읽고 말씀을 가르치는 모든 자리에 나아가 그 말씀을 청종하십시오. 그런 일 없이 교회에서 세월만 보내는 것은 당신의 영혼에 위험천만한 일이 될 것입니다.

하나님께서 우리에게 주신 은혜의 수단을 부지런히 사용해야 합니다. "말씀과 기도로 거룩하여짐이라"(딤전 4:5)라는 말씀은 말씀과 기도가 은혜의 수단임을 가르칩니다. 우리 안에 은혜가 더 증진되어야 합니다. 자신에게 주어진 시간을 은혜를 증진하는 데 사용해야 합니다. 은혜의 수단을 적극적으로 사용하지 않고 살아가는 것은 심히 위험한 자리에 있는 것입니다. 동시에 하나님께서 기뻐하시지 않는 죄악들을 버리십시오. 죄악 속에 머물러 살아가는 사람에게는 거룩한 감정이 자리할 수 없습니다. 죄악은 본질적으로 하나님을 경외하지 않는 심정이고 태도이므로, 우리 안의 거룩한 감정을 질식시켜 죽입니다.

하나님께서 그분의 말씀을 통하여 당신 안에 거룩한 감정을 불러일으켜 주시길 바랍니다.

1. 저자는 조나단 에드워즈가 말한 '거룩한 감정', 혹은 신앙 감정은 우리가 일반적으로 말하는 감정과 어떻게 다르다고 설명합니까? 조나단 에드워즈가 말하는 거룩한 감정을 당신 자신의 말로 설명해 보십시오.

2. 바른 말씀을 들어도 변하지 않는 사람들이 있습니다. 물론 당신도 그런 사람일 수 있습니다. "신앙 감정이 그 말씀에 영향을 받지 않기 때문"이라는 설명에 동의합니까? 저자의 설명을 당신이 이해한 대로 설명해 보십시오.

3. 거룩한 감정은 다양하게 표출됩니다. 가령 죄에 대한 강렬한 미움과 혐오, 죄에 대한 두려움, 하나님을 기쁘시게 하지 못하는 것에 대한 두려움, 하나님의 선하심에 대한 감사, 은혜롭게 현존하시는 하나님을 느낄 때 얻는 만족과 기쁨, 하나님께서 함께하시지 않을 때 느끼는 슬픔, 장차 하나님을 누릴 것을 기대할 때 생기는 즐거운 소망, 하나님의 영광에 대한 강한 열정, 하나님의 말씀에 대한 사랑과 순종 등으로 표출됩니다. 거룩한 감정의 다양한 표출 방식 중 당신에게 가장 익숙한 것은 무엇입니까? 그것을 어떤 방식으로 경험합니까?

4. 저자는 교회에서 하나님의 말씀이 바르게 가르쳐지는 것이 왜 중요하다고 이야기합니까?

5. 당신에게는 거룩한 감정이 있습니까? 자신이 느끼는 거룩한 감정을 설명해 보십시오. 혹시 당신 안에 거룩한 감정이 전혀 없다면, 하나님께서 중생하게 하시는 은혜로 그 거룩한 감정을 불러일으켜 주시기를 구하십시오.

3. 성령의 내주하심인가, 마귀의 미혹인가?

만일 너희 속에 하나님의 영이 거하시면 너희가 육신에 있지 아니하고 영에 있나니 누구든지 그리스도의 영이 없으면 그리스도의 사람이 아니라.
로마서 8:9

"당신은 그리스도인입니까?"라는 질문은 낯선 질문이 아닙니다. 너무나 익숙한 질문이기에 쉽게 대답할 수 있을 것입니다. 그렇지만 "당신 안에 성령님이 계십니까?"라는 질문을 받으면 당혹스러울지 모르겠습니다. 이것은 진지하게 생각해 보는 질문이 될 수 있습니다. 사실 두 질문의 의미는 동일한데 말입니다.

성령이 계십니까?

기독교가 단지 인간의 종교적인 선택을 묻는 것이라면 "당신은 그리스도인입니까?" "교회에 다닙니까?" "교회에 다니기로 결정했습니까?"와 같은 질문으로 충분합니다. 그러나 기독교는 하나님께서 우리를 선택하시고, 우리를 구원하기로 결정하시고, 그분이 우리 안에서 행하신 일로부터 시작되는 것이므로 "그리스도인입니까?"라는 질문보다 "성령님이 계십니까?"라는 질문이 더 성경적인 질문이 될 것입니다.

성경은 예수를 믿는 자들에게 성령님이 오셔서 내주하시며 영원히 떠나지 않으신다고 분명하게 말씀합니다. 그러므로 예수 믿는 사람 안에는 반드시 성령님이 계십니다. 성령님이 그 사람 안에서 지속적으로 거룩한 일을 행하실 것입니다. 이런 사람이 신자입니다.

하나님께서 주시는 마음

세상에 아무것도 하지 않고 가만히 있는 사람은 없습니다. 하물며 성령께서 계시는데 계시지 않을 때와 계실 때가 아무 차이가 없고, 10년, 20년이 지나도록 아무 증거나 징후가 보이지 않는다면 어떻게 성령이 내 안에 계신다고 말할 수 있겠습니까?

앞에서 '거룩한 감정'에 대해 이야기했습니다. 이것은 진짜 하나님을 믿는 사람 안에서 신앙이 어떤 방식으로 나타나는지 보여 주는 중요한 개념입니다. 우리 안에 거룩한 감정이 있다는 것은 우리 안에서 거룩한 감정을 만들어 내는 분이 있다는 얘기입니다. 왜냐하면 사람은 스스로 자기 안에 거룩한 감정을 만들어 낼 수 없기 때문입니다. 그러므로 거룩한 감정을 가지기 위해 노력하고 애쓰기 전에 거룩한 감정은 성령으로 말미암은 중생의 결과라는 사실을 분명하게 알아야 합니다. 단순히 '나는 도움이 필요해.' '평안하면 좋을 텐데.' '마음의 평안을 얻기 위해 하나님을 믿어 봐야겠어.' 하는 생각은 거룩한 감정이 아닙니다. 거룩한 감정은 살아 계신 하나님을 아는 지식에 의해 불러일으켜집니다. 거룩한 감정은 성경이 말하는 하나님을 알게 될 때, 그리스도를 통해 그 하나님을 알게 될 때 내 안에 하나님을 사랑하는 마음이 일어나고, 보지 못한 그리스도를 사랑하게 되고, 이전에 좋아하고 즐거워하던 모든 것이 무가치하게 여겨지고, 하나님을 닮아 거룩해지고자 하는 욕구가 생기고, 내 삶의 목적과 나의 존재 이유는 하나님이라는 사실을 알게 되고, 그래서 때때로 사슴이 시냇물을 찾기에 갈급함같이 하나님의 은혜를 갈망하게 되는 것입니다. 즉 성경이 계시하는 살아계신 하나님을 아는 지식에 의해 내 안에서 불러일으켜지는 것입니다. 따라서 거룩한 감정은 우리가 가지고 싶다고 해서 가질 수 있는 것이 아닙니다. 성령으로 말미암은 중생의 결과로 하나님께서 주시는 마음입니다.

앞에서도 강조했듯이 주님께서 말씀하신 팔복은 우리에게 주신 새 율법이 아니라 예수 믿는 사람, 중생한 사람, 그 안에 성령님이 계시는 사람의 특징을 설명한 것입니다. 성령이 그 안에 계시면 심령이 가난해집니다. 온유해집니다. 마음이 청결해집니다. 그래서 하나님을 봅니다. 그러므로 누군가에게 이런 거룩한 감정이 있다는 것은 성령님이 그 사람 안에 계심을 아는 하나의 방편이라고 할 수 있습니다.

이 부분에서 오늘날의 교회가 심각한 혼란을 겪고 있습니다. 신뢰할 수 없는 증거를 붙잡고 자신이 예수를 믿는다고 말하는 사람이 너무 많습니다. 또한 불확실한 증거를 가지고 자기 안에 성령이 계시다고 말하는 사람도 많습니다. 성경이 분명하게 말씀하고 가르치는 원리는 실종되었고, 그 결과로 빚어지는 혼란이 만만치 않습니다.

성령의 역사와 마귀의 흉내

성령님을 떠올릴 때 자연스럽게 생각나는 것이 무엇입니까? 방언과 같은 은사입니까? 병 고치는 이적이나 눈에 보이는 현상입니까? 기도원에서 들을 수 있는 거친 목소리입니까? 이런 것들이 먼저 떠오른다면 성령님을 인격적으로 잘 알지 못하는 것입니다. 실제로 이런 오해가 너무 많기 때문에 이런 오해에 편승하여 일부러 목소리를 변조하고, 자신에게 은사가 있다는 것을 은연중에 드러내고, 자신이 어떤 능력을 발휘할 수 있다는 것을 모호하게 이야기하는 거짓 지도자들이 많습니다. 설령 그런 것들이 성령님께서 주시는 일이라 해도, 마귀도 그와 비슷한 일들을 얼마든지 행할 수 있다는 것이 문제입니다. 다른 종교나 사이비 이단 집단에서도 그런 현상이 적지 않게 일어납니다.

실제로 영적인 역사에는 마귀가 만들어 내는 모조품이 많습니다. 세상에 있는 모조품은 모두 귀하고 가치 있는 것들을 흉내 낸 것입니다. 귀하지 않은 것은 모조품도 없습니다. 마찬가지로 성령께서 만들어 내시는 것, 즉 우리 인생에서 가장 중요하고, 고귀하고, 바꿀 수 없는 가치를 지닌 것들을 마귀가 흉내 냅니다. 그러므로 우리는 우리 안에 성령님이 계신 증거를 판단할 때 이것이 마귀가 가짜로 만들어 낼 수 있는 것인지 아닌지를 먼저 생각해야 합니다. 마귀가 도무지 흉내 낼 수 없는 것을 성령의 참된 증거로 받아들여야 합니다. 마귀가 만들어 낼 수 있는 것은 생각보다 많습니다. 예를 들면 '방언'은 기독교에만 있는 것이 아닙니다. 다른 종교에도 있습니다. 이단에서도 그런 현상이 발견됩니다. 병 고치는 일도 일어나고 기적이 일어납니다. 공중 부양도 하고 몸이 떨리고 진동하는 현상도 일어납니다. 이런 일이 이슬람교에서 일어난다면 그것도 성령의 역사입니까? 아닙니다. 그것은 거짓의 아비인 마귀의 역사입니다.

방언

어떤 교회에서 정기적으로 집회를 가지는데 그 집회에서 방언이 터지는 일이 일어납니다. 그러면 사람들은 그 사람이 복음을 제대로 들었는지, 복음에 제대로 반응했는지, 바르게 회개하고 복음의 지식으로 하나님을 믿게 되었는지, 그 사람 안에 구원 얻는 참된 믿음이 있는지 살피지 않고, 단지 그 사람이 방언을 했다는 사실만으로 그가 구원받은 사람이라고 간주합니다. 그래서 방언이 터지면 구원 간증을 시킵니다. 실제로 이런 일이 교회에서 일어납니다.

특별한 현상을 체험했다고 할 때에도 마찬가지입니다. 그런 일들 속에서 마귀가 활동합니다. 거짓의 아비인 마귀에게 속고 속이는 일이 일어납니다.

과거에 어느 교단이 방언은 참된 믿음과 성령을 받은 증거이므로 방언을 하지 못하는 사람은 거듭난 사람이 아니라는 위험한 교리를 가르쳤습니다. 그러다 보니 방언을 연습하고 훈련까지 시키는 기현상이 생겼고, 이는 많은 사람을 진리가 아닌 혼란으로 인도하는 결과를 낳게 되었습니다.

방언뿐 아니라 몸에서 기이한 현상이 일어난다든지, 드러누워서 웃는다든지, 진동이나 쓰러짐 같은 현상이 일어나는 것을 성령의 증거로 단정하는 것도 위험합니다. 이것들도 다른 종교에서 일어나는 일들입니다. 백 번 양보해서 이런 현상이 성령님께서 주신 것이라 할지라도 이것을 참된 신앙과 성령님이 계신 증거로 단정할 수는 없습니다. 왜냐하면 성령님이 내주하시는 것은 구원의 문제인데, 성령님께서는 구원의 은혜와 무관하게 소위 '일반적' 은혜를 통해서도 어떤 사람에게 특별한 현상이 일어나도록 하실 수 있기 때문입니다.

성령님의 역사는 두 가지가 있습니다. 하나는 일반적인 역사이고, 다른 하나는 구원과 관계되는 은혜로운 역사입니다. 구원받은 사람은 아니지만 그 사람이 방언과 예언을 말하거나, 병을 고치고, 귀신을 쫓고, 심지어 목사로서 설교를 할 수도 있습니다. 하지만 구원과 무관하다면 그것은 일반적인 역사입니다. 성경에도 구원의 은혜와 무관하게 주시는 성령의 일반적인 역사가 기록되어 있습니다.

사울 왕의 경우를 생각해 보십시오. 사울 왕이 다윗을 죽이려 할 때 다윗이 사무엘이 있는 라마 나욧으로 도망갔습니다. 그 소식을 듣고 사울이 사람들을 보내다가 결국 자기 자신이 직접 쫓아갑니다. 그때 옷을 벗고 예언을 하는 일이 일어납니다(삼상 19장). 성령께서 주권적으로 그 사람을 잡으신 것입니다. 그러나 성경은 단지 사울이 예언을 했다는 사실 때문에 "이 사람이 구원받은 하나님의 사람이었다." "성령님이 그 사람 안에서 구원의 역사를 이루셨다"고 말하지 않습니다.

갑자기 성경구절이 떠오르는 것

성경말씀과 관련된 특별한 경험도 있습니다. 꿈에서, 혹은 갑자기 어떤 성경구절이 생각나는 경우입니다. 순간적으로 불경(佛經)도 아니고, 코란도 아니고, 세속적인 노래 가사도 아닌 성경말씀 몇 장 몇 절이 떠올랐습니다. 그러면 우리는 이것을 성령께서 주시는 은혜로운 증거라고 생각합니다. 물론 그럴 수 있습니다.

하지만 이것도 의심해 보아야 합니다. 왜냐하면 마귀도 얼마든지 그렇게 할 수 있기 때문입니다. 그런 일이 일어났을 때 그 말씀을 찾아서 읽고 그 안에 담긴 하나님의 거룩하심과 우리 주 예수 그리스도의 아름다우심을 깨닫거나, 그 말씀 안에 있는 복음의 놀라운 은혜를 깨닫게 됨으로써 하나님 앞에 나아가게 된다면 그것은 합당합니다.

그러나 마치 수수께끼를 풀 듯이 "로마서 8장 8절이었어요. 그 말씀이 무슨 뜻인지 모르겠는데 분명히 꿈에 나왔어요."라고 흥분하며 그 말씀의 내용과 상관없이 단지 갑자기 떠올랐다는 사실만으로 은혜를 받는 것은 미혹함을 받는 것이 될 수 있습니다. 믿음이 없는 사람은 속을 수밖에 없습니다. 이런 기이한 현상을 추구하는 사람은 마귀에게 이용당하기 쉽습니다. 하나님께서는 구원받지 못한 사람에게 어떤 성경구절이 떠오르게 하셔서 그 사람이 그런 현상에 의지하여 자기가 구원받은 하나님의 자녀라고 거짓 확신에 이르도록 인도하지 않으십니다.

성령님의 일반적인 역사가 분명히 있고, 마귀가 하는 거짓 역사는 더 많습니다. 구약성경의 발람은 마귀의 거짓 역사를 보여 주는 대표적인 인물이라고 할 수 있습니다. 그는 많은 예언을 했고, 심지어 예수 그리스도에 대한 예언까지 한 사람입니다(민 24:17). 그렇지만 발람은 성경에 나온 모든 거짓 선지자 중에서도 가장 대표적인 인물입니다. 베드로후서와 유다서는 발람을 불의한 돈을 사랑하여 멸망한 거짓 선지자로 규정합니다(벧후 2:15; 유 11). 그는 예언을 하는 능력을 가진 선지자였지만, 하나님과 말씀이 아닌 돈을 사랑했던 사람입니다. 성령님은 그 안에 거하시지 않았습니다.

환상

때로는 환상 중에 그리스도를 보았다거나 천국을 보았다는 사람도 있습니다. 그러나 이것도 성령이 계신 증거라고 단정할 수 없습니다. 마귀가 가장 즐겨 사용하는 것 중 하나가 바로 환상입니다. 마귀가 광야에서 주님을 시험했을 때도 주님께 천하만국과 그 영광의 환상을 보여 주었다는 사실을 잊지 마십시오(마 4:8).

우리에게 어떤 환상이 주어진다면 그것을 조심스럽게 이야기하거나 공적으로 간증하려고 할 수 있습니다. 물론 하나님께서 환상을 주실 때가 있습니다. 많은 선지자들, 요한계시록을 기록한 사도 요한, 사도 베드로와 사도 바울에게도 환상을 보여 주셨습니다.

문제는 마귀가 그것을 모방한다는 것입니다. 그렇기 때문에 모든 환상을 하나님께서 주신 것으로 단정하는 것은 위험합니다.

요한일서 4장 1절은 "사랑하는 자들아 영을 다 믿지 말고 오직 영들이 하나님께 속하였나 분별하라. 많은 거짓 선지자가 세상에 나왔음이라."라고 말씀합니다. 이 말씀처럼 영을 분별해야 합니다. 하나님께서 말씀으로 우리에게 그에 대한 기준을 주셨으므로, 마귀에게 속지 않기 위해 우리 각자가 말씀을 통해 분별해야 합니다. 많은 사람이 이 일로 넘어집니다. 거짓된 신앙 감정이 진짜 신앙 감정보다 사람을 더 흥분시키고, 더 부추기고, 더 뜨겁게 하는 일이 허다합니다.

가짜는 진짜보다 더 진짜 같습니다. 이단 종파들을 보십시오. 얼마나 열심인지 모릅니다. 어떻게 그런 열심이 가능할까요? 그들의 열심이 그들 안에 성령님이 계시다는 것을 증거합니까? 아닙니다. 마귀가 하는 일입니다. 더 뜨겁게, 더 확실하게 속이는 것입니다.

『천로역정』(Pilgrim's Progress)의 주인공 크리스천이 순례의 길을 걸어갈 때 그를 말리려고 했던 '온순'(Pliable)이라는 사람이 있습니다. 그는 처음에 크리스천을 말리러 왔다가 마음이 바뀌어 그를 따라나섭니다. 함께 가는 동안에도 "천국이 그렇게 좋은 곳인가요? 아, 빨리 가고 싶어요! 우리, 천국을 소망해야 되죠?"라고 말하며 흥분합니다. 천국의 실재에 끌린 것입니다. 하지만 그것은 절망의 늪에 빠지기 전까지였습니다. 절망의 늪에 빠진 후부터 그는 불평하고, 욕하고, 속았다며 분노합니다. 순식간에 천국의 소망과 영적 실재에 대한 기쁨이 사라지고 옛 삶의 자리로 돌아가 버린 것입니다. 거짓 신앙은 한때 과도한 열심을 보일 수 있지만, 결국 온순 씨와 같은 길을 갑니다.

오늘날은 상상력을 이용하여 사람들이 은혜를 받는 것처럼 유도하는 목회 기술까지 사용되는 시대입니다. 이런 현실 속에서 성경의 가르침을 바르게 이해하고 분별하는 것은 그 어느 때보다 중요합니다.

능력 있는 사역

마지막으로 성령님이 계신 확실한 증거가 아님에도 불구하고 많은 사람이 오해하는 것은 '능력 있는 사역'입니다. 교회사에서 우리는 그것이 반드시 성령께서 역사하시는 증거라고 단정할 수 없다는 것을 봅니다. 성경은 겉으로 드러나는 것이 반드시 성령의 역사라고 말하지 않습니다.

가룟 유다를 생각해 보십시오. 그는 예수님을 따라다닐 때 다른 사도들과 같이 주님의 이름으로 병을 고치고 귀신을 쫓았습니다(마 10장). 그러나 주님께서는 그를 가리켜 "너희 중의 한 사람은 마귀니라"(요 6:70)라고 말씀하셨습니다.

외적으로 능력 있는 사역을 한다는 것이 그 사람 안에 성령이 계시는 증거가 될 수 없습니다. 가룟 유다는 성령님이 계신 사람이 아니라 사탄이 들어간 사람이었습니다(요 13:27). 주님의 말씀을 기억하십시오.

> 그날에 많은 사람이 나더러 이르되 주여 주여 우리가 주의 이름으로 선지자 노릇하며 주의 이름으로 귀신을 쫓아내며 주의 이름으로 많은 권능을 행하지 아니하였나이까 하리니 그때에 내가 그들에게 밝히 말하되 내가 너희를 도무지 알지 못하니 불법을 행하는 자들아 내게서 떠나가라 하리라(마 7:22–23).

이런 말씀이 있음에도 불구하고 여전히 많은 사람이 어디에서 능력 있는 역사가 일어난다고 하면 우르르 몰려갑니다. 왜 이런 일이 벌어질까요? 무지하기 때문입니다. 복음서만이라도 제대로 읽고 공부한다면 이런 일이 일어나지 않습니다. 교회 안에 있는 성도들의 무지는 마귀가 활동할 수 있는 틈이 됩니다.

우리 각자에게 이것을 적용해 볼 수 있습니다. 자신의 신앙이 진리에 기초하고 있는지, 하나님을 아는 분명한 지식을 가지고 있는지 점검해야 합니다. 우리의 신앙이 하나님께서 우리를 구원하시는 복음 위에 견고하게 서 있지 않으면 넘어지기 쉽습니다. 하나님을 아는 지식, 복음을 아는 지식, 하나님의 말씀에 대한 모든 지식이 절대적으로 중요합니다. 그럼에도 불구하고 하나님의 말씀을 가르치는 일에 전념하지 않는 교회가 허다합니다. 교회의 중요한 기능은 하나님의 말씀을 가르치는 것입니다. 우리는 교회로서 하나님의 말씀을 배우고 확신한 일에 거하며(딤후 3:14), 그리스도를 아는 지식에서 자라 가야 합니다(벧후 3:18).

확실한 증거

그렇다면 성령님이 계신 것을 확인할 수 있는 증거는 무엇일까요?

만일 너희 속에 하나님의 영이 거하시면 너희가 육신에 있지 아니하고 영에 있나니 누구든지 그리스도의 영이 없으면 그리스도의 사람이 아니라 (롬 9:9).

사도 바울은 처음에 "하나님의 영"이라고 하고, 두 번째는 "그리스도의 영"이라고 표현하는데 모두 성령님을 가리킵니다. 이 말씀은 그리스도인의 삶이 얼마나 거룩한 모습으로 드러나는가를 이야기하는 것이 아닙니다. '그리스도인이 누구인가?' '그리스도인은 어디에 서 있는 사람인가?'와 같이 그리스도인의 신분과 위치를 보여 주는 말씀입니다.

그리스도인은 그 안에 하나님의 영이 거하시는 사람입니다. 성령님이 계시지 않다면 그 사람은 그리스도의 사람이 아닙니다. 그렇다면 성령님이 계신 확실한 증거가 무엇입니까?

하나님의 도덕적인 본성

성령님은 성도의 심령에 하나님의 도덕적 본성을 심어 주십니다. 다시 말해 성령님께서 성도 안에 거하시고 그를 성령의 전으로 삼으실 때, 성령님은 그 사람의 심령에 하나님의 도덕적 본성을 계속해서 전달해 주십니다. 우리의 심령에 감동을 주시고 감화시키시며 우리 안에 하나님의 속성과 성품이 형성되게 하십니다. 이것이 성화입니다. 방언을 하고, 특이한 현상이나 능력이 나타나는 것 같은 외적 차원이 아닙니다. 성도의 심령 안에 성령님께서 일으키시는 역사입니다.

마귀는 우리 안에 거룩한 본성을 만들어 내지 못합니다. 거룩의 모양, 경건의 형식만을 흉내 낼 수 있을 뿐입니다. 경건과 거룩함 자체는 모방할 수 없습니다. 그것은 하나님께 속한 것이기 때문입니다.

이렇게 성령님께서 성도를 성화의 은혜로 이끌어 가시는 과정에서 성도는 이전에 즐기던 것들 대신 거룩한 것을 사모하게 되고, 영원한 것을 바라보게 되고, 하나님의 거룩하심과 같이 거룩해지고 싶은 소원을 갖게 됩니다. 그래서 그 안에 성령님이 계신 사람은 그러한 마음이 자신에게서 비롯된 것이 아니라 성령님이 역사하신 결과라는 것을 압니다. 성령님께서 성도 안에 내주하시면서 그에게 거룩한 감정, 신앙 감정을 불러일으켜 주시기 때문에 하나님을 사랑하게 되고, 하나님을 더 사랑하지 못한다는 사실 때문에 괴로워합니다. 주님을 더욱 갈망하면서 은혜 없이는 살 수 없다고 생각하여 하나님을 의존하게 됩니다. 이전에 아무렇지도 않게 행하던 것들이 죄라는 사실을 알게 되고, 하나님께서 기뻐하시지 않는 일이라는 것을 알게 되면서 그 일들이 싫어지기 시작합니다. 비로소 죄와 싸우게 되는 것입니다. 그리고 보이지 않는 그리스도를 사랑하게 됩니다. 세상의 유혹이 쉬지 않고 성도를 넘어뜨리려고 함에도 불구하고 예수님을 사랑하는 것이 자신에게 가장 큰 기쁨이 된다는 사실을 경험하게 됩니다.

자기 자신을 낮추고 어떻게 해서든 주님을 높이고 싶어 하는 마음이 일어납니다. 이전에는 어떻게 해서든 자기의 이름을 나타내고 그 일로 희열을 느꼈는데, 이제는 자기를 부인하는 마음이 일어나는 동시에 하나님의 이름이 영예롭게 되기 원하는 마음이 간절해집니다. 또한 말씀대로 순종하여 살고 싶어 하는 마음을 성령님께서 일으켜 주십니다.

하나님의 이름이 영광 받으시기 원하는 간절한 마음, 말씀대로 순종하며 살고 싶은 소원을 성령님이 우리 안에서 만들어 내시고, 부추기시고, 자극하십니다. 때로 연약해지고, 자기 마음대로 살아가려고 할 때에도 말씀을 통해 또다시 그런 심정을 일으켜 주십니다. 이것이 성령님께서 그분의 자녀들에게 하시는 일입니다.

성령님께서 주시는 확신

이와 같이 신자 안에서 거룩한 감정을 불러일으키신 성령님은 더 나아가 우리에게 확신을 주십니다.

성령이 친히 우리의 영과 더불어 우리가 하나님의 자녀인 것을 증언하시나니 (롬 8:16).

이 구절은 성도 안에 거하시는 성령님께서 성도의 영과 더불어 그가 하나님의 자녀라는 사실을 증언하신다고 말합니다. '증언한다'는 말은 법적 효력을 함축하는 단어입니다. 거짓말하지 못하시는 성령님께서 성도의 영과 함께 증언하신다는 것입니다. 이것은 직통 계시를 말하는 것이 아닙니다. 성경 외에 다른 직통 계시는 없습니다. 성경 외에 다른 계시를 가르치는 사람들은 이단이거나 이단적이라는 판단을 받을 것입니다. 성령님은 진리의 영이시고(요 14:17), 그리스도를 증거하십니다(요 15:26, 16:13-14). 또한 우리 구주께서 가르치신 모든 것을 생각나게 하시고 그 의미를 깨닫게 하십니다(요 14:26). 사도 바울은 이것을 다음과 같이 표현했습니다.

> 어두운 데에 빛이 비치라 말씀하셨던 그 하나님께서 예수 그리스도의 얼굴에 있는 하나님의 영광을 아는 빛을 우리 마음에 비추셨느니라(고후 4:6).

어떻게 죄인이 예수 그리스도의 얼굴에 있는 하나님의 영광을 아는 빛을 보게 됩니까? 성령님께서 우리로 하여금 하나님의 말씀을 열어서 보게 하시기 때문에 가능합니다. 말씀 속에서 하나님의 거룩하심을 보고, 그분의 선하심을 알고, 그분의 영광에 감격할 때, 성령님께서 이미 우리 영과 더불어 "내 사랑하는 아들(딸)아!"라고 확증하고 계시는 것입니다.

로마서 8장 15절은 우리가 하나님의 자녀가 되었다는 것을 "양자의 영을 받았으므로"라고 표현합니다. 1세기 로마 사회에서 양자가 되는 것은 매우 일상적인 일이었습니다. 당시의 양자는 오늘날처럼 아기를 입양하는 것이라기보다 성인을 입양하여 후계자로 삼는 관습이었습니다. 이 일을 할 때 법적 효력을 가지는 증인이 필요했습니다.

마찬가지로 우리가 하나님의 양자가 되는 일에도 증인이 필요합니다.

그분은 바로 성령이십니다. 이와 관련하여 조나단 에드워즈는 성도의 영혼이 체험할 수 있는 성령의 증거 중 가장 높은 수준이 바로 로마서 8장 16절이라고 말했습니다.[1] 여기서 말씀하는 확신은 성도가 하나님 말씀에 순종하고 살 때 얻게 되는 위로와 평안과 확신과는 다르다는 것입니다. 성도가 하나님 말씀에 순종하고 살 때마다 성령님은 우리 안에 주님이 주시는 위로와 평안과 확신을 주십니다.

주님께서 요한복음 14-16장을 통해 성령님에 대해 가르치신 말씀을 생각해 보십시오. 첫째, 성령님은 진리의 영입니다(요 14:17, 15:26, 16:13). 진리의 영이시기 때문에 그리스도에 대해 증거하십니다(요 25:26). 또한 진리의 영이신 성령님께서는 주님이 가르치신 모든 것을 생각나게 하시고 깨닫게 하신다고 말씀하셨습니다(요 14:26, 16:14-15). 주님이 주신 말씀을 깨달을 수 있도록 조명하고, 비추어 주시는 것입니다.

그러므로 성령님께서 우리 영과 더불어 우리가 하나님의 자녀됨을 증언하신다는 것은 갑자기 어떤 성경구절이 떠오르거나 환상을 보거나 방언이 터지거나 몸이 떨리는 현상을 경험하거나 직통계시를 경험하는 방식이 아니라 이미 주신 진리의 말씀을 통해서, 그 말씀을 사용하여 매우 특별한 방식으로 하나님의 자녀라는 확신을 주신다는 것입니다. 말씀 안에 계시된 하나님의 영광과 그리스도의 아름다우심을 보며 복음이 얼마나 영광스러운 하나님의 구원하시는 방법이 되는지 알고, 십자가가 얼마나 놀랍고 복된 구원의 복음인지 보도록 우리의 눈을 열어 깨닫게 하시는 것입니다.

여기에 하나님의 자녀들이 하나님의 말씀인 성경 앞에 나아가야 할 이유가 있습니다. 참으로 성령의 사람이라면, 참으로 성령이 그 안에 거하시는 사람이라면, 그는 은사를 추구하고 은사 집회를 쫓아다니는 대신 하나님의 말씀을 사랑하는 말씀의 사람이 될 것입니다. 이것이 성령님께서 하시는 일이고, 이 길을 따라 성령님은 하나님의 자녀들을 성화의 길로 이끌어 가십니다.

배우고 확신한 일에 거하라

성경을 읽지 않으면서 스스로 하나님의 자녀라는 확신을 가지고 사는 것처럼 모순된 일은 없습니다. 성경을 읽지 않는 사람은 하나님의 뜻을 알 수 없고, 하나님의 말씀에 순종할 수 없고, 성령께서 말씀을 통하여 주시는 확신을 가질 수 없습니다. 설령 그가 거듭난 그리스도인이라 할지라도 성경을 애독하지 않는다면, 신자의 확신을 가지고 이 땅을 믿음으로 살아갈 수 없을 것입니다.

당신 안에 성령이 계십니까? 이 질문은 매우 중요합니다. 성령이 계시지 않으면 당신이 매 주일 예배당에서 하나님의 말씀을 듣고, 교회에서 어떤 봉사를 하든 그리스도의 사람이 아니기 때문입니다.

> 만일 너희 속에 하나님의 영이 거하시면 너희가 육신에 있지 아니하고 영에 있나니 누구든지 그리스도의 영이 없으면 그리스도의 사람이 아니라 (롬 8:9).

당신은 진짜 그리스도의 사람이고 참으로 성령이 거하시는 성령의 거룩한 성전입니까? 당신이 추구하는 것은 무엇입니까? 당신은 지금 어떤 자리에 있습니까? 당신은 종교인입니까, 그리스도인입니까? 교회에 다니는 사람입니까, 성령이 거하시는 사람입니까?

바울 사도는 젊은 목회자 디모데에게 "너는 배우고 확신한 일에 거하라"

고 권면했습니다(딤후 3:14). 확신을 가진 그리스도인으로 살아가는 것은 이처럼 중요하고 복된 것입니다.

오늘날 교인은 많지만 확신 있는 그리스도인들이 너무 적습니다. 확신을 가지고 살아가는 사람, 자기 안에 성령이 거하시는 것을 아는 사람은 주께서 오라고 부르시는 좁은 길을 걸어가며 기뻐합니다. 그리고 말씀 속에서 복음의 영광을 발견하고, 복음을 통해 하나님이 그리스도 안에서 나를 어떻게 사랑하셨는지 성령의 증거를 들으며 살아갑니다. 성령님이 그 사람 안에 거하신다는 것 말고는 설명할 수 없는 일들이 일어납니다. 예배를 드리는데 기분이 좋아졌다거나, 찬양을 부를 때 가슴이 울컥했다거나 하는 식의 모호한 체험이 아니라, 참으로 살아 계신 주를 보고 기뻐하는 것입니다.

하나님께서 우리에게 이러한 은혜를 예배 때마다, 매일 아침 주 앞에 나아갈 때마다, 혹은 밤에 은혜를 구할 때마다 주실 때, 우리는 "자기의 하나님을 아는 백성은 강하여 용맹을 떨치리라"(단 11:32)는 말씀처럼 대세를 거스를 수 있는 확신을 가지고 힘 있게 이 땅을 살아갈 수 있을 것입니다.

1. "당신은 그리스도인입니까?"라는 질문과 "당신 안에 성령님이 계십니까?"라는 질문이 어떤 차이가 있다고 느껴집니까?

2. 방언이나 환상, 능력 있는 사역이나 갑자기 성경구절이 떠오르는 것 등의 체험이 성령님이 계시다는 믿을 만한 증거가 될 수 없는 이유는 무엇입니까?

3. 저자는 성령님이 내 안에 계시다는 것을 알 수 있는 믿을 만한 증거는 마음의 변화라고 말합니다. 즉 죄를 미워하고 죄와 싸우려는 마음, 구주 예수 그리스도를 사랑하는 마음, 자신을 낮추고 부인하며 그리스도를 높이고 하나님의 이름을 영예롭게 하고 싶은 마음, 말씀에 순종하려는 마음 등입니다. 당신에게 이런 마음의 변화가 있습니까? 그런 변화를 어떻게 인식합니까?

4. 성령님께서 신자의 영과 더불어 그가 하나님의 자녀인 것을 증거하시는 것은 신비한 외적 현상을 통해서가 아니라 진리의 말씀을 통하여 주시는 확신입니다. 또한 진리의 영이신 성령님이 그 안에 거하시는 증거는 그가 말씀을 사랑하는 말씀의 사람이 됨으로써 그를 성화의 길로 인도하시는 것입니다. 당신은 성령님이 주시는 이러한 확신에 대해서 알고 있습니까? 당신이 경험한 은혜를 설명해 보십시오.

4. 하나님을 사랑하는가, 자신을 사랑하는가?

사탄이 여호와께 대답하여 이르되 욥이 어찌 까닭 없이 하나님을 경외하리이까 주께서 그와 그의 집과 그의 모든 소유물을 울타리로 두르심 때문이 아니니이까? 주께서 그의 손으로 하는 바를 복되게 하사 그의 소유물이 땅에 넘치게 하셨음이니이다.

욥기 1:9–10

가디너 스프링(Gardiner Spring)은 "하나님을 최고로 사랑하는 것은 회심한 마음의 결정적인 증거다."라고 말했습니다.[1]

하나님을 사랑하십니까?

당신은 하나님을 사랑하십니까? 우리가 부르는 찬양에는 "주님, 사랑해요." "내 주 되신 주를 참 사랑하고"처럼 하나님에 대한 사랑을 표현하는 가사가 많습니다.

그러나 그 찬송을 따라 부르는 것이 주님에 대한 우리 신앙과 사랑의 진정성을 드러내는 것은 아닙니다. 그런 방식으로는 우리 신앙이 드러나지 않습니다. 그래서 가디너 스프링은 "하나님을 최고로 사랑하는가?"라고 묻는 것입니다. 이 말은 내가 사랑하는 것, 마음을 두는 사람들, 소중히 여기는 물건 등 그 어떤 것보다 더 하나님을 사랑하느냐는 것입니다. 이것이야말로 회심의 결정적인 증거입니다.

하나님을 사랑하는 이유

욥기 1장에는 사탄이 하나님께 욥의 신앙에 대해 한 말이 기록되어 있습니다. 사탄은 욥의 신앙을 칭찬하시는 하나님께 욥이 까닭 없이 하나님을 경외하겠냐고 도전했습니다. 욥이 하나님을 경외하는 데는 그만한 이유가 있다는 것입니다. 즉 욥이 하나님을 잘 섬기고 사랑하는 것은 하나님께서 욥의 집과 소유물에 복을 주셔서 욥이 부자가 되게 하시고, 자녀들이 잘되게 하셨기 때문이라는 것입니다. 사탄은 누구든 하나님이 그와 같이 복을 주시면 욥처럼 하지 않을 사람이 없다고 주장합니다.

그렇습니다. 우리의 신앙생활에는 이유가 있습니다. 문제는 그 이유가 무엇이냐는 것입니다. 예수님은 요한복음에서 사탄을 가리켜 "거짓의 아비"(요 8:44)라고 하셨습니다. 사탄을 특징 지어 주는 단어가 있다면 그것은 '거짓'입니다. 모방하는 것입니다. 진짜가 아닌 것을 진짜처럼 가장해서 속이는 것입니다. 반면 하나님은 유일하고 "참되신 하나님"(살전 1:9)입니다. '참'과 '진리'는 하나님의 속성입니다.

우리가 지금까지 살펴보고 있듯이, 신앙에도 참 신앙이 있는가 하면 거짓 신앙이 있습니다. 거짓 신앙은 마귀가 만들어 내는 모조 신앙입니다. 참기름 장사가 가짜 참기름을 파는 사람들 때문에 망하게 되었다는 이야기를 들어 보셨을 것입니다. 정성 들여서 짠 진짜 참기름은 구하기도 힘들고 값도 비싼데, 아무렇게나 만든 가짜 참기름은 싼 가격에 어디에서나 구할 수 있다 보니 결국 진짜 참기름을 파는 사람이 망했다는 씁쓸한 이야기입니다.

이 이야기는 오늘날 교회의 형편에 대해 시사합니다. 참된 신앙은 설 수가 없을 만큼 가짜, 거짓 신앙이 많아졌습니다. 거짓이 많아지면 그것은 집단적으로 힘을 발휘하게 되고 무서운 결과를 가져올 수 있습니다. 그래서 이 책이 다루는 주제, 참 신앙과 거짓 신앙의 문제는 너무나 중요한 주제입니다.

18세기 뉴잉글랜드에서 일어난 제1차 대각성운동 때의 일입니다. 그 지역에 사는 많은 사람이 성령의 큰 은혜를 경험했습니다. 하지만 거기에는 사탄의 역사도 있었습니다. 언제나 성령의 역사가 강력하게 나타나는 곳에서 사탄도 일을 합니다. 많은 사람이 뜨겁게 회심한 것 같았지만 실제로는 거짓 회심도 있었습니다. 이런 상황에서 참된 신앙의 확실한 증거를 성경적으로 조사하던 조나단 에드워즈가 쓴 책이 『신앙감정론』입니다. 하지만 이 책은 18세기에 끝나 버린 주제가 아니라 21세기를 사는 우리에게도 너무나 적실성 있는 주제입니다.

하나님께서는 주전 2천 년경에 살았던 (아브라함과 거의 동시대인이라고 여겨지는) 욥이라는 사람의 신앙에 대해 칭찬과 인정을 아끼지 않으셨습니다.

> 여호와께서 사탄에게 이르시되 네가 내 종 욥을 주의하여 보았느냐 그와 같이 온전하고 정직하여 하나님을 경외하며 악에서 떠난 자는 세상에 없느니라(욥 1:8).

하지만 사탄은 욥의 신앙을 거짓 신앙이라고 매도합니다. 그렇다면 참 신앙과 거짓 신앙의 기준은 무엇일까요? 하나님께서는 "욥과 같이 나를 경외하는 사람을 찾아볼 수가 없다"고 말씀하시고, 사탄은 "그가 하나님을 경외하는 건 맞습니다. 하지만 거기엔 그럴 만한 이유가 있습니다. 하나님이 자기한테 잘해 주시는데 사랑하지 않을 자가 있겠습니까?"라고 도전합니다.

'하나님을 경외한다'는 것은 하나님을 믿고, 사랑하고, 하나님께 자신의 인생을 온전히 드리는 신앙의 모든 태도를 함축한 표현입니다. 어쩌면 독자들 중에는 사탄이 하는 말에 어느 정도 동의하는 분도 있을지 모르겠습니다. 삶의 모든 면에 어려움이 없고, 누구와 비교해도 행복한 사람이 없는데, 그 모든 것을 하나님이 주셨다면 누가 욥처럼 하나님을 경외하지 않겠냐고 말입니다. 물론 욥기의 결말은 사탄의 주장이 틀렸고, 욥의 신앙은 참된 신앙이었다는 것을 보여 줍니다.

여기서 우리는 생각해 보아야 합니다. '나는 왜 하나님을 사랑하는가?' '나는 왜 하나님을 믿는가?' 고상한 대답부터 유치한 대답까지 다양한 대답이 있을 것입니다. 그러나 모든 대답은 두 가지 중 하나의 범주에 속합니다. 하나는 자기 자신 때문에 하나님을 사랑하는 것이고, 다른 하나는 하나님 때문에 하나님을 사랑하는 것입니다.

참 신앙과 거짓 신앙의 시금석

욥의 신앙이 가짜라는 사탄의 주장의 핵심은 욥이 자기 자신 때문에 하나님을 사랑한다는 것입니다. 즉 자기 소유물에 복을 주시니까 하나님을 경외한다는 것입니다. 사탄의 말이 옳다면 욥의 신앙은 결국 자기 사랑에 지나지 않는 거짓 신앙일 뿐입니다. 사탄은 이것을 증명하고 싶었습니다. 그런데 하나님은 아니라고 하십니다. 욥이 하나님을 경외하고 사랑하는 것은 하나님이 하나님이시기 때문이라는 것입니다.

결국 사탄은 하나님의 허락을 받아 욥에게 고난을 주기 시작합니다. 욥의 자녀들이 한순간에 다 몰살당하고 재산도 모두 날아갔을 때 욥은 이렇게 고백합니다.

내가 모태에서 알몸으로 나왔사온즉 또한 알몸이 그리로 돌아가올지라. 주신 이도 여호와시요 거두신 이도 여호와시오니 여호와의 이름이 찬송을 받으실지니이다(욥 1:21).

대단한 고백입니다. 욥은 이 일로 인하여 범죄하지 않았습니다. 말로 하나님을 원망하지 않았습니다. 하지만 사탄은 포기하지 않고 하나님께 요청합니다. "이제 주의 손을 펴서 그의 뼈와 살을 치소서. 그리하시면 틀림없이 주를 향하여 욕하지 않겠나이까?"(욥 2:5) 그래서 욥은 만신창이가 되고 맙니다. 자식들을 잃어버리고, 재산도 잃어버리고, 건강까지 잃어버렸습니다. 발바닥부터 정수리까지 온몸에 종기가 나서, 기와 조각으로 긁어야 할 만큼 비참한 상태가 되었습니다(욥 2:7-9).

보다 못한 욥의 아내가 욥에게 말합니다. "당신이 그래도 자기의 온전함을 굳게 지키느냐? 하나님을 욕하고 죽으라"(욥 2:9).

우리는 욥이 주인공이기 때문에 욥의 아내를 못 봅니다. 하지만 욥의 아내도 남편과 함께 자식들을 잃은 상실감과 모든 재산을 잃어버린 슬픔을 겪어야 했습니다. 처음에는 잘 견딘 것 같습니다. 그러다 결국 터진 것뿐입니다. 저는 이 대목에서 욥의 아내를 동정하고 싶습니다. 그녀는 믿음 좋은 남편을 만나서 고생했습니다.

욥기의 결말은 그녀를 향한 하나님의 은혜도 보여 줍니다. 마지막까지 욥이 아내와 이혼했다는 말이 없습니다. 욥은 그 아내와 다시 자녀들을 낳고 손주 4대까지 보면서 복된 노년을 보냈다는 것이 욥기의 결말입니다(욥 42:12-17). 그러나 고난 중에 있는 욥은 그러한 결말을 알지 못했습니다. 다만 자신을 원망하는 아내의 말에 이렇게 대답했습니다. "그대의 말이 한 어리석은 여자의 말 같도다. 우리가 하나님께 복을 받았은즉 화도 받지 아

니하겠느냐 하고 이 모든 일에 욥이 입술로 범죄하지 아니하니라"(욥 2:10)

이러한 고백을 통해서 욥은 자신이 하나님을 경외하는 것은 어떤 이득을 보려는 이기적 자기 사랑이 아니라는 것을 보여 주었습니다. 아직 욥의 고난이 깊지 않아서 그렇게 말하는 것이라고 할 사람이 있을지 모르겠습니다. 하지만 성경은 이 부분에 대해서도 대답합니다. 욥기의 마지막 장은 다음과 같은 욥의 말로 시작됩니다.

주께서는 못 하실 일이 없사오며 무슨 계획이든지 못 이루실 것이 없는 줄 아오니 무지한 말로 이치를 가리는 자가 누구니이까. 나는 깨닫지도 못한 일을 말하였고 스스로 알 수도 없고 헤아리기도 어려운 일을 말하였나이다. 내가 말하겠사오니 주는 들으시고 내가 주께 묻겠사오니 주여 내게 알게 하옵소서. 내가 주께 대하여 귀로 듣기만 하였사오나 이제는 눈으로 주를 뵈옵나이다. 그러므로 내가 스스로 거두어들이고 티끌과 재 가운데에서 회개하나이다(욥 42:2-6).

이상하지 않습니까? 욥은 긴 시간 동안 자신이 극심한 고난을 겪어야 했던 뚜렷한 이유를 알지 못했습니다. 하나님께서 자신에게 왜 고난을 주셨는지에 대한 답을 얻지 못했습니다. 우리는 욥기 1-2장을 읽어서 알고 있지만 욥 자신은 하늘의 법정에서 무슨 일이 일어났는지 알지 못합니다. 그런 상황에서는 하나님께서 욥에게 "미안하다"고 사과를 하셔야 하지 않습니까? "사실은 내가 마귀와 네 신앙을 가지고 내기를 해서 네가 애꿎게 고생을 하게 되었다. 미안하다. 하지만 내가 결국 이겼다. 네가 신앙을 잘 지켜 주어서 고맙구나. 이제 내가 모든 것을 갚아 주마."라고 말씀하셔야 한다고 생각되지 않습니까?

그런데 하나님은 욥에게 사과를 하시지 않습니다. 오히려 욥이 회개합니다. "지금까지는 제가 하나님을 안다고 하였지만 귀로 들어서 아는 것이었습니다. 이제는 이 고난을 통해서 제가 눈으로 보는 것처럼 하나님을 알게 되었습니다. 눈으로 주를 뵈오니 제가 티끌과 재 가운데서 회개하지 않을 수 없나이다."라고 말합니다.

우리는 이것이 바로 참 신앙과 거짓 신앙의 시금석이라는 사실을 알아야 합니다. 욥의 말이 이해되고, 받아들여지고, 심지어 은혜롭다고 느낀다면 그것은 참된 신앙입니다. 거짓 신앙과 참 신앙의 구분은 하나님을 믿고 사랑한다는 고백에 있지 않습니다. '하나님을 사랑하는 이유'에서 참 신앙과 거짓 신앙이 구분됩니다. 자기 사랑에 근거한 하나님 사랑은 거짓 신앙입니다. 참된 신앙은 하나님이 하나님이시기 때문에 그분을 사랑하고 경외하는 것입니다. 그래서 참된 신앙에는 근본적인 불만이나 원망이 자리할 수 없습니다. 이 말은 "너 원망하고 있잖아. 그러니까 너는 가짜야."라는 식으로 누군가 한두 번, 혹은 몇 차례 원망한 것으로 그 사람의 신앙을 극단적으로 판단할 수 있다는 말이 아닙니다. 만일 이 기준을 엄격한 잣대로 적용한다면, 욥의 아내의 신앙은 참된 신앙일 수 없을 것입니다. 그러나 하나님께서 욥과 그의 아내의 삶을 축복하시고 그들의 노년에 복된 삶을 허락하셨다는 것은 연약한 믿음을 가진 우리 모두에게 격려가 되는 말씀이 아닐 수 없습니다.

원망하지 않는 삶

그렇다고 해서 일상적으로 자주 행해지는 원망과 불평을 정당화할 수 있다는 말은 아닙니다. 성경에 '원망'이라는 단어가 등장하는 여러 곳에서 원망을 '하나님의 심판'과 직결되는 것으로 설명한다는 점을 주목할 필요가 있습니다.

> 그들 가운데 어떤 사람들이 원망하다가 멸망시키는 자에게 멸망하였나니 너희는 그들과 같이 원망하지 말라(고전 10:10).

바울 사도는 광야 시대의 이스라엘 백성들에 대해 이야기하면서 그것을 교훈으로 삼자고 말합니다. "원망"을 "멸망"이라는 단어와 함께 이야기하고 있습니다. 원망하다가 그들은 광야에서 죽었습니다. 다른 구절도 살펴보겠습니다.

> 형제들아 서로 원망하지 말라. 그리하여야 심판을 면하리라. 보라, 심판주가 문 밖에 서 계시니라(약 5:9).
> 이는 뭇 사람을 심판하사 모든 경건하지 않은 자가 경건하지 않게 행한 모든 경건하지 않은 일과 또 경건하지 않은 죄인들이 주를 거슬러 한 모든 완악한 말로 말미암아 그들을 정죄하려 하심이라 하였느니라. 이 사람들은 원망하는 자며 불만을 토하는 자며 그 정욕대로 행하는 자라. 그 입으로 자랑하는 말을 하며 이익을 위하여 아첨하느니라(유 15-16).

만약 그리스도인이, 참된 신앙을 가진 사람이 죽을 때까지 한 번도 원망하지 않고 살아간다면 이런 말을 할 필요가 없을 것입니다. 우리의 연약한 믿음을 생각할 때, 욥의 아내도 '그녀의 신앙이 극심한 고난 속에서 연약해지고 흔들리다 보니 그렇게 말했구나.'라고 이해할 수 있습니다.
우리는 성경이 원망을 어떻게 다루고 있는지 주의해서 보아야 합니다.

그렇게 할 때, 우리가 일상적으로 원망하는 것을 그칠 수 있습니다. 원망은 하지 않는 것이 좋습니다. 말로 발설하지 않고 마음으로 원망한 것도 하나님 앞에서 범죄하는 것이기 때문입니다. 그것을 입 밖으로 냈을 때에는 더 분명한 불순종이 될 것입니다.

본능적인 사랑

이런 생각을 할 수 있습니다. '과연 자기 사랑에 근거하지 않는 사랑이 가능할까?' '예수를 믿는 것은 천국에 가려고 하는 것 아닌가? 구원받으려고 믿는 것 아닌가? 그렇다면 구원받고 천국에 가기 위해 하나님을 믿고 사랑하는 것은 가짜인가?'

자기 사랑에 근거한 사랑은 인간의 본능이고 본성입니다. 자신에게 어떤 일이 일어나지 않는 한, 사람은 본성적이고 본능적인 사랑을 넘어설 수 없습니다. 그래서 많은 사람이 하나님을 사랑한다고 하면서 실제로는 자기 사랑에 지나지 않는 동기로 하나님을 사랑할 수 있습니다.

이러한 점에서 사람의 이기적인 욕망을 부추기고 자기 사랑을 부추기는 번영신학은 위험하고 거짓됩니다. 혹자는 이렇게 이야기할 수 있습니다. "예수 믿으면 복을 받고 많은 문제가 해결될 수 있다고 해서라도 교회에 데리고 온 뒤, 그 후에 예수를 제대로 믿게 하면 되지 않습니까?"

하지만 하나님과 복음을 왜곡하면서 시작되는 신앙은 하나님께서 기뻐하시지 않을 뿐 아니라, 참된 진리 앞에 굴복하지 않는 왜곡된 거짓 신앙으로 굳어져 결국 자기 영혼과 교회를 해롭게 할 수 있습니다.

어떻게 해서든 결과만 나오면 된다고 생각하는 실용주의 정신과 태도는 성경적이지도 않으며 하나님께서 기뻐하시는 것이 아닙니다. 신앙과 하나님에 대해 잘못 이해하고 이기적 욕구가 가득한 사람은 진리 앞에 복종할 수 없습니다. 그런 사람은 결국 자기 자신뿐 아니라 교회까지 허물 수 있기에 위험합니다.

이처럼 번영신학과 기복신앙은 자기 사랑의 또 다른 형태일 뿐입니다. 개도 자기한테 잘해 주는 주인을 압니다. 자기에게 못되게 구는 주인도 알아봅니다. 그래서 못된 주인이 들어오면 자기 집으로 들어가고, 자기한테 잘해 주는 주인이 들어오면 꼬리를 치며 좋아합니다. 이것은 개의 본능입니다.

또한 많은 사람이 자기에게 베풀어 준 은혜에 감사하는 것을 매우 자연스럽고 당연한 일로 여깁니다. 감사해야 할 상황에서 감사하지 않는 사람을 비난하는 것은 감사를 당연하다고 여기는 본능적인 태도입니다. 이런 본성적이고 본능적인 반응은 신앙과 구별되어야 합니다.

다음과 같은 고백을 들어 보셨을 것입니다. "제가 경제적 실패 속에서 헤어나오지 못하는 상태에 있었는데 이렇게 복을 받고 잘된 건 모두 하나님의 은혜입니다. 하나님의 은혜가 아니면 설명할 수 없습니다. 저는 하나님을 사랑합니다."

이런 말의 진정성을 의심하거나 비난해야 한다고 말하려는 것이 아닙니다. 다만 이런 말은 그 사람의 신앙이 참되다는 것을 입증해 주지 않는다는 것입니다. 자신의 삶 속에서 일어난 전화위복에 대한 감사와 사랑은 본능적인 것이기 때문입니다. 그것만으로 그가 하나님을 참으로 알고, 복음을 깊이 깨닫고, 복음의 은혜를 경험하는 사람이라는 것을 단정할 수는 없습니다.

또 한 가지 예를 들어 보겠습니다. '당신은 사랑 받기 위해 태어난 사람'이라는 노래를 아실 것입니다. 다음은 그 노래의 가사입니다.

당신은 사랑받기 위해 태어난 사람.
당신의 삶 속에서 그 사랑 받고 있지요.
태초부터 시작된 하나님의 사랑은
우리의 만남을 통해 열매를 맺고,
당신이 이 세상에 존재함으로 인해
우리에게 얼마나 큰 기쁨이 되는지.
당신은 사랑 받기 위해 태어난 사람.
지금도 그 사랑 받고 있지요.[21]

노래 가사는 아무 문제가 없습니다. 그러나 이 가사는 하나님과 복음을 몰라도 본능적으로 좋아할 수 있는 내용입니다. 그래서 예수를 믿지 않는 사람들 중에도 이 노래를 좋아하는 사람들이 있습니다.

사랑받는 것을 싫어할 사람은 별로 없습니다. 하나님의 존재를 인정하는 사람들에게는 말할 것도 없습니다. 태초부터 나를 사랑하셨고, 누군가가 나를 위해서 "당신의 존재로 인해 내가 얼마나 기쁜지" 모른다고 이야기해 주는데 얼마나 기분이 좋습니까?

우리의 자기중심적 욕망이 채워지는 것은 언제나 즐겁고 기쁜 일입니다. 우리의 이기적 욕망이 채워지는 것 때문에 하나님을 사랑할 수 있고, 하나님을 사랑한다고 느낄 수 있고, 그것이 매우 뜨거울 수도 있습니다. 참된 사랑보다 더 뜨거울 수 있습니다. 문제는 많은 사람이 이런 터 위에 자기의 신앙을 세워 가고 있다는 것입니다.

여기에 심각한 문제가 있습니다. 많은 사람이 성경이 계시하는 대로 하나님을 알지 못하고, 알려고도 하지 않을 가능성이 많다는 것입니다.

사람들이 하나님에 대해 별로 관심이 없습니다. 하나님이 어떤 분이신지, 하나님께서 행하신 일과 행하시는 일이 무엇인지 중요하지 않습니다. 내 필요, 내 인생만 중요합니다. 나의 필요를 채우기 위해서 하나님이 존재하시고, 나의 필요를 위해서 교회가 존재하고, 나의 필요 때문에 공동체가 필요합니다. 모든 것의 중심에 자아가 있습니다. 결국 교회에도 소비자 중심이라는 상업적 개념이 들어와 버렸습니다.

그 결과 교회의 가르침이 현저하게 약화되었습니다. 교회 안에 있는 많은 사람이 긴 설교를 힘들어합니다. 교회의 가르침이 점점 없어집니다. 하나님의 말씀을 가르치는 일들이 사라집니다.

흥미를 유발하는 다양한 프로그램들이 설교하고 가르치는 자리를 대치하고 있습니다. 어떻게 하면 가정생활을 잘 영위할 수 있는지, 아버지로서, 어머니로서 어떻게 살아야 하는지를 배웁니다. 삶에서 구체적으로 적용할 수 있는 기술을 배우는 프로그램이 많아집니다. 결국 교인들의 관심사는 '내가 어떻게 사느냐'이지 하나님을 알고, 사랑하고, 영화롭게 하는 것이 아닙니다.

이것이 오늘날 한국 교회의 현실입니다. 하나님을 가르칠 수 없습니다. 성경과 성경의 교리를 가르치는 것을 부담스러워하고, 버거워하며, 심지어 싫어합니다.

보통은 "말씀이 어렵다"고 말함으로써 그들의 마음을 표현합니다. 주님께서 오병이어로 먹이시고 참 생명의 떡이 되시는 그분 자신에 대한 놀라운 말씀을 하셨을 때 사람들이 "이 말씀은 어렵도다. 누가 들을 수 있느냐"고 말했던 것처럼 말입니다(요 6:60).

그러나 주님은 그들의 속내를 이렇게 드러내셨습니다. "이 말이 너희에게 걸림이 되느냐?"(요 6:61)

사람들은 영적인 실재에 관한 이야기가 아니라 자기 삶에 도움이 되는 이야기를 원합니다. "내가 진실로 진실로 너희에게 이르노니 너희가 나를 찾는 것은 표적을 본 까닭이 아니요 떡을 먹고 배부른 까닭이로다."라는 주님의 말씀에 자신이 해당되는 것은 아닌지 돌아보아야 합니다(요 6:26).

참된 신앙은 하나님이 하나님이시기 때문에 하나님을 사랑하고, 하나님을 사랑하기 때문에 하나님을 더 알기 원하고, 하나님의 탁월하심과 완전하심과 하나님의 모든 속성을 다 알기 원하는 것입니다.

사랑하는 사람에 대해 알기 원하는 것은 자연스러운 일입니다. "당신은 좋은 남편이야. 사 달라는 것 다 사 주고, 해 달라는 것 다 해 주니 정말 행복해. 하지만 당신에 대해 알고 싶지는 않아. 힘든 일이 있으면 혼자 고민해. 나는 그냥 행복해."라는 말은 불가능합니다.

인간 사이의 사랑도 그 사람을 있는 그대로 사랑하고, 있는 그대로 받아들이려고 합니다. 그리고 그 사람을 더 알아 가려고 노력합니다. 내가 얻고 누리는 조건 때문에 사랑하는 것은 참된 사랑이 아닙니다.

참된 신앙의 특징

그렇다면 참된 신앙은 어떤 특징을 가집니까? 하나님이 하나님이시기 때문에 사랑합니다. 참된 신앙에 근거하는 감사도 하나님의 선하심에 대한 지식과 신뢰에서 나오는 것이지 당장 나에게 어떤 이익이 주어지기 때문에 드리는 감사가 아닙니다.

참된 감사는 아름답고, 멋지고, 탁월하신 하나님의 속성으로 인해 만족하는 것입니다. "하나님 때문에 나는 만족합니다." 하박국이 참담한 현실 속에서 하나님께 드렸던 고백은 참된 신앙과 참된 만족이 무엇인지를 보여 줍니다.

비록 무화과나무가 무성하지 못하며 포도나무에 열매가 없으며 감람나무에 소출이 없으며 밭에 먹을 것이 없으며 우리에 양이 없으며 외양간에 소가 없을지라도 나는 여호와로 말미암아 즐거워하며 나의 구원의 하나님으로 말미암아 기뻐하리로다(합 3:17-18).

신실한 하나님의 백성들은 언제나 이런 고백을 하나님께 드렸습니다. 욥도 그랬습니다.

이르되 내가 모태에서 알몸으로 나왔사온즉 또한 알몸이 그리로 돌아가올지라. 주신 이도 여호와시요 거두신 이도 여호와시오니 여호와의 이름이 찬송을 받으실지니이다(욥 1:21).

물론 죄인 된 우리는 하나님께서 그분의 아들 예수 그리스도를 이 땅에 보내셔서 십자가에 죽게 하사, 나 같은 죄인이 구원받을 수 있는 길을 열어 주셨다는 것, 그 헤아릴 수 없는 비싼 대가를 지불하시면서까지 나에게 구원의 은혜를 주셨다는 것을 통해서 하나님을 알기 시작합니다. 하지만 거기서 끝나지 않습니다. 하나님의 은혜를 받은 사람은 하나님을 더 알기 원하고, 그 사랑이 도대체 어떤 사랑인지, 하나님께서 어떻게 나를 사랑하셨는지를 더 알기 원합니다.

성경은 창세전에 하나님께서 우리를 택하셨다고 말씀합니다(엡 1:4). 그리고 하나님께서 세상을 창조하신 목적과 이유를 설명합니다. 이 모든 과정에서 내가 사랑받을 만한 존재가 아니었음에도 불구하고 나를 사랑하신 은혜, 나를 사랑하신 그분의 성품이 무엇인지 알고 싶어집니다. 성령님께서 거듭나게 하신 영혼은 더 이상 자신의 이기적인 이유로 하나님을 사랑하지 않습니다. 하나님을 이용해서 무언가를 얻어내야겠다는 생각에 머물지 않습니다. 이것이 참된 신앙의 특징입니다. 이런 신앙에 이르지 못할 때 가지는 확신은 믿을 수 있는 안전한 확신이 아닙니다.

거듭난 신자는 하나님의 모든 속성이 아름답고 탁월하다는 것을 보기 시작합니다. 그리고 하나님께서 행하신 모든 일이 합당하고, 의로우며, 선하다는 것을 압니다. 그는 자신이 하나님을 판단할 수 있는 자리에 있지 않다는 것을 잘 압니다. 하나님의 모든 말씀이 옳고, 참되고, 의롭다고 말하게 됩니다. 하나님의 모든 속성과 행하시는 모든 일이 그에게 기쁨이 됩니다.

조나단 에드워즈는 다음과 같이 말했습니다.

성도의 사랑과 마찬가지로 성도의 기쁨과 영적인 즐거움과 희열도 하나님이 행하신 일 자체가 탁월하기 때문에 생긴다. 성도가 느끼는 기쁨과 영적인 즐거움과 희열은 하나님이 행하신 일들이 성도에게 가져다줄 어떤 유익 때문에 생기는 것이 아니다. 오히려 하나님이 행하신 일들에서 하나님의 하나님 되심과 거룩한 아름다움을 보게 되거나 묵상할 때 성도의 마음속에 달콤한 즐거움이 생긴다. 바로 이것이 위선자의 기쁨과 참된 성도의 기쁨의 원천이 다른 이유다. 위선자는 자기를 즐거워한다. 자아가 기쁨의 가장 주된 기초다. 참된 성도는 하나님을 즐거워한다. 위선자의 마음은 자신의 특권과 자신이 누리거나 누릴 행복 때문에 기뻐하고 즐거워한다. 자아가 기쁨의 가장 주된 기초다. 참된 성도의 마음은 하나님이 행하신 일들 가운데서 볼 수 있는 영광스럽고 사랑할 만한 하나님의 성품이 너무 달콤하기 때문에 말할 수 없이 기뻐하고 즐거워한다. 이것이 바로 성도가 가진 모든 기쁨의 원천이며, 성도가 가진 모든 즐거움의 정수다.[3]

조나단 에드워즈는 자기의 이익 때문에 가지는 신앙은 참된 신앙이 아니고, 하나님이 하나님이시기 때문에 그분의 아름다우심과 선하심과 영광에 빠져 들어가는 것이 참된 신앙이라고 말합니다.

도덕적 탁월하심과 본성적 탁월하심

다음과 같은 의구심이 들 수도 있습니다. '어떻게 하나님이 하나님이시라는 사실 하나로 하나님의 거룩하심, 탁월하심, 아름다움 자체에 끌려서 그분을 사랑할 수 있을까?' '어떻게 하나님의 하나님 되심으로만 하나님을 사랑할 수 있을까?'

사실 이러한 질문은 우리 자신과 우리의 시대가 얼마나 하나님을 아는 지식에서 멀어져 있는지를 보여 줍니다. 물론 하나님을 충분히 알아서 구원받는 사람은 아무도 없습니다. 단 5분 동안 복음을 듣고, 자신이 죄인이라는 사실과 전능하신 하나님께서 천지를 창조하시고, 죄인을 구원하시려고 그 아들을 십자가에 보내어 자기 대신 죽게 하심으로써 하나님의 공의를 만족시키심으로 죄인을 향한 사랑을 확증하셨다는 사실을 믿어 회심할 수 있습니다.

그러나 이것은 시작입니다. 그 후에는 자기에게 은혜를 베푸신 선하신 하나님을 더 알기 원하는 갈망이 커져 가게 됩니다. 이것이 중생을 통하여 성령께서 우리 안에 행하시는 일입니다.

중생하지 않았을 때에는 하나님을 알고 싶지 않았습니다. 하나님을 생각조차 하지 않고 살았습니다. 그러나 성령께서 우리를 거듭나게 하신 뒤에는 하나님의 아름다우심과 그분의 영광, 그분의 선하심을 보게 되고, 그것이 우리를 매혹시킵니다.

조나단 에드워즈는 하나님의 탁월하심을 두 가지로 설명합니다.[41] '도덕적 탁월하심'과 '본성적 탁월하심'입니다.

'도덕적 탁월하심'은 하나님의 도덕적 성품을 말합니다. 예를 들면 선하심, 영광, 의로우심, 거룩하심, 오래 참으심 같은 속성입니다. '본성적 탁월하심'은 하나님의 능력과 관계된 속성입니다. 전지하심, 전능하심, 엄위하심 같은 것입니다.

조나단 에드워즈는 '도덕적 탁월하심'을 '참된 미덕'과 '거룩함'이라고 말합니다. 거듭나지 않은 사람도 하나님의 본성적인 탁월하심을 보고 감동할 수 있고 사랑할 수 있습니다. 능력 많으신 하나님께서 병을 고치실 수 있고, 부유하게 만드실 수 있다는 것이 아름답고 좋아 보이기 때문입니다.

그러나 중생한 사람은 그것을 넘어섭니다. 중생한 사람은 하나님의 도덕적인 탁월하심에 끌리게 됩니다. 거듭난 사람은 하나님의 거룩하심과 의로우심과 오래 참으심과 하나님의 사랑을 즐거워하고 기뻐합니다.

이 두 가지 속성은 나눌 수 없습니다. 천사나 마귀를 생각해 보십시오. 둘 다 전능하지는 않지만 큰 능력을 갖고 있습니다. 천사는 하나님의 도덕적 속성을 가지고 있지만, 마귀는 도덕적 속성이 파괴되고 왜곡된 존재입니다. 마귀는 본성적인 속성이 있지만 도덕적인 속성이 없기 때문에 무서운 존재이고 싫어할 수밖에 없는 존재입니다. 그렇지만 천사가 나를 도와준다고 생각하면 좋지 않습니까? 왜냐하면 그는 능력이 있으면서 도덕적 속성까지 갖추었기 때문입니다.

하나님은 전능하실 뿐 아니라 도덕적 속성에서도 완전하십니다. 그렇기 때문에 중생한 우리에게 성령님께서 하나님의 도덕적 속성을 보게 하실 때 우리는 하나님을 사랑하지 않을 수 없게 됩니다. 자신에게 이득이 있기 때문이 아닙니다. 이것을 알게 된 사람은 하나님을 진정으로 사랑하게 되고 자연인이 본능적으로, 본성적으로 하나님께 감사하는 수준을 훨쩍 뛰어넘게 됩니다.

"하나님을 최고로 사랑하는 것"

욥은 사탄의 말처럼 하나님께서 그의 집과 소유를 축복하셨기 때문에 하나님을 경외한 것이 아니었습니다. 그의 신앙은 고난 초기에 그가 고백한 그대로입니다. "내가 모태에서 알몸으로 나왔사온즉 또한 알몸이 그리로 돌아가올지라. 주신 이도 여호와시요 거두신 이도 여호와시오니 여호와의 이름이 찬송을 받으실지니이다"(욥 1:21). "우리가 하나님께 복을 받았은즉 화도 받지 아니하겠느냐"(욥 2:10).

비록 고난 중에는 하나님의 도덕적인 탁월하심에 대해 혼란스러워했지만 그는 끝까지 하나님의 선하심과 도덕적인 속성을 붙잡고 신뢰했습니다. 욥의 이 고백은 그가 얼마나 처절하도록 하나님의 선하심을 붙잡았는지를 보여 줍니다. "비록 하나님이 나를 죽이실지라도 나는 그를 신뢰할 것이다"(욥 13:15, 현대인의성경).

욥은 이유를 알지 못하는 고난과 모든 것이 흔들리는 상황에서도 끝까지 하나님을 포기하지 않았습니다.

잃어버린 자식으로 인한 상실감과 슬픔, 잃어버린 재물로 인한 고통, 그리고 잃어버린 건강 때문에 힘든 중에도 그는 하나님을 사랑했습니다. 성경이 가르치는 참된 신앙의 증거입니다.

베드로전서의 수신자인 초대교회 성도들도 그러했습니다. 그들은 예수 그리스도를 본 적이 없는 사람들이었습니다. 그러나 예수님을 믿었습니다. 예수님을 믿은 것 때문에 그들에게 불시험이 찾아왔습니다(벧전 4:12).

그들은 집을 빼앗겼고, 목숨을 잃었습니다. 신앙을 지키기 위해 굴 속에 들어가 살아야 했습니다. 그럼에도 그들은 그리스도를 사랑했습니다. 믿고 말할 수 없는 영광스러운 즐거움으로 기뻐했습니다(벧전 1:8).

욥의 신앙이 거짓이라는 것을 증명하고 싶어서 욥에게 고난을 들고 찾아왔던 사탄은 초대교회 성도들에게도 똑같이 달려들었습니다. 오늘 우리에게도 사탄은 동일한 방식으로 일할 것입니다. 사탄은 우리의 신앙이 거짓임을 증명하고 싶어 안달입니다. 우리 모두가 이러한 도전 앞에 서 있습니다.

당신의 신앙의 기초는 무엇입니까? 당신이 하나님을 사랑하는 이유는 무엇입니까? 왜 사랑하십니까? 왜 하나님을 믿으십니까?

만일 당신의 신앙이 단지 전능하신 하나님으로부터 무언가를 얻어내려는 이기적인 생각에 기초한 본능적 사랑에 불과하다면, 그 사랑과 신앙은 고난이 찾아올 때 무너지게 될 것입니다.

하지만 하나님의 거룩하심이 아름답고 탁월하다는 것을 발견하고 성령의 은혜로 그 거룩하신 하나님을 사랑하게 된 사람은 자신 안에서 그 거룩함을 배워 갑니다. 그리고 사람 안에서 발견하는 거룩함, 즉 경건함을 가장 고상한 가치로 여기게 되어 그런 사람에게 끌리고, 그런 사람을 사랑하게 됩니다.

그래서 경건한 사람을 만나면 기쁘고 행복합니다. 하나님을 깊이 사랑하는 사람을 만나면 마음이 기뻐서 춤을 춥니다. 자신 안에 경건함이 자라기 시작하고, 미혼이라면 경건한 사람을 만나 가정을 이루기를 원하게 되고, 경건함이 사람을 보는 가장 중요한 요소가 되는 것입니다. 이것이 중생한 사람 안에 하나님께서 주신 새로운 감각이고 인식 능력입니다.

하나님이 하나님이시기 때문에 사랑하는 것은 참된 신앙의 부인할 수 없는 증거입니다. 가디너 스프링이 말한 대로 중생한 사람은 하나님을 최고로 사랑하는 특징을 가진 사람입니다.

물론 때로는 뜨겁지 않을 수 있습니다. 때로는 열광적이지 않을 수도 있습니다. 그러나 삶의 모든 역정 속에서 그는 계속해서 하나님을 사랑하고, 하나님의 이끄심을 받고, 하나님께로 나아갑니다. 우리 모두가 하나님의 그러한 은혜를 알고 경험하여 그 거룩함을 우리 삶에 드러나게 하시기를 구하며 나아갑시다.

1. 당신은 하나님을 사랑합니까? 당신이 하나님을 사랑하는 이유는 무엇입니까?

2. 저자는 하나님이 하나님이시기 때문에 사랑하는 것이 참된 신앙이며, 하나님에 대한 이런 사랑은 하나님과, 하나님의 탁월하심과, 하나님의 완전하심을 더 알기 원하는 마음으로 이어진다고 말합니다. 당신은 하나님을 사랑하는 것과 하나님을 알고자 하는 마음이 이어지는 것을 어떻게 경험하고 있습니까?

3. 웨스트민스터 소요리문답의 제1문과 답을 생각해 보십시오.

   문: "인간의 제일되는 목적은 무엇입니까?"
   답: "인간의 제일되는 목적은 하나님을 영화롭게 하고 그분을 영원토록 즐거워하는 것입니다."

   하나님을 즐거워하는 것은 오직 참된 신자만이 할 수 있는 것이라는 사실을 당신의 경험에 비추어 설명할 수 있습니까?

4. 사람이 하나님의 도덕적 탁월하심을 즐거워하고 기뻐하려면 하나님의 성품과 속성을 알아야 합니다. 하나님의 성품과 속성을 알기 위해 당신이 할 수 있는 것은 무엇입니까?

5. 지식 있는 열심인가, 맹목적인 열의인가?

내가 증언하노니 그들이 하나님께 열심이 있으나 올바른 지식을 따른 것이 아니니라. 하나님의 의를 모르고 자기 의를 세우려고 힘써 하나님의 의에 복종하지 아니하였느니라.

로마서 10:2-3

이스라엘 백성은 자신들이 하나님을 안다고 생각했습니다. 그러나 하나님께서 호세아 선지자를 통해 하신 말씀은 그들의 생각이 틀렸다는 것을 보여 줍니다. "이스라엘 자손들아 여호와의 말씀을 들으라. 여호와께서 이 땅 주민과 논쟁하시나니 이 땅에는 진실도 없고 인애도 없고 하나님을 아는 지식도 없고"(호 4:1).

하나님을 아십니까?

예수님 당시의 유대인들도 하나님을 잘 안다고 생각했습니다. 하나님을 잘 알 뿐 아니라 하나님을 잘 섬기고 있다고 생각했습니다. 그러나 주님께서는 그들을 향해 이렇게 말씀하셨습니다. "너희는 너희 아비 마귀에게서 났으니 너희 아비의 욕심대로 너희도 행하고자 하느니라"(요 8:44).

오늘날 교회에 다니는 대부분의 사람들 역시 자신이 하나님을 안다고 생각할 것입니다. 교회 안에 있는 사람들에게 "하나님을 아십니까?"라고 물으면 많은 사람이 "아멘!"이라고 대답할 것입니다. 목사님들은 말할 것도 없습니다. 신학교에 가서 물어보면 더 크게 "아멘!" 할 것입니다.

그러나 우리가 앞의 말씀에서 보았듯이, 중요한 것은 하나님을 안다고 생각하는 우리의 생각이 아니라 하나님의 판단입니다.

하나님은 호세아 선지자를 통해 이스라엘 백성이 "진실도 없고 인애도 없다"고 말씀하셨습니다. 그들 안의 도덕적 붕괴를 지적하는 말씀입니다. 북왕국 이스라엘의 멸망기에 이스라엘의 도덕은 땅에 떨어져 있었습니다. 왕들이 타락했고, (북왕국 이스라엘의 태동 자체가 그러했지만) 제사장을 비롯한 사회의 모든 계층이 타락했습니다. 총체적인 타락이었습니다. 그 원인은 바로 "하나님을 아는 지식"이 없기 때문이었습니다. 하나님은 이것을 호세아 4장 4절과 6장, 그리고 호세아서 전체를 통해 말씀하십니다.

오늘날 한국 교회가 이와 조금도 다르지 않은 상황에 처해 있습니다.

성경을 읽어 보면 이스라엘 백성들은 언제나 하나님을 믿었습니다. 오늘날 한국 사회의 교세가 많이 약화되었다고는 하나 여전히 매 주일 교회에 나가 예배에 참석하는 사람이 적지 않습니다. 한국 교회의 도덕적인 붕괴는 단순히 미디어에서 떠드는 사건들에 국한되지 않습니다. 드러나지 않은 문제는 더욱 심각할 것입니다.

왜 이 지경이 되었습니까? 하나님을 모르기 때문입니다. 물론 교인들은 자신들이 하나님을 안다고 생각합니다. 하나님을 아는 사람은 죄도 짓지 않고 도덕적인 잘못에도 빠지지 않는다는 말을 하는 것이 아닙니다. 다윗은 하나님을 아는 사람이었지만 상상할 수 없는 죄를 저질렀습니다. 그러나 도덕적인 붕괴가 그 사람의 도덕적인 습성이 되고, 하나님의 말씀에 반응할 줄 모르는 마음의 자세가 되어 간다면 그것은 곧 하나님을 모른다는 증거입니다. 그러므로 우리는 '정말 하나님을 아는가?'라는 관점에서 참된 신앙이 무엇인지 성경의 교훈을 주목할 필요가 있습니다.

지식 없는 열심

로마서 10장 2절은 이스라엘 백성들의 열심에 대해 이야기합니다. "내가 증언하노니 그들이 하나님께 열심이 있으나."

성경은 열심을 책망하지 않습니다. 도리어 열심을 권면하고 열심히 하나님을 믿으라고 도전합니다. 신앙에 열심이 없다는 것은 심각한 문제입니다. 주님은 라오디게아교회가 미지근하다고 책망하셨는데(계 3:15-16), 이것은 열심이 없는 그들의 태도와 관련이 있습니다. 바울 사도는 자기가 예수님을 만나기 전에 가졌던 태도를 다음과 같이 묘사했습니다.

> 내가 내 동족 중 여러 연갑자보다 유대교를 지나치게 믿어 내 조상의 전통에 대하여 더욱 열심이 있었으나(갈 1:14).
> 열심으로는 교회를 박해하고 율법의 의로는 흠이 없는 자라(빌 3:6).

바울의 열심은 과거에 그가 교회를 박해하고 율법의 의로는 흠이 없는 자로 살게 하였습니다. 과거 자신의 열심이 바로 사도 바울이 로마서 10장을 기록할 때 생각한 유대인의 열심이었을 것입니다.

물론 회심 이후에도 바울은 동일한 열심을 나타냈습니다. 다만 과거의 열심은 "올바른 지식을 따른 것이 아니었다"는 것입니다. 그 전에는 거짓된 지식에 이끌려서 열심히 하나님을 섬겼는데 지금은 하나님을 아는 참된 지식 가운데에서 하나님을 열심으로 섬긴다는 이야기를 하고 있습니다. 이와 같이 '열심'은 신앙에 있어서 대단히 중요한 요소입니다.

하나님께서 우리를 구원하신 것은 "선한 일을 열심히 하는 자기 백성이 되게 하려"(딛 2:14) 하심입니다. 로마서 12장 11절은 복음을 알고 구원받은 사람들에게 "부지런하여 게으르지 말고 열심을 품고 주를 섬기라"고 권면합니다. 열심에 관한 경고의 말씀도 있습니다. "무릇 내가 사랑하는 자를 책망하여 징계하노니 그러므로 네가 열심을 내라. 회개하라"(계 3:19). 차지도 뜨겁지도 않은 라오디게아교회에 주신 주님의 엄중한 경고입니다. 이처럼 열심은 신앙생활의 중요한 요소입니다. 하지만 사도 바울은 그 열심에 올바른 지식이 없을 때 위험하다고 지적합니다. 바울 자신도 주님을 만나기 전에 그릇된 열심이 있었기 때문입니다.

오늘날 많은 교회와 영적인 지도자들이 하나님께서 이 말씀을 통해 주시는 경고를 가볍게 여기거나 무시한다는 생각이 듭니다. 교회 안에서 지식 없는 열심을 부추기는 행위가 너무 많이 일어나고 있기 때문입니다. 교회도 사람들이 모인 곳이기에 누군가의 헌신과 희생이 필요합니다. 공동체가 유지되려면 누군가 희생해야 하고, 시간을 내야 하고, 돈도 내야 하고, 그 밖의 것들을 드려야 합니다. 그러지 않으면 조직이 돌아가지 않습니다. 문제는 그들의 희생과 헌신과 열심이 하나님의 말씀과 복음 진리에 의한 거룩한 감정이냐, 아니면 단지 자신이 속한 조직에 대한 애정과 이기적인 입신양명 때문이냐 하는 것입니다. 어떤 보수를 바라거나 사람들의 인정을 구하는 사람들의 열심과 헌신으로 교회가 유지되고 있다면 그것은 하나님이 받으시는 열심일 수 없습니다. 하나님은 지식 없는 열심을 받지 않으십니다. 왜냐하면 그것은 하나님의 영광을 위하는 것이 아니라 결국 자기 의를 쌓는 종교 행위이고, 그러한 교회는 바벨탑과 조금도 다르지 않기 때문입니다. "하나님의 의를 모르고 자기 의를 세우려고 힘써 하나님의 의에 복종하지 아니하였느니라"(롬 10:3).

올바른 지식이 없는 열심은 언제나 자기 의를 쌓는 것으로 귀결됩니다. 거기에서 그치지 않습니다. 자기 의를 쌓는 것은 결국 적극적으로("힘써") 하나님의 의에 복종하지 않는 반역 행위가 됩니다. 그 열심은 악한 열심입니다. 바울 사도가 주님을 만나기 전에 가졌던 열심과 같습니다.

한때 열심히 신앙생활하는 사람들이 있습니다. 그들은 성경공부도 열심히 하고, 기도도 열심히 하고, 교회 봉사에도 앞장섭니다. 그러다 어느 순간 교회를 떠나고 신앙을 버립니다. 지식이 없는 열심이었기 때문입니다. 그러한 열심을 참된 신앙의 증거라고 볼 수 없는 이유입니다.

더 심각한 것은 그러한 열심을 지닌 채 교회 안에 계속 남아 있는 것입니다. 그런 사람은 자신의 영혼을 피폐하게 만들 뿐 아니라 사탄에게 이용당하기 쉽습니다. 새벽 기도도 열심히 하고, 성경도 읽고, 모든 것을 다 열심히 하는데도 그 영혼은 점점 더 말라 갑니다. 그러면서 서서히 교회를 허물어 버립니다. 교회를 인간적인 집단으로 만들어 가려고 노력하기 때문입니다.

거짓된 지식과 신앙

여기서 짚고 넘어가야 할 문제가 있습니다. 열심은 분명 신앙생활의 중요한 요소이지만 그 전에 '하나님을 아십니까?'라는 질문이 선행되어야 합니다. 잘못된 지식, 거짓된 지식도 열심을 만들어 낼 수 있지만, 참된 열심을 만들어 내는 것은 오직 하나님을 바르게 아는 지식이기 때문입니다. 유대인들에게 지식이 전혀 없었던 것이 아닙니다. 그들은 '올바른 지식'을 따르지 않았습니다.

성경과 교리만 아는 지식

성경의 내용을 아는 지식, 교리와 신학을 아는 지식도 하나님을 아는 바른 지식이 아닐 수 있습니다. 신학교에 다니거나 개인적으로 신학을 공부하여 신학과 교리에 정통할 수 있지만 이것이 하나님을 아는 지식과 동일하다고 말할 수는 없습니다. 주님을 만나기 전의 바울 사도가 그랬고 유대인들이 그랬습니다. 성경을 많이 읽어서 그 내용을 아는 것이 곧 하나님을 아는 것은 아닙니다. 제임스 패커(J. I. Packer)가 20세기의 기독교 고전이라 불리는 『하나님을 아는 지식』(Knowing God)에서 이것을 잘 설명합니다.

> 우리는 하나님을 잘 알지 못하면서도 경건에 대해 많은 것을 알 수 있다. 가령 기도하는 법, 전도하는 법, 성경을 읽는 법, 행복한 그리스도인이 되는 법, 헌신하는 법, 사람들을 그리스도께로 이끄는 법 등이다.[1]

이 말은 하나님을 모르는 목사가 많다는 말입니다. 그런데도 잘 가르칠 수 있습니다. 무서운 일입니다. 여기에 그는 한마디 덧붙입니다. "하나님을 아는 약간의 지식이 하나님에 대한 많은 양의 지식보다 값지다."[2] 바울 사도도 이렇게 말했습니다. "내가 예언하는 능력이 있어 모든 비밀과 모든 지식을 알고 또 산을 옮길 만한 모든 믿음이 있을지라도 사랑이 없으면 내가 아무것도 아니요"(고전 13:2). 여기서 말하는 사랑은 거룩한 감정입니다. 그러므로 이 구절은 "당신의 성경 지식과 신학 지식이 당신 안에 거룩한 감정을 만들어 내지 못한다면 그것은 헛된 지식일 뿐입니다."라고 말하는 것입니다. 성경 지식과 신학 지식은 중요합니다. 성경을 많이 읽어야 하고, 성경공부도 열심히 해야 합니다. 성경을 통해서만 하나님을 알 수 있기 때문입니다. 하지만 그것이 하나님을 아는 올바른 지식이 되려면 그 지식이 우리 안에 거룩한 감정을 불러일으켜야 합니다.

부분적인 지식

올바르지 않은 지식이 또 있습니다. 자신이 하나님을 알고 사랑한다고 생각하지만 성령님이 주신 구원의 은혜 없이 스스로 그렇게 착각하는 것입니다. 예를 들어 "하나님은 선하십니다. 하나님은 사랑이십니다. 하나님은 당신을 사랑하십니다. 하나님께서는 당신을 위한 놀라운 계획을 가지고 계십니다." 이것은 누구에게나 좋은 말입니다. 받아들이기 좋은 말씀만을 선별적으로 이해하고 받아들이면서 기뻐할 수 있고, 마음이 뜨거워질 수도 있습니다. 자기에게 잘해 주시는 하나님을 좋아하는 것은 본성적인 반응입니다.

그러나 그들이 십자가와 하나님의 진노, 하나님의 심판과 지옥 등의 개념도 똑같이 좋아할 수 있을까요? 오직 중생한 사람들만이 성경의 모든 말씀에서 하나님의 거룩하심과 아름다움을 볼 수 있습니다. 듣기 좋은 말만 추려서 선별적으로 알고 좋아하는 것은 하나님을 아는 참된 지식이 아닙니다. 오늘날 많은 교회에서 하나님의 심판, 하나님의 진노, 그리고 지옥과 같은 개념이 올바르게 가르쳐지지 않거나 강단에서 거의 사라져 버렸습니다. 이런 상황에서 사람들은 자신이 진짜 하나님을 사랑한다고 착각할 가능성이 더 커졌습니다. 성경에 대한 무지와 선별적이고 부분적인 지식은 하나님을 아는 올바른 지식이 아닙니다.

세상적인 유익을 구하는 신앙

말씀을 듣고 일정한 반응을 한다고 해서 그것이 곧 참된 믿음을 가진 것이라고 단정할 수는 없습니다. 가령 자기가 천국에 갈 수 있다고 막연하게 생각하는 사람은 천국과 지옥의 실재와 하나님에 대해 더 믿는 경향을 가집니다. 즉 자신이 천국에 갈 수 있을 거라고 생각하는 사람은 천국을 믿는다는 얘기입니다. 사람은 신앙을 통해서 자신에게 주어지는 유익이 있다고 생각할 때 그 말씀을 더욱 굳게 믿는 경향이 있습니다. 앞에서도 언급했지만, 『천로역정』에 등장하는 '온순'(Pliable)이 이것을 너무나 잘 보여 준 인물입니다. 그는 천국에 간다는 생각에, 천국에 대해서 묻고, 더 알기를 원하고, 대단한 간절함을 보입니다. 하지만 절망의 늪에 빠지자 돌변하여 욕하고 분노를 쏟아내며 돌아갑니다. 전형적인 거짓 신자의 모습입니다. 하지만 그는 천국에 대한 사모함과 간절함에서 오히려 크리스천을 능가하는 모습을 보여 주었다는 점을 가볍게 여기면 안 됩니다.

이런 사람과 반대로 자신과 그 말씀은 상관이 없다고 여기고, 하나님께서 자신이 원하는 것을 주시지 않는다고 생각하면 믿지 않으려는 사람이 있습니다. 자신에게 주어질 복을 생각하면서 말씀을 믿는 것은 이기적이고 자기중심적인 차원을 벗어나지 못하는 거짓 신앙과 거짓된 지식입니다. 씨 뿌리는 자의 비유에서 흙이 얕은 돌밭에 떨어진 씨처럼, 이런 사람은 처음에는 말씀을 기쁘게 받지만 삶 속에서 그 믿음 때문에 환난이나 박해가 오면 신앙을 부인해 버립니다(마 13:21).

이성과 논리를 추구하는 태도

지식과 관련하여 다루어야 할 거짓 신앙의 또 다른 유형은 지적인 것을 추구하는 태도입니다. 사람마다 다르지만 감정에 더 치우치는 사람이 있고, 이성에 더 치우치는 사람이 있습니다. 성경과 복음의 진리는 매우 논리적이고 정교합니다. 무조건 믿으라고 하지 않습니다. 로마서에 얼마나 놀라운 논리가 있습니까? 하나님은 복음을 그렇게 설명하십니다. 우리를 이성적인 존재로 만드셨기 때문에 사람의 이성과 반대되는 것을 제시하고 무조건 믿으라고 하지 않으십니다. 물론 복음은 수학처럼 논리적으로 딱 떨어지는 것이 아니라 믿음이 요구되는 것이지만, 하나님은 우리를 충분히 설득하십니다. 하나님 말씀의 이런 논리적 요소는 이성적 추구와 논리를 중요하게 여기는 사람이 복음의 논리를 잘 따라올 때, 자신이 참된 복음의 지식을 가졌다고 착각하게 할 수 있습니다. 하지만 이것 또한 성경이 말하는 하나님을 아는 올바른 지식이 아닙니다. 단지 그 사람의 기질적 본성이 만족되고 즐거워하는 것일 뿐입니다.

관계적인 지식

그렇다면 하나님을 아는 올바른 지식은 무엇입니까? 주님은 요한복음 17장 3절에서 "영생은 곧 유일하신 참하나님과 그가 보내신 자 예수 그리스도를 아는 것이니이다."라고 말씀하셨습니다. "하나님과 예수 그리스도를 아는 것이 영생"이라는 말은 하나님을 아는 올바른 지식을 말씀하신 것입니다. 유대인들은 하나님과 하나님께서 행하시는 일과 그 방법을 아는 참된 지식, 하나님이 어떤 분이고, 어떻게 일하시는 분이고, 무엇을 행하셨는지를 아는 지식이 없었습니다. 그래서 하나님의 의를 깨닫지 못했습니다. 하나님께서 어떻게 죄인을 의롭다 하시는지를 깨닫지 못한 것입니다. "유일하신 참하나님과 그의 보내신 자 예수 그리스도를 아는" 것은 단순히 지적인 차원을 넘어 경험적이고 관계적인 지식을 말합니다.

제가 어떤 유명한 사람을 안다고 말하는 것은 그분이 저를 안다는 말이 아닙니다. 혹은 과거에 한 번 만난 적 있는 사람을 가리켜 "제가 그분을 압니다."라고 말하지도 않습니다. 우리가 하나님을 안다고 말할 때도 마찬가지입니다. 이런 피상적 앎을 가지고 하나님을 안다고 말할 수 없습니다. 요한복음 17장 3절에서 말하는 앎은 하나님께서 나를 아시고 나도 하나님을 아는 인격적이고 관계적인 지식입니다. 이 지식은 삶과 죽음을 가르는 지식이고, 인간의 영원을 결정짓는 지식이며, 세상에서 가장 위대하고 중요한 지식입니다. 세상에서 공부를 많이 하는 것이 살아가는 데 중요할 수 있지만, 그보다 더 중요한 것은 하나님을 아는 지식입니다. 바울 사도는 이 지식에 관하여 빌립보서에서 다음과 같이 말했습니다. " 또한 모든 것을 해로 여김은 내 주 그리스도 예수를 아는 지식이 가장 고상하기 때문이라. 내가 그를 위하여 모든 것을 잃어버리고 배설물로 여김은 그리스도를 얻으"(빌 3:8). 이것은 중생한 사람만 아는 초자연적이고 영적인 지식입니다. 그래서 바울 사도는 고린도전서 2장에서 "우리가 세상의 영을 받지 아니하고 오직 하나님으로부터 온 영을 받았으니 이는 우리로 하여금 하나님께서 우리에게 은혜로 주신 것들을 알게 하려 하심이라"(고전 2:12)고 했습니다. 하나님의 성령으로 말미암아 우리는 우리 삶 속의 모든 것이 하나님의 은혜로 주어졌다는 것을 알기 시작합니다. 육신의 눈으로 보던 것과 완전히 다른 관점이 그의 삶을 형성하게 되는 것입니다. 우리 안에 계시는 성령님은 완전히 다른 관점을 가지게 합니다. 거듭난 사람의 눈에 아름다운 것이 육에 속한 사람의 눈에는 어리석게 보입니다(고전 2:14).

이 지식의 중요성을 알았던 바울 사도는 골로새교회를 위해 이렇게 기도했습니다. "이로써 우리도 듣던 날부터 너희를 위하여 기도하기를 그치지 아니하고 구하노니 너희로 하여금 모든 신령한 지혜와 총명에 하나님의 뜻을 아는 것으로 채우게 하시고"(골 1:9).

이러한 지식은 영적인 미각에 비유할 수 있습니다. 다윗이 "너희는 여호와의 선하심을 맛보아 알지어다"(시 34:8)라고 말한 것과 같습니다. 이 영적인 미각은 성령님께서 중생을 통해, 중생한 사람에게 주시는 새로운 감각입니다. 예전에는 쓰고, 맛없고, 뱉어 버리고 싶었던 것이 중생한 후에는 달고, 맛있고, 먹고 싶어집니다.

그런 사람은 하나님의 말씀에서 놀랍고 기이한 것을 보게 됩니다(시 119:18). 세상에서 찾아볼 수 없는 가장 놀랍고 기이한 것을 하나님의 말씀에서 찾습니다. 하나님과 하나님께 속한 것이 다 아름답고, 귀하고, 선하고, 영광스럽고, 가슴 벅차 보이는 것입니다. 이 영적 미각은 판단과 다릅니다. 판단은 논리적인 추론 과정을 거쳐서 결론을 내리는 것입니다. 미각은 자연적, 즉각적으로 맛을 아는 것입니다. 그래서 이 미각이 생긴 사람, 즉 회심한 사람은 전과 동일한 시선으로 사물을 바라보며 살 수 없습니다. 관점이 완전히 바뀌었기 때문입니다. 이전에는 우주의 중심에 자아가 있었는데 이제는 우주와 자기 인생의 중심에 하나님이 계십니다. 모든 것을 하나님의 관점으로 바라보고 느끼고 맛을 느낍니다. 자식을 기르는 것, 사업을 하는 것, 직장생활을 하는 것, 장래를 생각하는 것, 결혼하는 것, 모든 것이 다 본능적으로 하나님 중심이 됩니다.

올바른 지식의 영향력

이런 올바른 지식은 성령의 역사로 말미암아 그 사람의 영혼에 반드시 영향을 미쳐서 은혜로운 감정, 거룩한 감정을 만들어 냅니다. 단순히 성경 구절이 떠오르거나 성경 몇 장 몇 절을 읽으라는 꿈을 꾸는 현상이 아니라 그 말씀을 통해 참으로 영광스럽고, 선하고, 존귀하고, 거룩하신 하나님의 아름다움을 보는 눈이 열리는 것입니다. 예수를 믿는 순간 성경이 다 이해된다는 말이 아닙니다. 때로는 의무적으로 성경을 읽어야 할 때가 있습니다. 이해하지 못하는 성경말씀이 허다합니다. 그럼에도 불구하고 하나님을 아는 지식은 우리 영혼에 영향을 미쳐 그 말씀을 사랑하게 합니다. 거룩한 감정을 만들어 냅니다. 그래서 성경을 통해서 점점 더 하나님을 알게 되고, 하나님을 알수록 하나님을 즐거워하게 됩니다.

웨스트민스터 소요리문답 1번은 "인간의 제일되는 목적이 무엇입니까?"라고 묻고 "인간의 제일되는 목적은 하나님을 영화롭게 하고 그분을 영원토록 즐거워하는 것입니다."라고 대답합니다. 하나님을 영원토록 즐거워하는 것은 하나님을 아는 것을 전제로 합니다. 하나님에 대한 가득한 오해 속에서 하나님을 즐거워하는 것은 불가능하기 때문입니다.

어린아이들을 데리고 여행을 떠난 가족을 생각해 보십시오. 아이들은 그저 놀이기구가 있는 곳이나 동물원 같은 곳을 좋아할 것입니다. 그런 아이들을 데리고 루브르박물관이나 스미소니언미술관에 가서 오랜 유물과 예술품을 보여 준다면 별로 즐거워하지 않을 것입니다. 그것을 즐길 수 있는 감각과 지식이 없기 때문입니다.

하지만 성인들은 비록 전문가는 아니더라도 어느 정도의 지식만 있으면 아는 만큼 볼 수 있고, 감동하고, 감탄하고, 즐길 수도 있습니다. 아는 만큼 보인다는 말이 딱 맞습니다. 세상의 아름다움을 보고 즐기는 것이 그러하다면, 모든 아름다움의 원천이신 하나님을 아는 지식은 우리 영혼에 얼마나 놀라운 영향을 미치겠습니까? 하나님을 아는 참되고 올바른 지식은 그 영혼 안에 하나님을 향한 즐거움과 사랑과 열심을 만들어 냅니다.

디모데후서 1장에서 바울 사도는 "네 속에 있는 하나님의 은사를 불일 듯하게 하기 위하여" 편지를 쓴다고 말합니다(딤후 1:6 참조). 이 말은 디모데가 하나님을 알고 기억하게 함으로써, 하나님께서 그에게 주신 은혜와 은사를 불처럼 일어나게 하겠다는 말입니다.

진리에 대한 확신

또한 올바른 지식은 진리에 대한 확신을 심어 줍니다. 복음이 진리라는 것을 알게 되고, 성경의 모든 증거를 사실로 믿게 되고, 성경이 하나님 말씀이라는 것을 받아들이게 되는 것입니다. 성경에는 '안다'는 표현이 많이 나옵니다. 사도들이 그 단어를 많이 사용합니다. "이로 말미암아 내가 또 이 고난을 받되 부끄러워하지 아니함은 내가 믿는 자를 내가 알고 또한 내가 의탁한 것을 그날까지 그가 능히 지키실 줄을 확신함이라"(딤후 1:12). 여기서 '안다'는 말은 '믿는다', 또는 '확신한다'는 의미만큼 강한 표현입니다. 성령님께서 내 안에 계시고, 나를 지키시고, 모든 약속을 신실하게 이루시는 하나님이심을 믿고 확신한다는 것입니다. 요한1서 4장 13절도 "그의 성령을 우리에게 주시므로 우리가 그 안에 거하고 그가 우리 안에 거하시는 줄을 아느니라."라고 기록합니다. "우리에게 성령을 주셔서 우리가 성령 안에 거하고, 성령이 우리 안에 거하시는 것을 안다"는 뜻입니다. 그러므로 신자들은 다음과 같이 말하는 사람들입니다. "나는 내가 믿는 분을 안다. 그분이 내가 의탁한 것을 그날까지 지키실 것을 확신한다." 얼마나 힘이 있습니까? 이것이 바로 다니엘 11장에서 말한 바 "자기의 하나님을 아는 백성은 강하여 용맹을 떨치리라"(단 11:32)는 말씀의 의미입니다.

교회에 사람이 많이 모이는 것보다 중요한 것은 하나님을 아는 사람이 모이는 것입니다. 회심 없는 교회 성장은 교회의 자살 행위입니다. 그럼에도 이런 현상이 대세가 되어 버린 시대에는 정말 대세를 거스르는 용감한 사람이 필요합니다. 어떤 권위자가 그렇다고 하니까 믿는 것이 아니고, 고고학적인 증거나 과학적인 증거가 있다고 해서 믿는 것도 아닙니다. 믿는 사람에게는 성경 자체가 자기 인생을 온전히 의탁할 수 있는 최종적이고,

유일하고, 완전한 권위가 됩니다. A. W. 토저는 "높은 수준의 확신은 높은 수준의 순종을 통해 이루어진다"고 했습니다. 우리의 삶 속에서 하나님 말씀의 절대 권위를 인정하고, 그 말씀 앞에 나를 교정하고, 복종시키고, 순종해야 합니다. "하나님의 의를 모르고 자기 의를 세우려고 힘써 하나님의 의에 복종하지 아니하였느니라"(롬 10:3)라는 말씀은 성경을 보며 자신이 잘한다는 느낌과 생각만을 갖는 것입니다. 자기처럼 잘 믿는 사람이 없다고 생각하는 것입니다. 이런 수준에서의 순종은 결코 참된 순종도, 높은 수준의 순종도 아닙니다. 그런 사람에게 확신이 없는 것은 조금도 이상한 일이 아닙니다. 그에게는 거짓 확신만이 있을 뿐입니다.

사탄의 속임수

어떤 사람이 하나님의 사랑이 너무나 놀랍고 크다고 말하면서 눈물을 흘리고 깊은 감동 가운데 있다고 할지라도 그 경험이 그 사람에게 성경의 진리에 대한 확신을 주지 못한다면 그는 올바른 지식에 서 있는 것이 아닙니다. 직통 계시를 받고, 말씀을 받고, 어떤 음성을 들었다 해도 그 말씀이 하나님의 진리의 말씀을 향한 확신으로 인도해 주지 않는다면 그것은 거짓일 가능성이 높습니다. 우리는 이와 같이 지식 없는 열심, 유대인들의 열심 같은 종교적인 열심으로 우리 신앙을 대치하면 안 됩니다. 교회 안에서 이런 열심이 너무 빈번하게 일어납니다. 누군가 강력하고 체험적인 회심을 했다 해도 그는 이제 잠깐 빛을 본 것입니다. 진리 안에서 계속해서 성장하지 않으면 뜨거웠던 감정은 어느새 식어 버리고 위선자가 되기 쉽습니다. 은사나 어떤 현상을 추구하는 것도 열심이나 뜨거운 신앙으로 인식될 때가 많지만 올바른 진리를 깨닫는 것과 함께 가지 않으면 위험합니다. 뉴잉글랜드의 1세대 청교도였던 토마스 셰퍼드(Thomas Shepard, 1605-1649)의 말입니다. "처음 회심 때 매우 강력한 감정을 체험한 많은 사람이 얼마 후에 마르고 시들며 기력을 잃고 야위어 죽어 간다. 그러면 그들의 위선은 형식적이고 메마르고 무감각하며 열매 없는 마음과 삶으로 드러나게 된다. 비록 공공연한 무례함으로 세상 모든 사람에게 드러나지는 않더라도 살아 있는 그리스도인의 통찰력 있는 눈에는 분명하게 드러난다. 왜냐하면 그들은 아직까지 죄를 자각하기에 충분한 빛을 받지 못했기 때문이다."[3]

마귀는 하나님을 아는 지식을 추구하지 않고 현상만 추구하는 사람들을 상상력으로 속입니다. 상상력이 다 나쁜 것은 아니지만, 상상력으로 하나님을 만들어 내거나 미래를 예언하는 것은 위험합니다. 마귀는 지식과 의지의 영역에서 우리를 속일 수 있습니다. 그중 가장 쉬운 것은 상상력입니다. 상상력과 연상을 통해서 사람들이 은혜를 받는 것처럼 여기게 만들어, 흐느끼게 하고, 울게 하고, 무릎 꿇게 하는 일들이 일어납니다. 하나님을 더 알고 바르게 알기 위해 애쓰고, 하나님의 말씀에 의지하여 살아가지 않는다면 누구라도 미혹을 당하여 넘어질 수 있습니다. 자신의 신앙이 참으로 하나님을 아는 지식 위에 세워졌는지, 그 방향으로 점점 더 움직이면서 견고해지는지 돌아보아야 합니다.

올바른 지식이 올바른 열심을 만든다

하나님을 아는 참된 지식은 영혼 안에 거룩한 감정을 만들고, 그 거룩한 감정은 하나님을 향한 열심으로 드러납니다. 우리가 추구해야 하는 것은 지식 없는 열심이 아닙니다. 참된 지식 위에 근거한, 참된 지식이 만들어 내는 열심입니다. 거룩한 감정에 속한 열심은 언제나 진리의 빛을 받아 생겨나고, 진리의 빛을 받을 때 뜨거워집니다. 말씀 속에 계시된 하나님이 어떤 분이고, 어떻게 행하셨는지 깨달을 때 우리는 강렬하고 거룩한 감정에 휩싸이게 됩니다. 그리고 주님을 향해서 우리의 삶을 드릴 수 있게 됩니다. 바울 사도는 빌립보교회를 위해 이렇게 기도합니다.

내가 기도하노라. 너희 사랑을 지식과 모든 총명으로 점점 더 풍성하게 하사(빌 1:9).

여기서 말하는 사랑은 거룩한 감정입니다. 이 사랑이 모든 지식과 총명에 의해서 풍성해진다고 말합니다. 하나님을 아는 지식이 자라 갈 때 우리 안에서 사랑도 더 풍성해집니다. 이것은 성경의 일관성 있는 가르침입니다. 사도 요한도 똑같이 이야기합니다.

사랑하는 자들아 우리가 서로 사랑하자. 사랑은 하나님께 속한 것이니 사랑하는 자마다 하나님으로부터 나서 하나님을 알고 사랑하지 아니하는 자는 하나님을 알지 못하나니 이는 하나님은 사랑이심이라(요일 4:7-8).

성경이 말하는 사랑은 하나님께 속한 거룩한 감정입니다. 거룩한 하나님의 중생한 백성들에게 일어나는 거룩한 감정입니다. 사도 요한은 하나님을 아는 것과 우리가 서로 사랑하는 거룩한 감정은 함께하는 것이라고 가르칩니다. 하나님을 안다면 그는 형제를 사랑하는 자이고, 형제를 사랑한다면 그는 하나님을 아는 자라고 말합니다. 요컨대 하나님을 아는 사람은 하나님을 사랑하고 형제를 사랑합니다. 사랑하지 않는다면 그는 하나님을 모르는 것입니다. 자기 자신만 사랑하는 것은 하나님을 모르는 자연인의 본성 그대로를 가지고 살아가는 것입니다.

올바른 지식과 올바른 열심은 함께 갑니다. 우리의 신앙적 열심이 잘못되는 것은 하나님을 아는 지식이 잘못되었기 때문입니다. 영적으로 잘못된 지식이 잘못된 방향을 가리키기에 그 열심이 인생을 잘못된 방향으로 몰고 갑니다. 여기에는 언제나 거짓의 아비인 사탄의 역사가 있습니다. 이것이 바로 바울 사도가 로마서 10장 2-3절에서 지적한 유대인들의 치명적인 문제였습니다.

부활하신 주님께서 엠마오로 가는 두 제자에게 나타나셔서 성경을 풀어 주셨을 때 그들에게 어떤 일이 일어났는지 생각해 보십시오. "길에서 우리에게 말씀하시고 우리에게 성경을 풀어 주실 때에 우리 속에서 마음이 뜨겁지 아니하더냐"(눅 24:32). 예수님께서 성경을 풀어 주실 때 그들은 주님을 보았습니다. 말씀을 통해서 우리는 하나님을 알게 됩니다. 하나님의 말씀을 통해서 말씀하시는 하나님이 어떤 분이신지 깨닫게 되고, 그 하나님께서 행하신 일과 행하시는 일을 보게 됩니다. 성경을 통해 말씀하시는 하나님을 만납니다. 그때 성령님께서 우리의 영혼을 뜨겁게 하십니다. 성경에서 우리를 향하여 베풀어 주신 헤아릴 수 없는 은혜를 알게 하시고, 무한히 선하신 삼위 하나님을 알게 하셔서, 우리 안에 하나님을 향한 열심이 불같이 일어나게 되는 것입니다.

가장 가치 있는 일

당신은 하나님을 아십니까? 당신 안에 참되신 하나님을 아는 올바른 지식이 있습니까? 하나님께서 주신 성경말씀을 깨닫고, 그 속에서 살아 계시고 거룩하신 하나님, 무한히 선하신 하나님을 보며 놀랍니까? 성경을 통해 당신에게 말씀하시는 하나님을 만나고, 그 속에서 하나님의 아름다움과 탁월하심을 보며 감격합니까? 말씀 앞에서 자신의 먼지 같은 인생을 보며 하나님을 더욱 사랑하게 되고, 평생 하나님을 섬기기 원하는 마음이 생겨납니까? 그러한 열심이 하나님의 말씀을 깨닫는 지식과 총명에 의해 더욱더 부추겨지는 것을 경험하십니까?

하나님을 아는 것은 참된 신앙의 확실한 증거입니다. 믿는 자는 하나님을 아는 자입니다. 온전히 영광 받기에 합당하신 분을 섬기는 일에 자신의 인생을 드리는 것은 특별한 사람들에게만 주어지는 것이 아닙니다. 모든 믿는 자의 몫이고, 하나님을 아는 자의 책임입니다.

신자는 하나님을 배우는 일에 열심을 내야 합니다. 그리고 자신이 잘못된 열심 가운데 살아가는 것은 아닌지 늘 돌아보아야 합니다.

그러므로 우리가 여호와를 알자. 힘써 여호와를 알자. 그의 나타나심은 새벽빛같이 어김없나니 비와 같이, 땅을 적시는 늦은 비와 같이 우리에게 임하시리라 하니라. … 나는 인애를 원하고 제사를 원하지 아니하며 번제보다 하나님을 아는 것을 원하노라(호 6:3-6).

하나님은 인애도 원하고 제사도 원하십니다. 번제도 원하십니다. 그러나 그 모든 것이 제대로 되려면 하나님을 알아야 합니다. "힘써 여호와를 아는" 일에 순종하십시오. 주님께서 간절히 부탁하십니다. 명령하실 수 있음에도 불구하고 주님은 호세아 선지자를 통해 "우리가 여호와를 알자. 힘써 알자"고 말씀하십니다. 이것보다 더 가치 있는 일은 없습니다.

1. 이스라엘 백성은 자신들이 하나님을 안다고 확신했고 열심도 있었지만, 그들의 지식은 올바른 지식이 아니었기 때문에 그들의 열심은 자기 의를 세우고 힘써 하나님의 의에 복종하지 않는 결과를 초래했습니다. 당신의 신앙생활을 돌아볼 때, 이러한 경험을 한 적이 있습니까?

2. 오늘날 한국 교회에 '지식 없는 열심'의 문제가 심각합니다. 당신은 왜 이런 문제가 한국 교회에 만연하게 되었다고 생각합니까?

3. 저자는 하나님을 아는 참된 지식은 그 사람의 영혼에 하나님을 즐거워하는 거룩한 감정을 불러일으킨다고 말합니다. 당신은 성경을 통하여 하나님을 바르게 알아 갈수록 하나님을 더욱 사랑하게 되는 것을 경험한 적이 있습니까? 그 경험을 설명해 보십시오.

4. 토마스 쉐퍼드는 하나님을 아는 진리의 말씀에 대한 깨달음 없이 강력하고 주관적인 체험만으로 회심을 나타낸 사람들이 영적으로 형식적이고 위선적이며 열매 없는 삶에 이르게 되는 결과를 낳는다고 지적했습니다. 복음과 성경적 진리를 추구하지 않고 강력한 체험이나 신비한 현상만을 추구하는 신앙이 위험한 이유를 설명해 보십시오.

5. "하나님을 힘써 알라"는 말씀에 순종하기 위해 지금 당신이 시작할 수 있는 순종은 무엇입니까?

6. 참된 성화인가, 종교적인 위선인가?

우리가 다 수건을 벗은 얼굴로 거울을 보는 것같이 주의 영광을 보매 그와 같은 형상으로 변화하여 영광에서 영광에 이르니 곧 주의 영으로 말미암음이니라.

고린도후서 3:18

거짓의 아비인 마귀가 교회 밖은 말할 것도 없고 교회 안의 수많은 영혼을 기만하여 지옥으로 데려가려고 역사하기에 참 신앙과 거짓 신앙을 분별하는 일은 중요합니다. 인간의 마음에 있는 기만적 요소(렘 17:9)를 마귀가 얼마나 많이 건드리는지 모릅니다. 그래서 스스로는 믿고 있다고 생각하지만 실제로는 주님께서 "내가 너희를 도무지 알지 못하니 불법을 행하는 자들아 내게서 떠나가라"(마 7:23)고 하실 수 있습니다.

그리스도의 성품이 있습니까?

참 신앙은 단지 교회에 다닌다거나, 하나님의 일을 열심히 한다거나, 그리스도를 영접했다는 사실로 확인되지 않습니다. 그러므로 성경을 상고하면서 자신의 신앙이 참되다는 증거가 무엇인지, 자기 영혼이 어디에 처해 있는지 확인하는 것이 중요합니다. 그래야 하나님의 은혜를 바르게 구할 수 있고, 합당한 기도를 드릴 수 있기 때문입니다.

앞에서 "성령이 계십니까?"라고 질문했습니다. 그 질문에서 파생되는 질문이 "그리스도의 성품이 있습니까?"라는 질문입니다.

"그리스도인의 외적 의무를 행하고 있습니까?"라고 묻는 것이 아닙니다. 하나님께서 받으시는 모든 종교적 의무는 속사람의 변화로부터 흘러 나오는 결과입니다. 성령이 거하는 사람에게는 그리스도의 성품이 나타나게 되어 있습니다. 사람은 속일 수 있어도 마음의 중심을 보시는 하나님은 속일 수 없습니다. 그리스도인이기 때문에 그 안에 성령이 계시고, 성령님이 계시기 때문에 나타나는 그리스도의 성품이 있습니다. 이것은 마귀가 만들어 낼 수 없습니다. 하나님의 성령이 거하는 사람은 성령이 만들어 내시는 그리스도의 성품이 나타납니다. 인간이 자기 노력으로 만들어 낼 수 없는, 성령님이 하셨다고 고백할 수밖에 없는 역사와 변화가 있습니다.

이것은 참된 성화가 일어나고 있다는 말이기도 합니다. '성화'는 성령님이 신자의 영혼 안에서 일하시는 것입니다. 내주하시는 성령님으로 말미암아 죄를 죽이고 하나님의 말씀에 순종하는 과정에서 신자는 그리스도의 성품, 그리스도를 닮은 성품을 맺어 가게 됩니다. 이것을 갈라디아서 5장에서는 "성령의 열매"라고 표현했습니다.

> 오직 성령의 열매는 사랑과 희락과 화평과 오래 참음과 자비와 양선과 충성과 온유와 절제니 이같은 것을 금지할 법이 없느니라(갈 5:22-23).

사랑, 희락, 화평, 오래 참음, 자비, 양선, 충성, 온유, 절제 모두 사람의 노력이나 자기 수양으로 만들어지는 것이 아닙니다. 설명이 필요한 개념입니다. 왜냐하면 우리는 사랑과 선함, 친절 등에 대한 자기 방식의 이해를 투사하여 생각하기 때문입니다.

자신의 노력, 혹은 자기 수양으로 어느 정도 만들어 낼 수 있는 것들이 분명히 있습니다. 하지만 이것이 자기 수양을 통해 얻어진 것인지, 성령님께서 이루신 것인지 구별할 수 있어야 합니다. 오늘날 교회 안의 혼란 가운데 하나는 겉으로 인품이 좋은 사람과 성령님이 그 안에서 일하시는 사람을 구분하지 못하는 것입니다. 교회 안에서 대인관계를 잘하면 얼마든지 좋은 사람처럼 보일 수 있습니다. 조금만 애쓰면 할 수 있습니다. 많이 노력하면 어느 정도 좋은 인품을 갖출 수도 있습니다. 하지만 성령님이 일하신 결과인 성령의 열매는 구분할 수 있어야 합니다. 이것을 구별하지 못하기 때문에 교회 지도자와 직분자들을 선출할 때 많은 혼란과 실수를 겪게 되는 것입니다.

성품은 성숙이 아닌 구원의 문제다

여기서 반드시 다루어야 하는 중요한 오해가 하나 있습니다. '그리스도의 성품, 그리스도를 닮은 성품이 있는가?'라는 질문을 '그리스도인은 성숙해져야 한다'는 성숙의 문제로 받아들이는 것입니다. 그것은 오해입니다. "그리스도의 성품이 있습니까?" "당신 안에 그리스도를 닮은 모습이 있습니까?"라는 질문은 "당신은 그리스도인입니까?"라는 질문입니다. 오직 그리스도인만 성령께서 그 안에 거하시며 성령의 열매를 만들어 내실 수 있기 때문입니다. 따라서 이것은 성숙의 문제이기 전에 구원의 문제입니다. 초대교회 때부터 이런 문제가 있었습니다. 믿음으로 구원받았으니 맘대로 살아도 된다고 생각하는 사람들이 있었습니다. 구원파는 갑자기 툭 튀어나온 이단이 아닙니다. 요한계시록에 나오는 일곱 교회 중에서 버가모교회에 들어와 있던 니골라 당이(계 2:15) 바로 지금의 구원파와 같은 이단이었습니다. 바울 사도는 로마서에서 이미 이 문제를 다루었습니다. 진짜 구원받은 사람은 믿음으로 구원받았으니 맘대로 살아도 된다고 말하지도, 그렇게 행동하지도 않는다고 말합니다(롬 6장). 칭의가 일어났는데 성화가 일어나지 않는 법은 없다는 것입니다. 그리스도 안에서 의롭다 함을 받은 죄인은 그리스도 안에서 거룩하게 변화되어 갑니다. 신자 안에 거하시는 성령님께서 살아 역사하시며 신자를 속에서부터 바꾸십니다. 우리를 그리스도의 형상으로 만들어 가십니다. 모든 사람에게 똑같은 속도와 똑같은 방식으로 역사하시지 않지만, 그 안에 그리스도의 영이 계시면 반드시 그리스도의 성품이 만들어집니다. 히브리서 기자는 "거룩하게 하시는 이와 거룩하게 함을 입은 자들이 다 한 근원에서 난지라"(히 2:11)라고 말했습니다. '성령님이 내 안에 계셔서 나를 거룩하게 만들고 그리스도의 성품이 맺히게 하신다면 나는 하나님께 속한 자다.' 이것은 성숙의 문제이기 전에 구원의 문제입니다. 내 안에 성령님이 계시는지 묻는 것입니다. 참 신앙은 이렇게 그리스도의 성품, 그리스도를 닮은 성품을 만들어 냅니다. 만일 회심했다고 말하는데도 이러한 성품의 변화가 전혀 일어나지 않는다면, 그 사람이 아무리 감정적으로 고양된 체험을 했다 할지라도, 아무리 많은 봉사를 한다 할지라도, 아무리 성격이 좋아도 믿을 만한 회심의 증거를 가진 사람이라고 할 수 없습니다.

종교적인 변화와 복음적인 변화

바울 사도는 종교적 구원의 표시로 할례를 받는 것이 중요한 것이 아니라 그 사람이 참으로 거듭난 새사람이 되는 것이 중요하다고 못 박아 이야기합니다.

그리스도 예수 안에서는 할례나 무할례나 효력이 없으되 사랑으로써 역사하는 믿음뿐이니라(갈 5:6).

당시의 갈라디아교회에서는 할례를 받았느냐 못 받았느냐가 중요한 쟁점이었습니다. 그런데 바울 사도는 "지금 너희들이 싸우는 문제는 중요한 것이 아니다. 너희가 새로운 피조물이 되었는지, 새사람이 되었는지, 참된 믿음에 거하고 있는지가 중요하다"고 말합니다. 6장 15절에서도 비슷하게 말합니다.

할례나 무할례가 아무것도 아니로되 오직 새로 지으심을 받는 것만이 중요하니라.

우리가 구분해야 하는 변화는 두 종류입니다. 하나는 종교적인 변화이고, 다른 하나는 복음적인 변화입니다. 종교적, 혹은 율법적 변화는 모든 종교에서 일어날 수 있는 성품의 변화입니다. 이것은 자기 노력의 결과로 얻어지며 상당한 수준까지 이를 수 있지만, 본성이 바뀌지 않는 겉사람의 변화에 불과합니다. 하나님께서 인정하시는 것은 이런 자기 노력의 결과로 맺어지는 성품이 아닙니다. 성경에 기록된 변화, 하나님께서 알아주시는 변화는 복음적인 변화입니다. 하나님께서 우리의 본성, 곧 속사람을 바꾸시는 것입니다. 사람이 자기 기질을 바꿀 수 있을지는 몰라도 본성을 바꿀 수는 없습니다. 예레미야 선지자는 이렇게 말했습니다.

구스인이 그의 피부를, 표범이 그의 반점을 변하게 할 수 있느냐? 할 수 있을진대 악에 익숙한 너희도 선을 행할 수 있으리라(렘 13:23).

우리 힘으로는 본성을 바꿀 수 없다는 말씀입니다. 하나님만이 인간의 본성을 바꾸십니다. 그것을 '중생', 혹은 '거듭남'이라고 합니다. 에스겔 선지자는 이것을 "새 마음을 주신다"고 표현했습니다(겔 36:26-27 참조). 새 마음을 주신다는 것은 새로운 욕구, 새로운 본성, 새로운 신적 본성을 주신다는 것입니다. 우리의 죄성을 고쳐서 사용하는 것이 아니라 하나님께 속한 성품을 주시는 것입니다. "새로운 피조물"이 되는 것입니다(고후 5:17). 중생하고 회심한 사람만이 죄를 미워하고 거룩한 것을 사랑하는 본성이 생깁니다.

새사람이 되었다고 해서 그의 본성적 기질이 완전히 뿌리 뽑혀 죄를 짓지 않게 되는 것은 아닙니다. 그러나 그의 새 마음과 새 본성이 지향하고, 바라고, 원하는 것이 변합니다. 취향과 지향점이 달라지는 것입니다. 이것이 마음의 변화입니다.

이처럼 인간의 영혼에 중생과 회심보다 중요한 것은 없습니다. 중생을 통해 사람은 하나님을 영광 가운데서 봅니다. 그때 처음으로 자신 안에서 거룩함을 향한 변화를 경험하게 됩니다. 이 변화는 영혼의 심령 밑바닥까지 영향을 미치고, 지상에서 삶을 마감하는 순간까지 그리스도를 닮은 그리스도의 성품을 갖게 합니다. 물론 이것은 저절로 되지 않습니다. 그래서 바울 사도는 복음의 은혜를 깨달은 사람에게 다음과 같이 권면합니다.

> 그러므로 형제들아 내가 하나님의 모든 자비하심으로 너희를 권하노니 너희 몸을 하나님이 기뻐하시는 거룩한 산 제물로 드리라 이는 너희가 드릴 영적 예배니라. 너희는 이 세대를 본받지 말고 오직 마음을 새롭게 함으로 변화를 받아 하나님의 선하시고 기뻐하시고 온전하신 뜻이 무엇인지 분별하도록 하라(롬 12:1-2).

바울 사도는 변화를 받고 새롭게 되라고 말합니다. 이것은 우리가 날마다 계속해서 해야 하는 일입니다. 하나님의 뜻이 무엇인지 분별하고, 그 방향으로 가기 위해 이 세상의 유행과 풍속을 따라가는 대신, 하나님을 더 기쁘시게 하려는 마음을 가지고 살아야 합니다. 그리스도인은 중생과 회심을 통해 새 마음을 받았고, 하나님께서 그의 본성을 변화시켜 주셨기 때문에 날마다 마음을 새롭게 함으로 변화를 받아 살아가는 근거와 능력을 갖춘 사람입니다. 신자는 어떻게 하면 이 세상의 정신과 유행과 풍조를 따라갈 수 있을까 고심하는 것이 아니라, 어떻게 하면 거룩하신 하나님을 잘 섬기고 그분의 선하시고, 기뻐하시고, 온전하신 뜻을 잘 분별하여 거룩하게 변화할 수 있을까 생각합니다. 그렇다면 어떻게 해야 새롭게 함을 받고 변화될 수 있을까요? 이것은 매우 중요한 문제입니다. 많은 사람이 열심히 성경 보고, 기도하고, 교회에 출석하고, 봉사하면 그렇게 된다고 생각합니다. 틀린 말은 아니지만, 이것은 너무나 피상적인 수준의 이해입니다. 성경은 그리스도인이 어떻게 거룩한 주님의 형상으로 변화하는지, 어떻게 신자 안에 성령의 열매, 그리스도의 성품이 맺혀지는지 보여 줍니다.

마음에 덮인 수건이 벗겨질 때

사도 바울은 모세의 직분과 자신이 받은 사도의 직분을 비교하여 설명합니다.

우리가 다 수건을 벗은 얼굴로 거울을 보는 것같이 주의 영광을 보매 그와 같은 형상으로 변화하여 영광에서 영광에 이르니 곧 주의 영으로 말미암음이니라(고후 3:18).

이 구절에서 "그와 같은 형상으로 변화하여"라는 말은 우리 안에 그리스도의 성품이 일어나는 것을 말합니다. 바울 사도는 고린도후서 3장 전체를 통해 모세의 직분과 자기가 가지고 있는 새 언약의 직분을 구별하여 말하고 있습니다. 모세는 율법을 전해 주었습니다. 바울 사도는 그리스도 예수의 복음을 전합니다. 이것이 옛 언약의 직분과 새 언약의 직분의 차이입니다. 모세가 율법 조문과 정죄의 직분을 가졌다면 바울은 영과 의의 직분을 가졌습니다. 십계명이나 율법을 볼 때 우리는 자신이 죄인이라는 것을 깨닫게 됩니다. 하지만 바울이 전해 준 그리스도 예수의 복음은 이렇게 말합니다.

> 그러므로 이제 그리스도 예수 안에 있는 자에게는 결코 정죄함이 없나니 이는 그리스도 예수 안에 있는 생명의 성령의 법이 죄와 사망의 법에서 너를 해방하였음이라(롬 8:1-2).

복음 안에 나타난 하나님의 의가 우리에게 거저 주어졌습니다. 모세의 직분이나 바울의 직분 모두 거룩하고 영광스러운 직분이지만 이렇게 큰 차이가 있습니다. 하나는 정죄하고, 하나는 자유케 합니다. 이것이 다가 아닙니다. 우리는 여기서 조금 더 나아가야 합니다.

산에서 하나님과 사십 주야를 보내고 내려온 모세의 얼굴에는 하나님의 영광의 광채가 남아 있었습니다(출 34장). 그 모습을 본 아론과 온 이스라엘 백성들은 두려워했습니다. 그들은 출애굽의 은혜를 입은 사람들이었지만 모세를 기다리는 동안 금송아지를 만들어 섬기는 무서운 죄를 범했습니다. 모세의 얼굴에 반사되는 하나님의 영광을 바라볼 때, 그들의 죄악이 숨길 수 없이 드러나는 것을 그들의 양심이 느꼈을 것입니다. 모세의 얼굴에 비친 하나님의 영광이 자기들을 정죄한다고 느꼈기에 그들은 심히 두려워했습니다. 그래서 모세는 사람들 앞에 설 때 수건으로 얼굴을 가려야 했습니다. 모세 얼굴의 광채는 모세가 죽을 때까지 계속되지는 않았습니다. 그것은 시간이 지나면서 사라지는 영광이었습니다. 그렇지만 수건으로 얼굴을 가림으로써 사람들은 모세의 얼굴에 반사된 하나님의 영광조차 바라볼 수 없었습니다. 이것은 아론과 그 백성에게 큰 손실이었습니다. 모세가 수건으로 가림으로써, 그들은 심판하시는 하나님에 대한 두려움을 피할 수 있었지만 "주의 영광을 보매 그와 같은 형상으로 변화하"는 축복을 누릴 기회는 잃어버렸습니다. 하나님의 형상으로 변화할 수 있는 기회를 상실한 것입니다.

> 그러나 그들의 마음이 완고하여 오늘까지도 구약을 읽을 때에 그 수건이 벗겨지지 아니하고 있으니 그 수건은 그리스도 안에서 없어질 것이라 (고후 3:14).

바울 사도는 모세가 쓴 이 수건을 좀 더 확장해서 설명합니다. 이스라엘 백성들이 성경을 읽고 있지만 수건이 마음을 덮고 있는 것처럼 완고하다는 것입니다. 이 완고함은 영적인 무지, 고집, 편견을 가리킵니다. 지성이 아니라 마음과 의지가 굳어지는 것입니다. 즉 하나님을 사랑할 마음, 하나님 말씀에 순종하고 살 마음이 없는 것입니다. 성경은 읽고 있습니다. 설교도 듣습니다. 성경공부도 합니다. 그러나 마음이 없습니다. 마음에 수건이 덮여 있기 때문입니다. 수건이 벗겨져 하나님의 영광을 볼 수 있기 전에는 그 완고함이 무너지지 않습니다. 성경말씀을 지적으로, 논리적으로 이해할 수 있지만 그 말씀에서 하나님의 영광을 보지 못합니다. 모세는 볼 수 있었지만 그 얼굴에 쓴 수건 때문에 그 얼굴에 비친 하나님의 영광을 백성들이 볼 수 없었던 것과 마찬가지입니다.

언제 그 수건이 벗겨질까요? "오늘까지 모세의 글을 읽을 때에 수건이 그 마음을 덮었도다. 그러나 언제든지 주께로 돌아가면 그 수건이 벗겨지리라"(고후 3:15-16). 주께로 돌아간다는 말은 중생과 회심을 통해 하나님께 돌아가는 것입니다. 주님이 니고데모에게 "거듭나지 아니하면 하나님의 나라를 볼 수 없느니라"(요 3:3)고 말씀하신 것과 같습니다. 거듭나지 않으면 수건이 그 마음을 덮고 있어서 하나님의 영광을 볼 수 없습니다. 아무리 성경을 읽고, 교회에 출석하고, 많은 봉사를 해도 소용이 없습니다.

마음에 덮인 수건이 벗겨지는 것이 중생입니다. 그것이 그리스도인의 삶의 관건입니다. 중생으로 죄인은 그 마음을 덮고 있는 수건이 벗겨져, 비로소 하나님께로서 난 자, 하나님의 자녀가 됩니다.

어떻게 그리스도의 형상으로 변화하는가?

하나님께로서 난 자들은 더 이상 정죄함 아래 있지 않습니다(롬 8:1). 그들은 예수 그리스도의 얼굴에 있는 하나님의 영광을 보면서도(고후 4:6) 아론이나 이스라엘 백성처럼 두려움으로만 반응하지 않습니다. 그들은 하나님의 자녀가 되었으며(요 1:12) 그들을 향한 하나님의 진노가 십자가에 달리신 그리스도께 이미 다 부어졌기 때문입니다. 그들은 성령이 거하시는 전이 되었습니다(고전 6:19). 이와 같이 주의 영이 있는 곳에는 율법의 구속이 아닌 자유함이 있습니다.

주는 영이시니 주의 영이 계신 곳에는 자유가 있느니라(고후 3:17).

이 자유는 하나님을 사랑하는 자유이며, 하나님의 말씀을 따라 사는 자유이고, 하나님 편에 서는 자유입니다. 또한 정죄함을 받지 않는 자유, 더 이상 율법의 저주와 형벌에 얽매이지 않는 자유, 마음으로부터 기쁘게 하나님을 섬길 수 있는 자유입니다. 로마서 12장 1-2절 말씀도 이런 차원에서 살펴볼 수 있습니다.

그러므로 형제들아 내가 하나님의 모든 자비하심으로 너희를 권하노니 너희 몸을 하나님이 기뻐하시는 거룩한 산 제물로 드리라 이는 너희가 드릴 영적 예배니라. 너희는 이 세대를 본받지 말고 오직 마음을 새롭게 함으로 변화를 받아 하나님의 선하시고 기뻐하시고 온전하신 뜻이 무엇인지 분별하도록 하라.

하나님의 뜻이 왜 궁금합니까? 하나님의 뜻대로 살고 싶기 때문입니다. 그래서 성경을 읽습니다. 성경을 통해 하나님의 기뻐하시는 뜻을 알고 싶고 깨닫고 싶은 것입니다. "주의 영광을 보매 그와 같은 형상으로 변화하여"(고후 3:18)라는 말씀에는 그리스도인 삶의 결정적이고 중요한 비밀이 담겨 있습니다. 그리스도인이 어떻게 그리스도의 형상으로 변화합니까? 어떻게 그리스도인이 그리스도의 성품을 반영하는 변화를 가지게 됩니까? "주의 영광을 보매."라는 말을 주목하십시오. 신자는 주의 영광을 볼 때 거룩해지고, 주의 영광을 볼 때 그리스도의 형상으로 변화합니다. 성경을 보는 만큼이 아니고, 기도하는 만큼이 아닙니다. 교회에 다닌 만큼도 아니고 봉사를 많이 한 만큼도 아닙니다. 주의 영광을 본다는 것은 하나님의 말씀인 복음의 진리 안에서 하나님이 얼마나 영광스러운 분인지 보고, 깨닫고, 하나님께서 복음 안에서 행하신 일이 얼마나 놀라운 일인지 알게 되는 것입니다. 즉 복음의 진리를 통해서 하나님을 깨달아 아는 것입니다. 가령 하나님의 말씀을 읽거나 공부할 때, 설교를 들을 때, 이전에 깨닫지 못했던 방식으로 하나님의 말씀이 살아서 자신의 내면을 파고 들어와 흔드는 순간을 경험하게 된다면, 그것이 바로 하나님의 영광을 보는 것입니다. 그 진리 속에서 우리는 눈에 보이지 않는 하나님의 영광을 믿음의 눈으로 보게 되고 그 은혜 안에 잠기게 됩니다. 여기에 기독교의 진수가 있습니다. 그리스도인들은 이 경험을 가진 사람들입니다. 이것이 바로 "주의 영광을 보매"라고 바울 사도가 쓸 때 의미한 것입니다.

신자의 삶 속에서 이러한 일들이 일어날 때 우리는 변합니다. 하나님의 영광을 볼 때 신자는 그리스도의 성품을 닮게 되고 그리스도의 성품을 드러냅니다. 이것은 자신의 노력이나 능력과 의지로 이루어지는 변화가 아닙니다. 신자는 "주의 영광을 보매 그와 같은 형상으로 변화하여" 자신 안에 거룩함이 충만해지고 그리스도의 성품과 형상이 이루어지는 것을 경험합니다. 주의 영광을 본다는 것은 하나님의 선하심을 맛보아 아는 것이고 (시 34:8), 하나님의 거룩하심의 아름다움을 경험하는 것입니다. 이것이 대단한 신비 체험을 통해서가 아니라, 진리의 말씀을 통해서 이루어진다는 사실에 주목하십시오. 말씀을 통해 성령님께서 우리 영혼에 깊은 영향을 주십니다. 그런 은혜의 경험은 그 사람의 영혼에 영적인 향기와 자국을 남깁니다. 마치 모세가 하나님의 영광을 본 뒤 그 얼굴에 광채가 나타났던 것처럼 말입니다. 계속해서 바울 사도는 "그와 같은 형상으로" 변한다는 말 뒤에 "영광에서 영광에 이르니"라는 말을 덧붙입니다. 이 말은 변화의 성격을 설명해 줍니다. 그리스도인은 중생과 회심을 통하여 거룩하고 영광스러운 존재가 됩니다. 그러나 이것은 장차 영원한 나라에서 누리고 얻게 될 영광의 보증일 뿐입니다. 그리스도인은 영광에서 영광에 이르는 자들입니다. 주의 형상으로 변하는 것은 처음부터 끝까지, 시작부터 완성까지 영광스러운 변화입니다.

"거울로 보는 것같이"라는 말에도 주목할 필요가 있습니다. 이 말은 우리가 이 세상에서 아무리 말씀을 통하여 하나님의 영광을 보며 큰 은혜를 체험한다 할지라도 영원 속에 들어가 하나님의 영광을 직접 보게 되는 것과 달리 제한적일 수밖에 없음을 보여 줍니다. 고린도전서 13장 말씀도 같은 맥락입니다. "우리가 지금은 거울로 보는 것같이 희미하나 그때에는 얼굴과 얼굴을 대하여 볼 것이요 지금은 내가 부분적으로 아나 그때에는 주께서 나를 아신 것같이 내가 온전히 알리라"(고전 13:12).

마지막에는 다음과 같이 이야기합니다. "주의 영으로 말미암음이니라." 이 변화는 의지의 역사가 아니라 성령의 역사입니다. 자신의 의지와 결단을 가지고 끊임없이 노력한 결과로 만들어진 변화가 아닙니다. 이것은 신자 안에 거하시는 성령님께서 하시는 일입니다. 사람의 노력이 필요 없다고 말하는 것이 아닙니다. 그 사람을 덮고 있는 수건을 벗기시고, 사람의 본성을 변화시키신 성령님께서 계속해서 복음의 진리 안에서 주의 영광을 보게 하심으로써 그 사람이 그리스도의 성품을 드러내고 성령의 열매를 풍성히 맺도록 변화시키신다는 것입니다.

구하고, 찾고, 두드리라

그러면 거듭난 하나님의 자녀들은 무엇을 해야 합니까?

은혜를 받아야 합니다. 계속해서 은혜를 받아야 합니다. 그러지 않으면 시간이 지날수록 점차 마음이 굳어집니다. 하나님은 은혜를 사모하는 사람에게 은혜를 주신다고 약속하셨습니다. 목마른 자에게 물을 주시겠다고 약속하셨습니다(사 44:3). 의에 주리고 목마른 자는 복이 있나니 그들이 배부를 것이라고 약속하셨습니다(마 5:6). 어떻게 은혜를 받을 수 있습니까? 계시의 말씀인 성경을 통해 하나님의 영광을 보아야 합니다. 신앙생활의 모든 근거는 하나님의 계시인 성경입니다. 하나님을 알아야 합니다.

신앙 위인들의 전기를 읽어 보십시오. 그들에게는 한 가지 공통점이 있습니다. 하나님의 말씀을 통해 주의 영광을 본 것입니다. 그들을 거룩하게 변화시킨 것은 진리의 말씀이었습니다. 그들은 진리의 말씀을 통해 주의 영광을 보았습니다. 한 번이 아니라 삶 속에서 지속적으로 그런 은혜를 구했고, 그 은혜를 경험하며 살았습니다. 이것이 없을 때, 이런 일이 우리 삶에 일어나지 않을 때, 우리의 신앙생활은 종교생활이 되고 맙니다. 진정으로 거듭난 그리스도인, 생명 있는 그리스도인, 예수의 성품을 닮아 가는 그리스도인은 이런 은혜를 구하는 사람입니다. 이것이 참된 그리스도인의 표지입니다.

당신은 어디에 서 있습니까? 종교인으로 머물러 있지는 않습니까? 마음을 덮은 수건이 벗겨져, 말씀을 통해 하나님의 영광을 보는 은혜를 누리고 있습니까? 하나님의 영광을 보려면 하나님 앞에서 시간을 보내야 합니다. 교회에 다니는 것이 우리를 변화시키지 않습니다. 주님 앞에 홀로 서야 합니다. 복음의 진리를 가지고 그분을 대면하십시오. 참된 그리스도인은 이러한 변화를 구하고 경험하는 사람입니다. 그리스도의 성품이 그 안에서 만들어지는 사람입니다. 그러므로 거듭난 신자들에게는 언제나 참된 말씀이 필요합니다. 종교개혁자 존 칼빈과 마르틴 루터가 참된 교회의 제1조건에 대해 한목소리로 말한 것은 말씀의 바른 선포였습니다. 오늘날 교회가 힘을 잃어 가는 이유는 강단의 타락 때문입니다. 고린도교회에서 일어난 거짓 교사들을 의식하면서 바울 사도는 다음과 같이 말했습니다.

우리는 수많은 사람들처럼 하나님의 말씀을 혼잡하게 하지 아니하고 곧 순전함으로 하나님께 받은 것같이 하나님 앞에서와 그리스도 안에서 말하노라(고후 2:17).

이에 숨은 부끄러움의 일을 버리고 속임으로 행하지 아니하며 하나님의 말씀을 혼잡하게 하지 아니하고 오직 진리를 나타냄으로 하나님 앞에서 각 사람의 양심에 대하여 스스로 추천하노라(고후 4:2).

여기서 바울은 "나는 오직 진리를 나타내겠다."라고 이야기합니다. 그러기 위해서 "하나님의 말씀을 혼잡하게 하지 않겠다"고 말합니다. 말씀을 혼잡하게 하는 것은 거짓 교사의 특징입니다. 그들은 하나님의 말씀을 혼잡하게 했습니다. '혼잡하게 했다'는 말은 그리스말로 '물을 탔다, 희석했다'는 뜻입니다. 마시기 쉽게, 사람들의 입맛에 맞게 복음에 적당히 물을 탄 것입니다. 이것이 교회의 타락입니다. 물탄 복음, 가짜 복음은 평생 들어도 그 속에서 하나님의 영광을 보는 일이 일어나지 않습니다.

A. W. 토저의 말이 생각납니다. "독은 독이로되 물을 너무 많이 타서 사람을 죽이지 못하는 독이 되었고, 약은 약이로되 물을 너무 많이 타서 사람을 살릴 수도 없는 약이 되었다." A. W. 토저가 20세기 중반의 미국 교회를 보면서 한탄한 말입니다. 말씀을 전하는 강단들이 타락해서 그곳에서 흘러나오는 말씀이 아무런 능력도 없는 복음이 되었다는 것입니다. 죄인을 구원하지도 못하고, 거듭난 신자를 거룩하게 변화시키지도 못하는 말씀이라는 것입니다. 작금의 상황도 그때와 별반 다르지 않은 것 같습니다. 우리에게는 참된 말씀이 절대적으로 필요합니다. 그러나 참된 말씀이 선포되는 것만으로는 부족합니다. 칼빈은 회중이 그 말씀을 바르게 들어야 한다는 것을 유독 강조했습니다. 우리는 참된 말씀을 간절히 원해야 하

고, 그 말씀을 분별해야 하고, 그 말씀을 통해 하나님의 영광을 보기를 간절히 사모해야 합니다. 물론 이 모든 은혜가 주어지기 위해 선행되어야 하는 일은 수건이 벗겨지는 중생의 은혜입니다. 이보다 더 중요한 것은 없습니다. 하나님께서 수건을 벗기기 위해 사용하시는 것도 바로 그분의 말씀입니다. 물 탄 복음이 아닌 진짜 하나님의 말씀입니다.

어떤 부인이 하나님을 믿고 싶어 했습니다. 복음을 잘 들었지만 믿을 수가 없었습니다. 믿고 싶은데 믿어지지가 않는 것입니다. 그래서 복음을 전한 분이 그 부인에게 말했습니다. "당신의 마음을 덮고 있는 수건이 있는 것 같습니다. 하나님께서 그것을 벗겨 주시도록 간절히 기도하십시오." 그 날부터 부인은 간절히 기도했습니다. 몇 주 후 복음전도자가 그녀를 만났을 때, 그녀는 이미 그리스도인이 되어 있었습니다. 하나님께 나아가서 간절하게 구한 결과, 하나님께서 그녀의 마음을 덮고 있는 수건을 벗겨 주셔서 복음 안에 있는 영광을 보게 하신 것입니다.

아직 거듭나지 않았다면, 하나님께서 자기 마음에 덮인 수건을 벗겨 주시기를 간구해야 합니다. 인간적인 노력으로 종교생활하는 것을 내려놓고 성령님께서 당신을 이끌어 가시고 역사하시기를 구하십시오. 그리고 당신이 마음의 수건이 벗겨진 거듭난 그리스도인이라면, 그리스도의 성품이 마땅히 하나님의 자녀들에게 맺어지듯 당신 안에서 그리스도의 영광스러운 성품이 맺어지도록 간청하십시오. 주님의 약속은 분명합니다. 구하는 자는 얻고, 찾는 이는 찾으며, 문을 두드리는 이에게는 열릴 것입니다(마 7:8). 신실하신 주님의 약속을 믿고 하나님 앞에 나아가 구하십시오.

1. 저자는 신자 안에 성령의 열매, 즉 그리스도의 성품이 나타나는 것은 성숙의 문제이기 전에 구원의 문제라고 강조합니다. 저자가 이렇게 주장하는 근거는 무엇입니까?

2. 바울 사도는 중생을 수건이 벗겨지는 것에 비유합니다(고후 3:15-16). 즉 사람은 마음을 덮고 있는 수건이 벗겨지는 중생이 있어야만 비로소 말씀에서 하나님의 영광을 볼 수 있습니다. 이 말이 성령으로 거듭난 사람만이 그리스도의 성품을 나타낸다는 명제를 어떻게 설명합니까?(고후 3:18)

3. 저자는 성령의 열매(그리스도의 성품)는 사람이 노력이나 자기 수양으로 스스로 만들 수 있는 성품과 다르다고 말합니다. 이 두 가지를 구별하는 것이 왜 중요합니까? 이 두 가지를 어떻게 구별할 수 있습니까?

4. 하나님의 말씀을 바르게 설교하고 전하는 것이 참된 성도 안에서 성령의 열매를 맺고 그리스도의 성품을 나타내는 데 왜 절대적으로 중요합니까?

7. 은혜를 구하는가, 자기 영광을 구하는가?

지극히 존귀하며 영원히 거하시며 거룩하다 이름하는 이가 이와 같이 말씀하시되 내가 높고 거룩한 곳에 있으며 또한 통회하고 마음이 겸손한 자와 함께 있나니 이는 겸손한 자의 영을 소생시키며 통회하는 자의 마음을 소생시키려 함이라.

이사야 57:15

"겸손하십니까?"

이 질문은 직접 물어보기 민망한 질문일 수 있습니다. 이 질문에 누군가 "예, 저는 겸손합니다."라고 대답한다면 오히려 겸손하지 않게 느껴질 것입니다. 반대로 "저는 겸손하지 않습니다. 교만합니다."라고 대답하면 정말 교만한 것인지, 겸손해서 그렇게 말하는 것인지 혼란스러울 것입니다. 이 질문은 그런 미묘한 질문입니다. 그럼에도 불구하고 제가 이 질문을 던지는 까닭은 우리가 어떤 대답을 하든 하나님께서 판단하실 것이기 때문입니다.

겸손하십니까?

겸손한가, 겸손하지 않은가(교만한가)의 문제는 그 사람이 덕이 있는가를 묻는 것이 아닙니다. 이 질문 역시 지금까지 던진 다른 질문과 같이 그리스도인인가, 그리스도인이 아닌가를 묻는 질문입니다.

참된 신앙을 가진 그리스도인은 겸손한 영을 가진 사람입니다. 아무리 대단한 신앙고백을 하고, 신앙이 뜨겁고, 교회에서 잘 가르쳐도 겸손의 영을 가지지 않았다면 그는 그리스도인이 아닙니다.

하나님을 아는 지식과 겸손

겸손이 왜 그리스도인과 비그리스도인을 나눌 만큼 중요한 문제일까요? 이사야 57장 15절을 보십시오.

> 지극히 존귀하며 영원히 거하시며 거룩하다 이름하는 이가 이와 같이 말씀하시되 내가 높고 거룩한 곳에 있으며 또한 통회하고 마음이 겸손한 자와 함께 있나니 이는 겸손한 자의 영을 소생시키며 통회하는 자의 마음을 소생시키려 함이라.

저는 이 구절이 성경에 기록된 수많은 말씀 가운데 우리를 정말로 놀라게 하는 말씀 중 하나라고 생각합니다.

이 말씀을 읽을 때 우리는 놀라야 합니다. 이 말씀이 무슨 뜻인지 안다면 놀라지 않을 수 없습니다. 이 구절은 하나님이 어떤 분인지 설명합니다. 지극히 존귀한 분이고, 영원히 거하시는 분이며, 이름이 거룩하시고, 높고 거룩한 곳에 계신 분입니다.

"지극히 존귀하며"라는 말의 의미를 아십니까? 우리는 "이 사람은 존귀한 사람이다."라거나 "이 사람이 저 사람보다 존귀하다"고 말할 때가 있습니다. 그러나 "지극히 존귀하다"는 말의 정확한 뜻은 모릅니다. "영원하다"는 말도 마찬가지입니다.

히브리 사람들에게 이름은 그 사람의 속성과 성품과 깊이 관련되어 있었습니다. 즉 "거룩하다 이름하는 이"라는 말은 "하나님의 속성은 거룩하십니다."라는 말입니다. 이런 하나님을 우리는 얼마나 알고 있습니까?

세상에는 존귀한 사람이 많지만, 그런 사람들을 만나는 것은 쉽지 않습니다. 해마다 세계적인 투자가 워런 버핏과 점심을 먹을 수 있는 티켓을 얻기 위한 경매가 열립니다. 2019년에는 456만 7888달러(한화 약 54억 746만 원)에 낙찰되었습니다. 점심 한끼를 같이 하는 가격이 말입니다. 이것을 보면 그는 세계적으로 존귀하게 여겨지는 인물임에 틀림없습니다.

그렇다고 해서 그에게 "지극히 존귀하다"고 말하지는 않습니다. 사람 중에는 그런 존재가 없기 때문입니다. 역사적으로 제국을 다스린 왕 앞에서 그렇게 말할 수도 있겠지만 실제로 그렇게 느끼지는 않습니다. 오직 하나님만이 "지극히 존귀한" 분입니다.

또한 하나님은 영원히 거하시는 분입니다. 우리는 시간 속에서 태어나 시간에 매여 존재하고 살아갑니다. 그런 우리가 '영원'이라는 개념을 어떻게 이해할 수 있겠습니까?

우리는 하나님의 이름이 '거룩'하시다고도 이야기합니다. '거룩하다'는 말의 뜻은 '분리하다', '구별된다'는 것입니다. 티끌만 한 오점이 있어도 거룩하신 하나님과 함께 거할 수 없습니다.

솔로몬은 이 사실을 잘 알았습니다. 그래서 하나님의 처소로 불리는 성전을 건축한 뒤, 하나님 앞에 그 성전을 봉헌하면서 이렇게 기도했습니다.

> 하나님이 참으로 사람과 함께 땅에 계시리이까. 보소서 하늘과 하늘들의 하늘이라도 주를 용납하지 못하겠거든 하물며 내가 건축한 이 성전이오리이까(대하 6:18).

기가 막히게 멋진 성전을 지어 놓고 그는 "하나님, 너무 훌륭하죠? 이제는 여기서 사세요. 너무 멋있죠?"라고 말하지 않았습니다.

하나님을 진정으로 아는 모든 사람은 이것을 압니다. 하나님은 그분이 창조하신 피조물 안에 거하실 수 없는 거룩하신 하나님입니다. 하늘의 하늘이라도 하나님을 감당할 수 없습니다. 그런 하나님께서 "통회하고 마음이 겸손한 자와 함께 있나니"라고 말씀하는 것은 정말 놀랍습니다. 하늘의 하늘이라도 감당할 수 없는 하나님께서 통회하는 마음, 상한 마음, 깨어진 마음, 죄 때문에 애통하는 마음, 하나님의 은혜가 필요하기 때문에 하나님 앞에 엎드린 겸손한 자와 함께하신다는 것입니다.

그분은 마음이 겸손한 자와 함께 계십니다. 교만하고, 고귀하고, 이 땅에서 존귀하다 일컬어지는 사람들, 황제나 최고 통치자와 함께 계신 것이 아니라 통회하는 사람, 마음이 겸손한 사람, 이 땅에서 지극히 낮은 사람과 함께 거하신다고 말씀하십니다. 정말 놀라운 말씀이 아닐 수 없습니다.

기준이 다르다

이사야 57장 15절에는 겸손에 대한 놀라운 통찰이 있습니다. 그것은 하나님을 아는 지식이 참된 겸손을 만든다는 것입니다. 성경의 계시를 통해서 하나님이 어떤 분이신지 알게 될수록 그 사람의 영혼은 겸손해집니다.

겸손은 연기(演技)가 아닙니다. 사람들 앞에서 의도적으로 취하는 행동도 하나님이 보시는 겸손과 아무 상관이 없습니다. 성경적 겸손은 지극히 거룩하고 존귀하신 하나님 앞에서 자기 자신의 존재를 정확하게 인식하는 것입니다. 하나님을 아는 지식에 비추어 자신을 정확히 아는 것입니다. 그것이 진짜 겸손입니다. 그래서 칼빈은 『기독교강요』에서 하나님을 알고 자

기 자신을 아는 이중 지식이 인간에게 본질적으로 가장 필요한 지식이라고 말했습니다.[1]

인간이 이 이중 지식을 제대로 가지게 된다면 참으로 겸손해질 것입니다. 겸손하지 않을 수 없게 됩니다. 만약 하나님을 알고 자신을 아는데도 겸손하지 않다면 그 사람은 하나님을 모르는 것입니다. 이 점에서 그리스도인의 참된 신앙은 겸손의 영을 가지는 것입니다.

당신은 "겸손하십니까?"라는 질문에 뭐라고 대답하시겠습니까? 조나단 에드워즈가 이런 말을 했습니다. "영적 교만의 확실한 표지 하나는 자신의 겸손함을 높이 평가하는 경향이다."[2]

거짓된 신앙 감정은 거의 다 이러한 교만의 특성을 내포합니다. 신앙 체험이든, 영적인 지식이든, 모든 면에서 자신의 체험이나 지식을 높이 평가합니다. 그러나 체험이든, 지식이든, 그것이 참으로 하나님과 관계된 것이라면 그는 하나님 앞에서 자신의 작음을 인식하지 않을 수 없습니다.

정말 겸손한 사람은 자기가 겸손하지 못하다고 느낄 것입니다. 자기가 교만하다고 느낄 것입니다. 근본적으로 기준이 다르기 때문입니다.

그는 하나님께서 이 땅에 인간의 몸을 입고 오셔서 무명의 목수로 사셔야 했으며, 사람들에게 잡혀 모진 욕과 고난을 받으시고, 십자가에서 죽으셔야 했다는 사실을 생각합니다. 그리고 "나는 마음이 온유하고 겸손하니 나의 멍에를 메고 내게 배우라"(마 11:29)고 하신 주님의 말씀을 기억합니다. 그래서 겸손한 사람은 자기가 겸손하지 못하다는 것을 깨닫고, 주님과 같은 겸손함을 갈망합니다. 옆에 있는 동료들이 아니라 주님이 그의 기준이기 때문입니다.

부당한 대우를 받고 무시를 당할 때에도 주님을 생각하며 참을 수 있는 것은 겸손의 영입니다. 하나님을 깊이 인식하는 사람은 자기가 무가치하다는 것을 더 많이 보게 됩니다. 노력해서가 아니라, 아브라함과 같이 "티끌이나 재와 같다"고 스스로 고백하게 되는 것입니다(창 18:27). 이런 겸손은 오직 그리스도인, 하나님을 아는 사람들만이 가질 수 있는 영적인 특성입니다.

자기 자신을 잊어버리는 것

또한 참된 겸손은 자기 자신을 주목하지 않고 잊어버리는 것입니다. 진짜 은혜를 받은 사람은 자신의 체험을 대단하게 여기지 않습니다. 하나님의 임재에 압도당하여 더 이상 자신의 존재에 주목하지 않기 때문입니다.

조나단 에드워즈가 모세에 대하여 다음과 같이 말했습니다. "산에서 하나님과 대화를 나누고 다른 사람들의 눈이 부실 정도로 모세의 얼굴이 빛나게 되었을 때, 그는 자신의 얼굴이 빛난다는 것을 알지 못했다."[3] 이와 같이 겸손은 자기를 잊어버리는 것, 자기를 주목하지 않는 것입니다.

우리가 알다시피 베드로는 주님을 부인했던 사람입니다. 그 사건이 복음서에 여러 번 기록되어 있습니다. 특이한 것은 마태복음과 누가복음뿐 아니라 마가복음까지 이것을 기록했다는 사실입니다.

마가복음을 기록한 사람은 마가입니다. 마가는 베드로의 제자였습니다. 그가 베드로의 말을 단순히 받아 적은 것은 아니지만, 그는 베드로를 통해서 복음을 들었고, 베드로가 주님과 동행했던 이야기를 듣고 마가복음을 썼습니다. 마태복음과 누가복음은 주님을 배신한 베드로가 닭 울음소리를 듣고 깨달은 상황을 다음과 같이 기록했습니다. "밖에 나가서 심히 통곡하니라"(마 26:75; 눅 22:62). 그런데 베드로의 영향을 받아 마가복음을 쓴 마가는 "생각하고 울었더라"(막 14:72)라고 좀 더 단순하게 썼습니다. 베드로는 이 부분을 더 자세하게 기록하며 자신을 변호할 수 있었지만 그러지 않았습니다. 물론 성령의 영감을 받아 오류 없는 하나님의 계시의 말씀으로 쓴 것이라는 점을 생각하더라도, 이것은 자신을 중요하게 여기지 않는 겸손을 보여 줍니다.

은혜를 받아서 겸손해진 사람은 자신의 겸손에 대해서 많이 말하지 않습니다. 자신을 주목하거나 자신에게 집중하지 않습니다. 바울 사도도 삼층천에 올라갔던 무아경의 경험을 매우 겸손하게 기록하고 있습니다(고후 12:1-5). 사도 바울은 고린도교회가 자신의 사도성을 의심했을 때에도 다음과 같이 썼습니다.

> 너희에게나 다른 사람에게나 판단받는 것이 내게는 매우 작은 일이라. 나도 나를 판단하지 아니하노니 내가 자책할 아무것도 깨닫지 못하나 이로 말미암아 의롭다 함을 얻지 못하노라. 다만 나를 심판하실 이는 주시니라. 그러므로 때가 이르기 전 곧 주께서 오시기까지 아무것도 판단하지 말라. 그가 어둠에 감추인 것들을 드러내고 마음의 뜻을 나타내시리니 그때에 각 사람에게 하나님으로부터 칭찬이 있으리라(고전 4:3-5).

바울은 사람들이 자신을 어떻게 평가하든, 자신에 대해 뭐라고 말하든, 중요하게 여기지 않았습니다. 자기 자신을 잊어버린 것입니다. 자신에 대한 자기 자신의 평가조차 중요하지 않다고 말합니다. 중요한 것은 오직 하나님의 판단입니다. 지극히 존귀하고 거룩하신 하나님을 알지 못했다면 그는 결코 자기중심성을 떨쳐 낼 수 없었을 것입니다. '중요한 것은 사람들의 판단도, 자기 자신의 생각도 아니고 오직 하나님께서 아시는 것이다.' 이것이 겸손의 영입니다.

물론 쉽지 않은 문제입니다. SNS가 대중화되어 악플 때문에 자살하는 사람들까지 생겨나는 세상입니다. 특히 대중에게 널리 알려진 공인들은 이 문제로 많은 어려움을 겪을 것입니다.

하지만 유명인들만의 문제가 아닙니다. 우리도 마찬가지입니다. 누군가 우리에 대해 좋지 않게 말하거나 저속한 말로 비난하는 것을 들으면 억울해서 잠이 오지 않습니다.

저도 그런 경험이 있습니다. 오래전 설교 동영상에 어떤 분이 가명으로 악플을 적었습니다. 매우 불쾌했던 경험입니다. 단 한 사람의 악플과 같은 사소한 일이 사람을 힘들게 할 수 있습니다.

하나님의 사람이라고 불릴 만한 D. L. 무디에 관하여 전해지는 일화가 있습니다. 그가 보스턴에서 집회를 할 때였습니다. 무디의 집회는 보스턴 지역의 큰 뉴스였습니다. 집회 전날 무디와 함께 일하는 사람이 흥분하면서 지역 신문을 하나 가지고 들어왔습니다. 거기에는 무디에 대한 거짓 기사와 비난이 적혀 있었습니다. 그것을 본 무디는 이렇게 얘기했다고 합니다. "다행입니다. 이 기자가 정말로 나를 알았다면 얼마나 더 힘하게 비난했을까요?"

무디뿐 아니라 여러 신앙 위인의 전기를 읽어 보면, 그들도 비슷한 일을 경험했다는 것을 알 수 있습니다. 그럴 때 그들이 보인 반응은 위선이 아닐까 느껴질 만큼 하나님 앞에서 자신이 아무것도 아님을 이야기합니다.

사람들의 칭찬과 갈채와 인정에 우리의 마음이 부풀어 올라가는 것과 사람들의 비난과 모함에 우리의 마음이 낙심되고 좌절하는 것은 본성적 반응입니다.

하나님을 아는 사람은 바울이 말씀한 것같이 "너희에게나 다른 사람에게나 판단받는 것이 내게는 매우 작은 일이라"고 고백할 수 있어야 합니다. 하나님을 아는 사람은 하나님의 판단을 가장 중요하게 여깁니다. 그리고 그것을 삶 속에서 실감하며 살아갑니다. 그들에게 중요한 것은 '하나님이 나를 어떻게 보시느냐?'입니다.

그래서 신앙은 논리 이상입니다. 예컨대 "믿는 자 안에 성령이 거하십니다. 나는 하나님을 믿습니다. 나는 예수 그리스도를 나의 주요, 나의 구주로 믿습니다. 그러므로 성령님이 내 안에 계심을 압니다."와 같은 논리 그 이상입니다.

참된 신자는 '지극히 존귀하시고, 거룩하시고, 무한 광대하신 하나님께서 어떻게 나처럼 더럽고, 추하고, 먼지 같은 존재와 함께하실 수 있는가?' 질문합니다. 성령님께서 자기 안에 거하신다는 사실을 단순하게, 혹은 당연하게 받아들일 수 있는 것으로 생각하지 않습니다. 성경에 기록된 약속을 안 믿는다는 이야기가 아닙니다. 그러한 약속의 말씀을 당연한 것으로 받아들이는 것이 아니라 감당할 수 없는 은혜의 기적이라고 생각합니다. 성령님이 우리 안에 내주하신다는 사실이 단순한 논리가 아닌 기적으로 다가오는 것입니다. 하나님이 어떤 분이신지 배우고, 경험하고, 알아갈 때 신자는 이런 겸손으로 인도함을 받습니다.

팔복과 겸손

주님께서 말씀하신 팔복을 생각해 보십시오. 주님은 "심령이 가난한 자는 복이 있나니 천국이 그들의 것임이요"(마 5:3)라고 말씀하셨습니다. 이 말씀은 "지극히 존귀하며 영원히 거하시며 거룩하다 이름하는 이가 이와 같이 말씀하시되 내가 높고 거룩한 곳에 있으며 또한 통회하고 마음이 겸손한 자와 함께 있나니 이는 겸손한 자의 영을 소생시키며 통회하는 자의 마음을 소생시키려 함이라"(사 57:15)라는 말씀에 대한 주님의 주석, 혹은 설교라고 할 수 있습니다.

높고 거룩한 곳에 거하시는 하나님께서 심령이 가난한 자에게 오셔서 그 안에 거하십니다. 천국은 바로 그리스도 자신이고, 하나님께서 다스리시는 곳이고, 하나님이 거하시는 곳이므로 그 사람의 심령은 천국이 됩니다. 팔복은 신자가 지켜야 할 새로운 율법이 아니라 신자의 특성에 대한 설명입니다. 신자는 심령이 가난한 사람입니다. 이것을 이사야서는 "마음이 겸손한 자"라고 표현한 것입니다.

이어서 주님은 다음과 같이 말씀하셨습니다. "애통하는 자는 복이 있나니 그들이 위로를 받을 것임이요"(마 5:4). 왜 애통합니까? 죄를 인식하기 때문입니다.

그리스도인은 죄 때문에 애통하는 사람입니다. 비로소 하나님의 빛 앞에서 자기의 죄와 죄성을 인식하게 되었기 때문입니다. 이것을 이사야서에서는 "통회"로 표현했습니다. 이런 사람은 복이 있습니다. 하나님께서 그에게 찾아와 거하시며 그의 영과 마음을 소생시켜 주실 것이기 때문입니다. 시편에서 다윗이 하나님은 상한 마음을 기뻐하신다고 한 것과 같습니다(시 51:17).

이와 같은 마음을 보여 주는 또 다른 예가 마태복음 15장에 기록되어 있습니다.

예수님께서 두로와 시돈 지방으로 들어가셨을 때의 일입니다(마 15:21-28). 두로와 시돈 지방은 이스라엘 북부 이방인의 땅입니다. 이스라엘 땅이 아닙니다. 성경은 예수님께서 왜 그곳에 가셨는지에 대해 설명하지 않습니다. 그곳에서 한 여자가 소리를 지르며 예수님께 다가왔습니다. "주 다윗의 자손이여, 나를 불쌍히 여기소서. 내 딸이 흉악하게 귀신 들렸나이다."라고 절박하게 소리를 질렀습니다. 그러나 주님은 한마디도 대답하지 않으십니다. 이방인인 그 여자를 무시하신 것입니다.

사실 이방인이 "주 다윗의 자손이여"라고 말하는 것이 이상합니다. 이스라엘 백성들은 스스로를 다윗의 자손이라고 여김으로써 하나님께서 다윗과 맺으신 언약을 주장할 수 있었지만 가나안 사람이었던 그녀는 그럴 수 없기 때문입니다.

주님이 무시하시자 제자들이 "그 여자가 우리 뒤에서 소리를 지르오니 그를 보내소서."라고 말씀드립니다. 그러자 주님은 "나는 이스라엘 집의 잃어버린 양 외에는 다른 데로 보내심을 받지 아니하였노라." 하시며 또다시 그녀를 무시하셨습니다. 무시당한 그녀는 절을 합니다. 한 번 더 엎드리는 것입니다. 그러면서 "주여, 저를 도우소서."라고 간절히 매달립니다. 주님께서 또 말씀하십니다. "자녀의 떡을 취하여 개들에게 던짐이 마땅하지 아니하니라." 주님은 이렇게 세 번이나 그녀를 무시하셨습니다. 그러자 여인이 "주여, 옳소이다마는 개들도 제 주인의 상에서 떨어지는 부스러기를 먹나이다."라고 대답합니다. 이 말은 "주님, 저는 개입니다. 개가 먹을 부스러기라도 던져 주십시오."라는 뜻입니다. 이 여인은 주님이 하신 모욕적인 말씀을 다 수긍하고 있습니다. 그때 주님께서 이렇게 말씀하십니다. "여자여, 네 믿음이 크도다. 네 소원대로 되리라."

이 여인은 주님 앞에서 자신의 존재 따위에 신경을 쓰지 않았습니다. 그녀는 오직 귀신 들린 딸이 놓임을 받아야 하며, 주님께서 그 일을 능히 하실 수 있다는 생각뿐이었습니다. 그녀의 믿음이 그녀를 이런 겸손으로 이끌었습니다. 주님은 그 믿음을 칭찬하셨습니다. 이 여인이 보여 준 겸손이 바로 심령이 가난한 상태입니다. 이런 사람은 겸손으로 자신이 하나님의 사람임을 증명합니다. 이런 사람은 반드시 은혜를 받습니다.

그러나 더욱 큰 은혜를 주시나니 그러므로 일렀으되 하나님이 교만한 자를 물리치시고 겸손한 자에게 은혜를 주신다 하였느니라(약 4:6).

비할 수 없는 더욱 큰 은혜를 하나님께서 겸손한 자에게 주신다고 약속하십니다. 베드로전서 5장 5절도 똑같은 말씀입니다. "하나님은 교만한 자를 대적하시되 겸손한 자들에게는 은혜를 주시느니라." 이것은 성경 전체의 일관된 말씀입니다.

참된 겸손의 특징

참된 겸손의 중요한 특징은 자기를 부인하는 것입니다. 성경적인 자기부인은 이 세상의 쾌락을 즐기는 욕구들을 부인하는 것만이 아닙니다. 자신을 높이려는 자존심의 욕구를 거부하고 주님을 높이려는 마음을 가지는 것입니다.

하나님을 모르고 참된 신앙이 없어도 사람은 세상의 욕구를 어느 정도 다스릴 수 있습니다. 이런 모습은 다른 종교에도 많이 있고, 교회 안에서도 거짓된 겸손의 형태로 나타나곤 합니다.

그러나 참된 겸손에 속한 자기부인은 자기를 낮추고 주님을 높이려는 갈망입니다. 자존심이 아니라 주님의 이름을 높이고, 주님의 이름이 높아지기를 원하는 심정을 가지고 사는 것입니다. 참된 신앙이 아니면 이런 마음과 심정을 가지고 살 수 없습니다.

당신을 지치게 하고, 힘들게 하고, 낙담하게 하고, 괴롭게 하여 기도하게 하는 것은 당신의 이름입니까, 아니면 하나님의 이름입니까? 하나님의 이름이 당신의 삶을 통해 높임을 받으시도록 하는 자기부인이 진정한 겸손입니다. 또한 겸손한 영은 언제나 회개하고 통회하는 영과 만나게 됩니다. 하나님께서 겸손과 통회하는 마음을 함께 다루시는 것은 이상한 일이 아닙니다. 이 두 가지는 늘 동행합니다. 그래서 겸손한 사람은 회개합니다. 그의 기도에는 회개가 있습니다.

누가복음에 기록된 바리새인과 세리의 기도의 차이가 무엇입니까?(눅 18:9-14) 바리새인의 기도에는 회개가 없었지만, 세리의 기도는 회개 그 자체였습니다.

겸손한 영은 회개하고 통회하는 영입니다. 겉으로 드러난 행위뿐 아니라 자기 안에 있는 교만을 회개합니다. 그것이 행동과 태도로 나타나지 않았을지라도 누군가를 무시하는 마음을 가진 것 때문에 상한 마음으로 하나님 앞에서 회개하는 것입니다.

방지일 목사님은 "기도는 죄를 찾는 현미경이다."라고 말씀하셨습니다. 매우 적절한 표현이라고 생각합니다. 평소에는 자신이 의롭고 다른 사람보다 나아 보이는 것 같지만, 기도로 하나님 앞에 나아갈 땐 자신이 먼지와 재밖에 안 되는 존재라는 것을 알게 되고, 이전에 생각하지 않았던 것들이 죄로 인식되어 회개하게 되는 것입니다. 심지어 자신이 무시를 당했거나 부당하게 대우를 받은 것 때문에 힘들어하고 괴로워했던 것도 회개하게 됩니다. 이것은 하나님보다 다른 사람의 판단을 중요하게 여기고 크게 여겼다는 증거이기 때문입니다.

"주님, 저는 주님이 저를 아시는 것 하나로 만족합니다."라고 고백하는 것이 겸손입니다. 그래서 겸손한 영을 가진 사람, 회개하는 사람은 강합니다. 사람들의 판단에 좌우되는 사람들은 "너희나 다른 사람에게 판단받는 것은 나에게 작은 일이다. 그것이 나를 좌우하지 않는다. 너희가 나를 인정하지 않는 것이 괴로움이 될 수 있지만 그것 때문에 내가 죽고 사는 것은 아니다."(고전 4:3-4 참조)라고 고백하는 바울을 당할 수 없습니다.

이와 같이 참된 자기부인은 통회하고 회개하는 심령을 낳습니다. 하나님 앞에서 자신의 존재를 보기 때문에 그렇게 하는 것입니다. 하나님의 은혜 없이 사람은 자기 힘으로 진정한 자기부인을 할 수 없습니다. 회개도 마찬가지입니다. 하나님의 은혜 없이는 진정한 회개를 할 수 없습니다.

조나단 에드워즈가 이에 관하여 매우 실제적인 이야기를 했습니다. "자신의 악함에 대해 많이 이야기하는 사람 대부분은 다른 사람들이 자신을 탁월하고 훌륭한 성도로 인정하는 것이 마땅하다고 기대한다. 어떤 목회자가 개인적으로 그들이 정말 자신들이 고백하는 것처럼 매우 저급하고 연약한 그리스도인들일지도 모른다는 두려운 마음이 들었고, 엄숙하게 그들의 열매 없음과 무익함, 그리고 그들이 다른 사람들에게 뒤쳐져 있다는 것을 숙고해야 할 것이라고 생각했다는 것을 알려 주면 그들은 이 모든 말을 결코 수용하거나 소화해 내지 못한다. 오히려 자신들이 큰 상처를 받았다고 생각할 것이고, 목회자에 대해 뿌리 깊은 편견을 갖게 될 것이다."[4]

예리한 지적입니다. 이처럼 겸손은 우리 모두에게 매우 예민한 문제입니다. 누군가 "나는 죄인입니다. 형편없는 사람이에요."라고 할 때 "저도 그렇게 생각합니다. 정신 똑바로 차리고 하나님 앞에서 자신을 살피십시오."라고 말한다면 그 사람은 상처를 받을 것이 분명합니다. 사실상 우리의 연약한 부분이고, 우리가 참으로 은혜가 필요한 이유입니다.

은혜의 영적 원리

참된 그리스도인은 겸손의 영을 가진 사람입니다. 참된 신자는 "당신은 겸손합니까?"라는 질문에 "예, 저는 겸손합니다."라고 대답하는 대신 참으로 겸손해지기를 구하며, 참된 겸손의 영을 갈망합니다. 물론 정도는 다를 수 있습니다. 그러나 자신의 교만을 회개하면서 "주님, 제게 겸손의 영을 주옵소서. 지극히 존귀하고, 영원히 거하시며, 거룩하시고, 무한 광대하신 하나님을 더 알게 하여 주옵소서. 거룩하신 하나님 앞에서 저의 참된 모습을 보게 하여 주옵소서."라고 구하는 마음이 있다면 참된 은혜 가운데 있거나 은혜에 가까이 있는 것입니다.

하지만 이런 기도가 당신에게 아무 의미가 없다면 그것은 당신의 영혼이 매우 위험한 상태에 있다는 것을 보여 줍니다.

어떤 사람들은 자신과 자신의 삶이 만족스럽지 않아서 절망스러운 마음으로 살아갑니다. 이러한 상태는 하나님께서 말씀하신 '통회함'도 '겸손'도 아닙니다. 채워지지 않는 그의 불만족은 오직 하나님만 채우실 수 있습니다. 그러므로 자신의 절망적인 상태가 하나님의 은혜를 받는 기회가 되게 해 달라고 구해야 합니다.

우리는 모두 은혜가 필요합니다. 참된 은혜를 경험해야 합니다. 그러지 않으면 우리 안에서 겸손이 자라나지 않습니다. 우리 안에서 겸손이 풍성해질 수 없습니다. 은혜는 자격 없는 자에게 주어지는 호의입니다. 이 점에서 우리 같은 죄인에게 주어지는 하나님의 은혜는 무한한 은혜입니다. 무한한 은혜를 맛본 자들은 탁월하게 거룩해져야 할 무한한 이유를 발견합니다.

은혜를 받으면 점점 더 하나님의 크심과 거룩하심과 선하심과 영광에 압도당하고, 자신의 죄성을 더 많이 인식하게 됩니다. 이 은혜가 심령을 참으로 겸손하게 만들고, 통회하게 만듭니다. 그래서 참된 은혜가 없으면 참된 겸손도 없습니다. 겸손은 그 사람이 참된 은혜를 받은 사람인 것을 보여 주는 강력하고도 참된 증거입니다.

하나님께서는 마음이 겸손한 자와 함께하십니다. 또한 "겸손한 자의 영을 소생시키며 통회하는 자의 마음을 소생"시키십니다(사 57:15). 무한히 자비로운 약속입니다. 이러한 은혜를 구하지 않을 수 없습니다.

우리는 은혜가 필요한 존재입니다. 겸손은 은혜의 증거입니다. 하나님은 겸손한 자, 참된 겸손을 갈망하는 자에게 은혜를 주십니다. 은혜를 받은 사람이 계속해서 더 많은 은혜를 누리게 되는 것은 단순한 순환 논리가 아닌 영적 원리입니다. 우리가 그 은혜 안에 들어간다면 얼마나 복된 일이겠습니까? 그런 은혜를 구하십시오!

1. 사람들이 일반적으로 말하는 겸손과 성경이 말하는 참 신앙의 표지로서의 겸손은 어떤 차이가 있습니까?

2. "지극히 존귀하며 영원히 거하시며 거룩하다 이름하는 이(하나님)가 … 통회하고 마음이 겸손한 자와 함께 있나니"(사 57:15)라는 말씀을 이해하고 깨달을 때 어떤 생각과 감정이 생깁니까?

3. 겸손의 기만적인 성격은 무섭습니다. 당신은 "영적 교만의 확실한 표지 한 가지는 자신의 겸손함을 높이 평가하는 경향이 있다는 것이다."라는 조나단 에드워즈의 말에 공감할 만한 경험을 한 적이 있습니까?

4. 저자는 참된 겸손의 특징을 자기부인과 회개(통회)하는 영이라고 말합니다. 이것은 자존심에 대해 죽고 하나님에 대하여는 살아 있는 심령입니다. 당신이 특정 상황에서 반응하는 방식이 자기부인과 회개(통회)하는 영을 나타내고 있습니까? 당신이 생각하는 것은 사람들 눈에 비치는 모습입니까, 아니면 하나님께서 보시는 모습입니까?

5. 오직 하나님만 채워 주실 수 있는 인간 실존의 근원적 만족이 있습니다. 당신은 이러한 사실을 정직하게 인정합니까? 겸손하고 통회하는 심령으로 하나님의 은혜를 구하며 살도록 주님의 도우심을 간구하십시오.

8. 하나님을 경외하는가, 방종하는가?

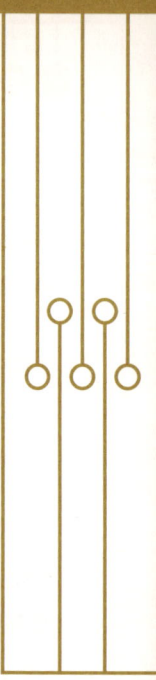

그런즉 사랑하는 자들아 이 약속을 가진 우리는 하나님을 두려워하는 가운데서 거룩함을 온전히 이루어 육과 영의 온갖 더러운 것에서 자신을 깨끗하게 하자.

고린도후서 7:1

당신은 하나님을 두려워하십니까? '두려워한다'는 말에는 설명이 필요하지만 하나님의 자녀들은 이 말이 무슨 뜻인지 압니다. 성경의 많은 곳에서 "하나님을 두려워하라." "하나님을 경외하라"고 말씀합니다. 이 말은 구약성경에만 300번 이상 등장합니다. 아마도 성경 전체를 통해 가장 많이 언급되는 말씀이 아닐까 싶습니다.

하나님을 두려워하십니까?

구약성경을 잘 아는 유대인들은 '경외한다', '두려워한다'는 말의 의미를 잘 알고 있었습니다. 이방인 출신이 대다수였던 고린도교회의 신자들에게 보내는 편지에서 사도 바울이 "하나님을 두려워하는 가운데서"라고 쓸 때에도(고후 7:1) 그 말을 설명할 필요가 없었습니다.

그러나 오늘날에는 하나님을 경외하고 두려워하는 본질적인 신앙 감정이 낯설게 느껴집니다. 경박함이 '하나님을 두려워하는 것'을 대신하는 것

같습니다. 하나님을 두려워하는 것은 오직 자기의 하나님을 아는 자만이 가질 수 있고(단 11:32), 참으로 겸손한 자만이 가지는(사 57:15) 신앙 감정입니다.

구약성경에서는 '하나님을 믿는다'는 말과 '하나님을 경외한다'는 말이 관습적으로 같이 쓰였습니다(욘 1:9).

어떤 사람이 하나님을 두려워할 수 있습니까? 하나님을 진짜 아는 사람은 하나님을 두려워하지 않을 수 없습니다. 하나님을 두려워하지 않는다는 것은 하나님을 모른다는 것입니다.

앞에서 보았듯이, 하나님을 알면 겸손한 사람이 됩니다. 하나님을 경외하는 사람은 겸손한 사람이고, 하나님을 아는 사람이고, 그 안에 성령이 계신 사람이고, 그리스도의 성품을 그대로 드러내는 사람입니다.

성경은 하나님을 경외하는 것이 우리 신앙과 삶의 기초이자 근본이라고 거듭 강조합니다.

여호와를 경외하는 것이 지식의 근본이거늘(잠 1:7).
여호와를 경외하는 것이 지혜의 근본이요(잠 9:10).
여호와를 경외하는 것은 생명의 샘이니(잠 14:27).
일의 결국을 다 들었으니 하나님을 경외하고 그의 명령들을 지킬지어다.
이것이 모든 사람의 본분이니라(전 12:13).

"근본"이라는 말은 '시작'이라는 뜻입니다. 창세기 1장 1절에 기록된 "태초에"라는 단어와 같습니다. 그러므로 여호와를 경외하는 것이 지식의 태초입니다. 지식의 시작입니다. 여호와를 경외함이 없는 모든 지식은 시작조차 하지 않은 것입니다. 그런 지식은 사실상 아무것도 아닙니다.

이와 같이 하나님을 두려워하지 않는 신앙은 참된 신앙이 아닙니다. 하나님을 믿는 참된 신앙은 하나님을 두려워하는 것입니다.

신앙은 관계다

여기서 우리는 '신앙이란 무엇인가?'라는 보다 근본적인 질문을 던질 필요가 있습니다. 오늘날 많은 사람이 신앙을 예수 믿고, 구원받고, 천국 가는 것으로 이해합니다. 맞습니다.

하지만 이런 식의 표현에는 조금 문제가 보입니다. 이 표현의 주체가 모두 자기 자신이고, 하나님은 조금도 드러나지 않습니다. 즉 내가 예수 믿고, 내가 구원받고, 내가 천국에 가는 것입니다. 하나님이 어떤 분인지, 하나님께서 나의 구원을 위해 어떤 일을 하셨는지, 그래서 하나님과 내가 어떤 관계를 맺게 되었는지, 그 관계가 내 삶에 얼마나 지대하고도 근본적인 영향을 미치게 되었는지에 대해 거의 말하지 않습니다.

여기에 우리 신앙의 큰 위험이 도사리고 있습니다. 하나님에 관해 말하지 않는 것이 문제가 아니라 그런 의식이 아예 없는 신앙에는 하나님을 경외하고 하나님을 두려워하는 것이 자리할 수 없습니다.

경외함이 없는 신앙은 믿는다고 말은 하지만 결국 자기 마음대로 살며 경박함을 낳는 거짓 신앙의 성격을 드러냅니다. 하나님을 두려워하지 않는 사람에게 신앙은 주머니에 넣고 다니는 장난감에 불과한 것이 되고 맙니다. 하나님과 우리의 관계 안에서 설명되거나 이해되지 않는 신앙은 관념이 됩니다. 그런 신앙은 지식 없는 관념, 자기 마음대로 생각하는 천박한 관념 그 이상도 이하도 아닙니다.

주님은 "영생"이라는 단어로 신앙을 설명하셨습니다. "영생은 곧 유일하신 참하나님과 그가 보내신 자 예수 그리스도를 아는 것이니이다"(요 17:3). 다른 곳에서는 신앙을 먹고 마시는 것으로 설명하기도 하셨습니다. "예수께서 이르시되 내가 진실로 진실로 너희에게 이르노니 인자의 살을 먹지 아니하고 인자의 피를 마시지 아니하면 너희 속에 생명이 없느니라. 내 살을 먹고 내 피를 마시는 자는 영생을 가졌고 마지막 날에 내가 그를 다시 살리리니 내 살은 참된 양식이요 내 피는 참된 음료로다. 내 살을 먹고 내 피를 마시는 자는 내 안에 거하고 나도 그의 안에 거하나니"(요 6:53-56).

이런 설명들은 모두 신앙을 관계로 이해하는 전제를 보여 줍니다. 그리고 하나님을 사랑한다, 하나님께 감사한다, 하나님을 예배한다, 하나님을 믿는다, 하나님을 기뻐한다 등의 모든 관계적 표현의 근원은 하나님을 경외하는 것입니다.

신앙생활의 근본 원리

'경외한다'는 말은 성경에서 독립적으로 사용되기도 하지만, 많은 경우 다른 권면이나 명령과 함께 사용되면서 그 모든 행위를 감당하는 마음상태나 자세가 어떠해야 하는지를 강조하는 말로 쓰입니다.

사도 바울도 단순히 하나님을 두려워하라고 말하지 않습니다. 그는 고린도후서 6장 14절부터 7장 1절까지 교회가 거룩해야 하는 이유와 의무를 설명합니다. 그 결론이 7장 1절입니다.

> 그런즉 사랑하는 자들아 이 약속을 가진 우리는 하나님을 두려워하는 가운데서 거룩함을 온전히 이루어 육과 영의 온갖 더러운 것에서 자신을 깨끗하게 하자.

거룩함을 온전히 이루되 하나님을 두려워하는 가운데서, 하나님을 두려워하는 자세와 마음가짐으로 하라는 것입니다.

이 구절에서 "하나님을 두려워하는 가운데서"라는 말을 빼도 흐름에는 아무 문제가 없습니다. "그런즉 사랑하는 자들아 이 약속을 가진 우리는 거룩함을 온전히 이루어 육과 영의 온갖 더러운 것에서 자신을 깨끗하게 하자."

그런데도 굳이 이 말을 하는 것은 그것이 매우 중요하기 때문입니다. 두려움(경외)은 하나님을 공경하는 두려움이고, 신자의 모든 행위와 성화의 동기가 됩니다. 빌립보서에서도 바울은 "두렵고 떨림으로 너희 구원을 이루라"(빌 2:12)고 했습니다.

바리새인들을 보십시오. 그들은 거룩과 정결을 지키기 위해 부단히 노력하는 사람들이었습니다. 성경도 하루에 몇 시간씩 읽었을 것이고, 해야 할 일과 하지 말아야 할 일도 율법의 모든 조항에 따라 명확히 구분했습니다. 그러나 주님은 바리새인들의 중심을 폭로하십니다. "바리새인은 돈을 좋아하고"(눅 16:14), "과부의 가산을 삼키며 외식으로 길게 기도하는 자들이라"(눅 20:47).

그들의 경건은 하나님 경외함이 결여된 위선에 지나지 않았습니다. 하나님을 경외함이 없는 경건, 하나님을 경외함이 없는 거룩은 위선입니다.

사도 베드로는 베드로전서 1장 17절에서 이렇게 말합니다. "너희가 나그네로 있을 때를 두려움으로 지내라." "나그네로 있을 때"는 우리가 신앙생활하면서 이 땅을 살아가는 동안을 말합니다. 하나님을 두려워하는 가운데 하나님을 의식하고 살라는 것입니다. 이것은 신자의 모든 삶과 행위를 지배하는 신앙 감정이 하나님 경외함이라고 말씀합니다. 하나님을 두려워하는 것이 우리의 모든 삶에 나타나야 합니다.

"그리스도를 경외함으로 피차 복종하라"(엡 5:21)는 말씀은 교회의 원리이자 그리스도인의 생활 원리입니다. 탈권위적 시대를 사는 우리에게 어떤 권위자나 부모님에게 복종하는 문제는 쉬운 일이 아닙니다. 성경은 이 복종의 근거가 "그리스도를 경외함"이라고 가르칩니다. 우리가 복종하는 우선적이고 근본적인 이유는 그리스도를 경외하기 때문입니다. 그 대상이 반드시 존경할 만하고 복종할 만해서가 아닙니다.

교회도 마찬가지입니다. 주님께서 교회를 다스리시는 원리가 있고, 또한 주님은 교회에 직분을 허락하셨습니다. 그래서 "젊은 자들아 이와 같이 장로들에게 순종"하라고 말씀합니다(벧전 5:5). 히브리서 기자도 "너희를 인도하는 자들에게 순종하고 복종하라"고 얘기합니다(히 13:17). 이와 같이 교회의 통치 원리와 질서를 존중하는 것은 매우 중요합니다. 그러나 본질적으로 교회는 주님 외에 누가 누구를 다스리는 권력 구조가 아닙니다. 교회는 교회의 머리이신 주님께서 그분의 말씀으로 통치하시는 곳입니다. 교회의 지체들은 그리스도를 경외함으로 성령님께서 교회에 세우신 지도자들에게 복종할 수 있습니다. 그리고 지도자들은 주장하는 자세가 아니라 양 무리의 본이 되어 다스려야 합니다(벧전 5:3). "그리스도를 경외함으로 피차 복종하라." 이 원리 속에 하나님이 세우신 질서가 존재합니다.

이 말씀에 이어서 사도 바울은 "아내들이여 자기 남편에게 복종하기를 주께 하듯 하라"(엡 5:22)고 말씀합니다. 이 말이 불편하게 느껴지는 사람들이 있을 것입니다. 그러나 사도 베드로도 다음과 같이 기록했습니다. "아내들아 이와 같이 자기 남편에게 순종하라 이는 혹 말씀을 순종하지 않는 자라도 말로 말미암지 않고 그 아내의 행실로 말미암아 구원을 받게 하려 함이니 너희의 두려워하며 정결한 행실을 봄이라"(벧전 3:1-2). 이러한 복종이 가능한 것은 그리스도를 경외하기 때문입니다. 안 믿는 남편도 아내의

"두려워하며 정결한 행실"을 봄으로 하나님을 알고 믿게 될 수 있다는 것입니다.

아내의 복종을 이야기한 바울은 이어서 "남편들아 아내 사랑하기를 그리스도께서 교회를 사랑하시고 그 교회를 위하여 자신을 주심같이 하라"(엡 5:25)고 권고합니다. 이것은 남편들에게 무한 책임이 주어졌다는 것을 보여 줍니다. 남편이 생명을 다해 아내를 사랑하는 것이 결혼입니다. 그러므로 하나님을 경외하고 두려워할 때, 아내는 남편에게 복종할 수 있고 남편은 생명 다해 아내를 사랑할 수 있습니다.

부모와 위정자들에 대한 공경도 마찬가지입니다. 로마서 13장에서 바울 사도는 네로 황제의 폭정이 있던 시대였음에도 위정자들을 위해서 기도하고 복종하라고 이야기합니다. 이것 역시 하나님을 경외하는 근본과 전제 위에서 요구되는 명령입니다.

경외함이 없는 신앙 교육

이와 같이 신앙의 본질은 하나님을 경외하는 것이고, 그러한 신앙은 우리의 삶과 인간관계 속에 고스란히 나타납니다.

오늘날 우리는 가정과 사회, 심지어 교회에서도 권위가 무너져 있는 것을 경험하며 살아갑니다. 이런 현상은 하나님의 권위, 하나님 말씀의 권위를 가볍게 여기는 풍토를 만들어 우리의 신앙생활에도 악영향을 미치고 있습니다.

가정과 교회에서 이루어지는 신앙 교육도 하나님 경외함이 결여되면 결국 껍데기에 불과한 것이 되고 맙니다. 신명기 6장 4-9절은 신앙 교육의 근본이 되는 말씀입니다.

이스라엘아 들으라. 우리 하나님 여호와는 오직 유일한 여호와이시니 너는 마음을 다하고 뜻을 다하고 힘을 다하여 네 하나님 여호와를 사랑하라. 오늘 내가 네게 명하는 이 말씀을 너는 마음에 새기고 네 자녀에게 부지런히 가르치며 집에 앉았을 때에든지 길을 갈 때에든지 누워 있을 때에든지 일어날 때에든지 이 말씀을 강론할 것이며 너는 또 그것을 네 손목에 매어 기호를 삼으며 네 미간에 붙여 표로 삼고 또 네 집 문설주와 바깥문에 기록할지니라.

그렇다면 무엇을 가르쳐야 할까요?

네가 호렙산에서 네 하나님 여호와 앞에 섰던 날에 여호와께서 내게 이르시기를 나에게 백성을 모으라. 내가 그들에게 내 말을 들려주어 그들이 세상에 사는 날 동안 나를 경외함을 배우게 하며 그 자녀에게 가르치게 하리라 하시매(신 4:10).

신앙 교육은 '하나님을 경외함을 배우는 것'입니다. 단지 말씀을 배우고, 생활 원리를 배우는 것이 아닙니다. 단순히 제자 훈련 과정을 수료하는 것이 아닙니다.

하나님을 경외하지 않는 신앙 교육은 오히려 교회를 무너뜨립니다. 하나님을 경외함으로 말씀을 배우고, 하나님을 두려워하는 가운데 신앙 훈련을 쌓아 가야 합니다.

이것은 하나님과의 인격적 만남을 전제로 합니다. 호랑이 사진을 보고 호랑이가 무섭다는 것을 배울 사람이 있을까요?

마찬가지로 하나님을 인격적으로 경험하지 못하면 하나님을 두려워할 수 없습니다. 제임스 패커(J. I. Packer)는 현대 교회를 진단하며 이렇게 말했습니다.

> 오늘날의 그리스도인들에게 가장 결여된 지식은 하나님의 엄위하심에 대한 지식이다. 이것이 가벼운 기독교, 가벼운 그리스도인들을 양산해 낸다. 오늘날 믿음이 이토록 힘이 없고, 우리 예배가 활기 없는 이유 중 하나는 바로 하나님의 엄위하심에 대한 우리의 무지함이다.[1]

하나님을 경외하는 기쁨

제리 브리지스(Jerry Bridges)는 『하나님을 경외하는 기쁨』(The Joy of Fearing God)에서 다음과 같은 이야기를 들려줍니다.

총명하고 신체 건장한 버치 맥그리거라는 18세 청년이 미국 해병대에 입소했습니다. 기초훈련 과정에서 그는 면전에 대고 "이 멍청하고 둔한 놈아!"라고 욕설을 퍼붓는 교관들 앞에서 떨어야 했습니다. 그런 과정을 겪으며 막강한 권한과 힘을 가진 교관들을 무서워하게 되었습니다.

어느 날 훈련이 거의 끝나 갈 무렵, 훈련소를 관할하는 콜린스 장군이 검열을 한다는 소식이 전해졌습니다. 그래서 훈련 강도와 수준을 더욱 높이고, 티끌 하나 없도록 온 훈련소를 정비했습니다. 마침내 콜린스 장군이 왔습니다. 모든 신병은 마치 호흡이 멈춘 것처럼 꼿꼿이 서 있었고, 장군이 버치 앞에 멈춰 서는 순간, 버치는 그간 훈련소에서 얻은 자신감이 일시에 몸에서 빠져나가는 듯한 기분을 느꼈습니다. 졸병인 자신이 해병대 장군 앞에 서자 말할 수 없는 경외감이 일어난 것입니다.

훈련이 끝나고 버치는 수송부에 배치되어 운전병이 되었습니다. 시간이 지나면서 인정도 받았습니다. 그러던 어느 날 콜린스 장군이 진급을 하여 그 수송부대의 사단장이 되었습니다. 그리고 버치는 사단장의 운전병이 되었습니다. 그는 다시 콜린스 장군 앞에 섰습니다. 과거 훈련병 시절에 느꼈던 경외감이 또다시 자신을 사로잡았습니다. 사단장을 모시고 다니면서 버치는 점점 더 그를 존경하게 되었습니다.

그러다가 전쟁이 나서 사단장을 따라가게 되었습니다. 어느 날 운전을 하다가 지뢰를 밟는 사고를 당하게 됩니다. 사단장은 뒤에 앉아 있다가 차 밖으로 튕겨져 나갔고, 버치는 빠져나오지 못해 피투성이로 불에 타고 있었습니다. 그때 사단장이 자신도 몸을 가눌 수 없는 상태에서 가까스로 기어 와 버치의 몸을 꺼내 주었습니다. 둘은 병원으로 후송되었고, 사단장은 곧 회복되었지만 버치는 더 많은 시간을 병원에서 보내야 했습니다.

사단장은 과중한 업무에도 불구하고 틈틈이 버치를 찾아왔습니다. 버치는 사단장이 바쁜 시간을 쪼개어 자신을 찾아와 주는 것도 고마웠지만, 일개 병사인 자기의 생명을 구하기 위해 언제 폭발할지 모르는 차 안으로 목숨을 걸고 들어왔다는 사실에 깊은 감동을 받았습니다. 장군에 대한 경외와 존경, 사랑과 감사의 마음이 생겼습니다.

얼마 후 퇴원한 버치는 다시 콜린스 장군의 운전병이 되었습니다. 버치는 해병대 장군들의 운전병 중 최고의 운전병이 되겠다고 결심합니다. 장군에 대한 그의 마음이 특별하다 해도 그와 장군은 여전히 '예, 장군님!'이라고 대답하는 엄격한 관계가 될 것이라는 사실을 알았습니다.

하나님을 해병대 장군과 비교할 순 없지만, 이 이야기는 참된 경외가 무엇인지 보여 주는 좋은 예화입니다.

신학자 존 머리(John Murray)는 하나님 경외함을 이렇게 설명합니다. "경건은 하나님을 두려워함이다. 하나님을 경외하는 두려움이란 숭앙과 사랑을 자아내는 두려움이다. 하나님에 대한 경외에는 그분의 초월적인 권능과 거룩하심에 대한 우리의 의식이 반영되어 있다."[2]

싱클레어 퍼거슨(Sinclair Ferguson)의 설명도 유익합니다. "하나님이 어떤 분인지와 그분이 우리를 위해 하신 일을 생각할 때 우리의 마음속 가득 솟아오르는 존경심과 두려움과 기쁨과 즐거움과 경이로움이 모두 섞여 있는, 딱히 어떤 것이라고 분명히 말할 수 없는 감정이 하나님을 두려워하는 것이다." 이 두 신학자의 말에서 우리는 경외에 대한 두 가지 사실을 발견합니다.

하나님을 알면 경외할 수밖에 없다

첫 번째 사실은 하나님의 존재 자체가 경외감을 만들어 낸다는 것입니다. 하나님은 그 누구에게도 "나를 두려워해라." "나를 경외해라." 이렇게 말씀하실 필요가 없습니다.

하나님은 거룩하십니다. 하나님의 거룩하심은 그분이 모든 존재와 구별되고, 분리되며, 초월하여 전적으로 다른 분이라는 것을 말해 줍니다. 따라서 하나님은 그 어떤 존재를 향해서도 두려워하라고 명령하실 필요가 없습니다. 그 어떤 존재도 그분 앞에 서면 저절로 두려워하지 않을 수 없기 때문입니다.

하나님 앞에서 그분을 모시는 스랍들도 두 날개로 얼굴을 가리고 다른 두 날개로 발을 가렸습니다(사 6:2). 천사도 그러한데 죄인인 우리는 어떻겠습니까?

야곱이 아버지 집을 떠나 밧단아람으로 갈 때, 벧엘에서 잠을 자다가 꿈에서 하나님을 뵈었습니다. 이튿날 아침 그는 "두렵도다"(창 28:17)라고 고백합니다. 베드로가 주님 말씀에 순종하여 깊은 데로 그물을 던져 많은 물고기를 잡았을 때도 "주여, 나를 떠나소서. 나는 죄인이로소이다"(눅 5:8)라고 했습니다.

이사야 선지자가 하나님의 임재 앞에서 "화로다 나여 망하게 되었도다"(사 6:5)라고 한 것, 엘리야가 하나님의 세미한 음성을 듣고 자기 겉옷으로 얼굴을 가렸던 것(왕상 19:13)도 같은 이유입니다. 하나님의 존재 자체가 거룩함과 경외함을 만들어 냅니다.

그렇다면 우리는 어떻게 하나님을 볼까요? 어떻게 하나님을 만날 수 있을까요? "오, 주님! 엘리야처럼 저도 세미한 음성을 듣게 해 주세요. 모세처럼 하나님을 보게 해 주세요."라고 열심히 기도해야 할까요?

하나님은 우리에게 그런 방식으로 말씀하시지 않습니다. "우리가 다 수건을 벗은 얼굴로 거울을 보는 것같이 주의 영광을 보매 그와 같은 형상으로 변화하여 영광에서 영광에 이르니 곧 주의 영으로 말미암음이니라"(고후 3:18)고 하신 말씀을 다시 생각해 보십시오. 그 말씀대로 우리는 하나님의 말씀 속에서 주의 영광을 봅니다.

하나님은 말씀으로 자신을 계시하셨습니다. 하나님이 어떤 분인지 알기 위하여, 하나님께서 우리를 위하여 행하신 일을 알기 위하여 우리는 하나님의 계시인 말씀을 연구해야 합니다. 우리가 날마다 성경을 읽고, 말씀을 배우고, 교리를 공부해야 할 이유가 여기에 있습니다.

존 번연은 『경외함의 진수』(The Fear of God)에서 다음과 같이 말합니다.

하나님을 경외하는 태도는 하나님의 말씀이 우리의 영혼에 역사한다는 것을 올바르게 깨달을 때 비로소 생기게 된다. 왜냐하면 하나님의 말씀에 영향을 받지 않는다면 하나님을 경외하는 태도도 있을 수 없기 때문이다. 하나님을 경외하는 태도는 사람이 건전한 교리를 자기 영혼 속에 받아들이는 정도에 비례한다. 많이 받아들이면 많이 경외할 것이고 조금 받아들이면 조금 경외하게 될 것이며 전혀 받아들이지 않으면 하나님을 전혀 경외하지 않을 것이다.[3]

매우 중요한 이야기입니다. 하나님을 경외하는 태도는 하나님 말씀의 교리를 바르게 이해하는 것과 함께 갑니다. 하나님의 말씀을 체계적으로 모르면 하나님을 경외할 수 없습니다. 머리뿐 아니라 마음으로 말씀을 받아야 합니다. 성령님께서는 하나님의 말씀을 통해 하나님이 어떤 분인지 우리에게 매일 알려 주시고 경험하게 하십니다.

오늘날 많은 교회의 강단에서 전해지는 메시지가 인간에 관한, 인간에 의한, 인간을 위한 것이 되어 버렸습니다. 이런 상황에서는 하나님을 경외함이 나타날 수 없습니다.

설교의 목적은 하나님을 알고 하나님을 경외하게 함으로써 하나님을 영화롭게 하는 것입니다. 우리의 삶을 향상시키거나 우리의 기분을 좋게 해 주는 것이 아니라 오직 하나님의 성품과 사역, 우리를 향한 그분의 뜻을 가르치는 것이 설교입니다. 그러므로 참된 신자는 설교를 들을 때 하나님을 알고자 하고, 그분의 영광을 보려는 간절한 심정을 가져야 합니다.

오늘날 많은 교회가 하나님에 대한 경외를 잃어버린 이유는 하나님을 모르기 때문이고, 하나님을 모르게 된 이유는 하나님의 말씀을 가르치지 않기 때문입니다. 악순환입니다.

사람들은 하나님에 관한 이야기를 싫어하게 되었고, 자신들에 관한 이야기를 해 달라고 요구하게 되었습니다. 그래서 교회 지도자들이 인간을 연구하고, 심리학을 공부하고, 경영학을 배웁니다. 거기에 성경말씀을 적절히 붙여서 이야기하는 것이 설교가 되었습니다.

결국 교회 안에 하나님과 상관없는 이야기들, 하나님과 상관없는 사람들이 넘쳐 나게 된 것입니다.

성경은 하나님이 어떤 분인지에 대한 직접적인 말씀으로 가득합니다. 존 번연이 말한대로, 우리는 "경외심을 불러일으키는 극진한 위엄이 하나님 안에 있다"는 것을 기억해야 합니다.[4]

경외감은 하나님이 우리를 위해 하신 일로부터 발생한다

존 머리와 싱클레어 퍼거슨의 말을 통해 배우는 두 번째 사실은 경외감이 하나님께서 우리를 위해 하신 일로부터 발생한다는 것입니다. 특별히 "그분(하나님)이 우리를 위해 하신 일을 생각할 때, 우리의 마음속 가득 솟아오르는 존경심과 두려움과 기쁨과 즐거움과 경이로움이 있다"고 한 싱클레어 퍼거슨의 말을 생각해 보십시오.[5] 하나님께서 우리를 위해 하신 일이 복음입니다. 성경 전체가 복음이신 그리스도에 대해 말하고 있기 때문에 우리는 성경을 통해 하나님이 우리를 위해 하신 일을 봅니다. 십자가의 복음을 깨달을 때 죄인은 하나님에 대한 경외감으로 충만해집니다. 거룩하신 하나님께서 죄 있는 육신으로 이 땅에 오셔서 죽으심으로써 우리의 모든 죄를 씻어 주시고 영원한 구원의 은혜를 입게 하신 것을 깨달을 때, 그 심령은 하나님에 대한 참된 경외감으로 충만해지는 것입니다.

19세기 스코틀랜드의 목사인 존 브라운(John Brown)의 말처럼 "그리스도의 십자가 외에 하나님의 공의가 그토록 두렵게, 하나님의 자비가 그토록 자비롭게, 하나님의 지혜가 그토록 깊이 있게 나타난 곳은 없습니다." 복음 안에 하나님의 공의와 하나님의 자비와 하나님의 지혜가 가장 놀랍게 나타났기에 우리는 그 복음 안에서 하나님을 경외하게 됩니다. 그래서 하나님을 경외하는 사람은 언제나 성경을 사랑합니다. 성경을 통해 하나님의 영광을 보고, 그분의 영광을 볼 때 경외심이 일어나 하나님의 형상으로 변화되어 갑니다. 이것이 참된 경건의 핵심입니다. 이런 경외는 신앙생활과 참된 경건의 동력이 됩니다. 경건은 하나님을 경외하는 것입니다. 이렇게 우리는 "하나님을 두려워하는 가운데서 거룩함을 온전히" 이룰 수 있습니다(고후 7:1). 하나님을 경외하는 것이 경건의 시작입니다.

거짓 두려움

그러나 하나님을 경외하는 마음이 아닌 거짓 두려움도 있습니다. 예수님의 달란트 비유는 달란트를 받아 땅에 묻어 둔 종이 주인에게 가졌던 두려움이 거짓 두려움이었음을 잘 보여 줍니다. 그는 "주인이여 당신은 굳은 사람이라 심지 않은 데서 거두고 헤치지 않은 데서 모으는 줄을 내가 알았으므로 두려워하여 나가서 당신의 달란트를 땅에 감추어 두었었나이다. 보소서, 당신의 것을 가지셨나이다"(마 25:24-25)라고 말했습니다.

그의 두려움은 주인에 대한 합당한 두려움이나 경외감이 아니었습니다. 자녀들이 선한 부모를 두려워하는 것과도 다르고, 숭앙심도, 존경심도, 사랑도, 감사도 없는 무서움이었습니다. 이와 같이 잘못이나 죄에 대한 형벌과 지옥에 가는 것을 무서워할 뿐, 하나님에 대한 어떤 경외심도 가지지 못하는 것이 거짓 두려움입니다.

이러한 두려움만 가지고도 사람은 교회 생활을 할 수 있고 말씀에 순종하며 사는 것처럼 보일 수도 있습니다. 그러나 이것은 하나님에 대한 인격적 경외가 아닙니다. 노예적인 두려움일 뿐입니다.

타락한 교회의 권력은 언제나 사람들이 본성적으로 가지는 이런 두려움을 이용해 왔습니다. 중세 말의 교회가 그러했고, 오늘날의 이단, 사이비들이 그러합니다. 심지어 간판은 정통 교단에 속한 교회임에도 종교 권력을 이용하는 교회 지도자들도 있습니다. 그런 사람들은 이단 사이비와 조금도 다르지 않습니다. 왜 이런 일이 가능할까요? 무지하기 때문입니다. 하나님을 모르기 때문에 하나님을 경외하지 않는 것입니다. 하나님을 모르기 때문에 인간 안에 있는 종교적, 본능적 두려움만이 종교적 동력으로 작동하게 되는 것입니다.

참된 묵상의 능력

토마스 왓슨(Thomas Watson)은 이렇게 말했습니다.

> 참 기독교인이라면 비록 믿음을 많이 전하지 못하고 확신이 부족하다 할지라도 자기가 하나님을 두려워한다는 것만큼은 부인할 수 없다.[6]

조나단 에드워즈도 『신앙감정론』에서 하나님을 두려워하는 것이 진짜 신앙의 믿을 만한 증거라고 말합니다. 신자는 하나님을 두려워하는 사람입니다. 하나님을 알기 때문이고 복음을 알기 때문입니다. 만일 경건해 보이고, 성경도 많이 알고, 설교도 잘하고, 봉사도 많이 하고, 사랑도 많아 보이는데 하나님을 두려워하지 않는다면 그는 가짜라고 주저 없이 말할 수 있습니다. 경외함이 없는 순종, 경외함이 없는 성경 읽기, 경외함이 없는 기도와 봉사와 예배는 모두 헛됩니다. 하나님께서는 그런 것들을 결코 받지 않으십니다.

하나님을 경외하는 또 하나의 증거는 앞에서 언급한 겸손입니다. 이런 경외함은 지식의 근본이요, 지혜의 근본이요, 생명의 샘입니다. 오늘날 참된 경외를 찾아보기 힘든 것은 참으로 안타까운 일입니다. 나답과 아비후의 문제나 아나니아와 삽비라의 문제는 하나님을 두려워하지 않은 것입니다. 나답과 아비후는 첫 대제사장이었던 아론의 첫째 아들과 둘째 아들입니다. 그들은 하나님이 명하시지 않은 다른 불을 드리다가 죽었습니다(레 10:1-2; 민 26:61). 신약성경에 기록된 아나니아와 삽비라 부부는 사람들이 재산을 팔아서 헌금을 하고 존귀하게 여겨지는 것을 보고 자기들의 땅을 팔아 절반을 숨기고 절반을 바치며 "이것이 전부입니다."라고 성령님과 베드로를 속인 사람들입니다. 그들 역시 즉사했습니다(행 5:1-11). 두 경우 모두 하나님을 경외함이 없는 비참한 실상을 보여 줍니다. 이처럼 무서운 경고에도 불구하고 오늘날에도 비슷한 일이 많이 일어납니다. 모든 것을 아시는 하나님을 두려워하지 않고 많은 사람이 'OO만 모르게 하면 돼.'라는 식으로 살아가는 것입니다.

자신을 돌아보십시오. 하나님을 향한 경외가 있습니까? 그것이 엄한 주인을 대하는 노예적 두려움은 아닙니까? 하나님을 마치 친구처럼 생각하여 마땅히 드러내야 할 공경심을 갖추지 못하는 것은 아닙니까? 하나님의 징계를 가볍게 여기며 죄를 지어도 괜찮다고 생각하며 살지 않습니까?

우리 모두 자기 점검이 필요합니다. 하나님을 경외하지 않는 인생이 행하는 모든 노력과 성공은 모래성일 뿐입니다. 하나님의 말씀 속에서 하나님의 영광을 보게 될 때 우리는 하나님을 경외하는 심정으로 충만해지고, 이것이 우리를 주와 같은 영광스러운 형상으로 변화시킵니다. 그래서 우리는 언제나 하나님의 말씀으로 돌아가야 합니다.

제임스 패커는 다음과 같이 권면합니다.

우리는 하나님의 엄위하심을 묵상하는 가운데 그 내용들을 우리 마음에 새겨 넣음으로써 새로운 힘을 지니게 되는 것을 발견할 때까지 여호와를 앙망해야 한다. 이것이 참된 묵상이고 묵상의 능력이다.[7]

우리 안에서 하나님에 대한 사랑과 존경과 경외심이 불러일으켜질 때까지 하나님을 묵상하라는 것입니다. 읽고 또 읽고, 외우고 또 외운 것을 생각하는 것이 묵상입니다. 인생이 직면한 그 어떤 문제보다 더 긴급하고 중요한 문제가 여기에 있습니다.
존 번연의 말을 덧붙입니다.

하나님의 말씀이 감명을 주고, 그 감명이 믿음을 만들어 내며, 그 믿음이 경외심을 도출한다.[8]

모든 것이 하나님의 말씀에서 시작됩니다. 그렇게 신앙생활하는 사람은 하나님을 경외하는 자리로 점점 더 나아가게 될 것입니다. 그리고 하나님을 경외함이 없는 사람은 점점 더 그 인생이 경박해지고 비참해질 것입니다. 참 신앙은 하나님을 두려워하는 것입니다. 다윗이 기도한 것처럼 우리도 이렇게 기도하지 않을 수 없습니다.

여호와여 주의 도를 내게 가르치소서. 내가 주의 진리에 행하오리니 일심으로 주의 이름을 경외하게 하소서(시 86:11).

1. 신앙을 사람이 하나님과 맺는 관계라고 이해할 때, 저자는 신자가 하나님께 가지는 두려움, 즉 경외의 감정이 참 신앙의 믿을 수 있는 표지라고 말합니다. 하나님에 대한 두려움(경외감) 외에 당신의 신앙을 표현할 수 있는 또 다른 단어는 무엇입니까? 당신은 특별히 언제 하나님에 대한 두려움(경외감)을 경험합니까?

2. 하나님을 경외함이 없는 신앙 교육은 도리어 교회를 무너뜨린다는 저자의 말에 동의합니까? 이 점에서 당신 자신의 신앙생활(예배 참석, 성경 공부 등)을 돌아보십시오. 개인적으로, 그리고 교회적으로 하나님에 대한 경외함을 회복할 수 있는 방안은 무엇입니까?

3. 참된 경외는 '숭앙과 사랑', '존경심과 두려움과 기쁨과 즐거움과 경이로움'이 모두 섞여 있는 신앙 감정입니다. 당신은 언제 어떻게 하나님께 이와 같은 감정을 경험합니까?

4. 당신은 "하나님을 아는 바른 지식이 하나님을 향한 경외감을 불러일으킨다"는 말에 동의합니까? 그러한 상황을 직접 경험한 적이 있습니까?

5. 하나님에 대한 거짓 두려움은 참된 신앙의 믿을 만한 표지로서의 두려움(경외감)과 어떻게 다릅니까?

9. 하나님의 '말씀'을 듣는가, '음성'을 듣는가?

하나님께 속한 자는 하나님의 말씀을 듣나니 너희가 듣지 아니함은 하나님께 속하지 아니하였음이로다.
요한복음 8:47

앞에서 참 신앙의 믿을 만한 증거는 하나님을 두려워하는 것이라고 말했습니다. 하나님을 두려워하지 않는 신앙은 참된 신앙이 아니라는 것입니다. 그렇다면 하나님을 두려워하는 참된 신앙은 어떤 방식으로 표현될까요? "나는 하나님을 두려워합니다."라고 말한다 해도 진짜 두려워하는 것이 아닐 수 있습니다. 하나님을 두려워하는 삶은 다양한 모습으로 드러납니다.

하나님의 말씀이 들리십니까?

존 번연은 다음과 같이 이야기했습니다.

우리가 하나님을 경외하고 있다는 사실을 증명하는 것은 하나님의 뜻을 아는 지식이 아니라, 그것에 진지하게 복종하는 것이다.[1]

우리는 인격과 말을 분리하여 대하지 않습니다. 누군가를 존중한다면 그 사람의 말도 존중하게 되어 있습니다. 아버지를 존경하고 존중한다고 하면서 아버지의 말씀을 전혀 귀담아 듣지 않는다면 실제로는 아버지를 존중하지 않는 것입니다. 신앙도 마찬가지입니다. 하나님을 경외하고 두려워한다는 것은 하나님의 말씀을 존중하는 것으로 표현됩니다. 하나님을 참으로 믿고 두려워하는 것은 하나님의 말씀에 어떤 태도를 가지고 살아가느냐와 직결됩니다. 첫째, 그 말씀을 주의 깊게 듣는 것이고, 둘째, 그것이 무슨 말씀인지 깨달을 때 그 말씀에 순종하는 것입니다. 이 장에서는 말씀을 주의 깊게 듣는다는 것이 무엇인지, 그리고 무엇이 하나님의 말씀을 듣는 것이 아닌지를 살펴보겠습니다.

사람들의 오해

"하나님의 말씀이 들리십니까?"라는 질문의 의미를 정확히 이해하기 위해 먼저 무엇이 하나님의 말씀이 들리지 않는 것인지 생각해 보려 합니다.

하나님의 '말씀'과 '음성'은 다르다

"하나님의 말씀이 들리십니까?"라는 질문은 "하나님의 음성을 들으십니까?"라는 말과 다릅니다. 언제부터인가 '하나님의 음성을 듣는 법'에 대한 책과 강의가 나오기 시작했고, 지금은 그런 표현이 상당히 보편화되었습니다.

그러나 '하나님의 음성을 듣는다'는 말은 사실 신학적으로 대단히 위험한 말입니다. 직통계시를 암시할 수 있기 때문이고, 직통계시를 받는다고 주장하는 사람은 이단으로 단죄받을 수 있기 때문입니다. 하나님의 말씀과 교리에 무지한 공동체에서 이런 표현이 여과 없이 더 많이 사용될 것입니다. 그래서 "기도하다가 하나님의 음성을 들었어요."라든지, "갑자기 하나님의 음성이 들렸어요."와 같은 이야기들을 어렵지 않게 들을 수 있게 되었습니다. 이런 말을 들으면 그 사람이 경건하고 신앙이 좋은 것처럼 보일 수 있겠지만 실제로는 매우 위험한 말을 하고 있는 것입니다.

기독교는 전적으로 하나님의 특별계시인 성경 위에 존재합니다. 구약시대에는 하나님께서 선지자들을 통해 말씀하셨고, 신약 시대에는 사도들을 통해 말씀하셨습니다. 그리고 그 모든 말씀이 성경으로 완성된 후, 교회는 전적으로 이 성경에 기록된 하나님의 말씀에 의존하여 신앙과 신학을 세워 왔습니다.

교회는 더 이상 새로운 선지자나 사도를 필요로 하지 않았으며, 하나님께서는 선지자와 사도들을 보내지 않으셨습니다. 계시가 성경으로 완성되었기 때문입니다. 그러므로 성경과 별개의 계시를 받는다고 말하거나 직통계시의 필요성을 말하는 사람들을 이단으로 단죄하는 것은 가장 기본적인 이단 판별의 기준입니다.

물론 '하나님의 음성을 듣는 법'을 다루는 모든 사람이 이단이라고 말하는 것은 아니지만, 이런 표현이 지닌 신학적 위험성은 알아야 합니다. 그 이유는 성령 하나님의 조명을 통해 성경말씀을 잘 이해하고 자신에게 주시는 하나님의 말씀으로 듣는 것을 다루기보다, 성경과 무관하게 순간적으로 떠오르는 하나님의 음성을 듣는 것을 강조하기 때문입니다.

가령 주차장에 들어가는데 하나님께서 빈자리가 왼쪽에 있다, 혹은 오른쪽에 있다고 알려 주신다는 식입니다. 이것은 하나님을 거의 모독하는 수준입니다. 영원하고 무한하시며 불변하시는 창조주 하나님을 알라딘의 램프에서 나와 소원을 들어주는 지니로 만드는 신성모독인 것입니다.

그런 식으로 자기 편의에 길들여진 하나님, 일상생활을 편안하게 인도하시는 하나님을 섬기려는 경향이 보편화되어 있다는 것은 심각한 문제입니다. 그런 태도는 하나님을 경외하는 대신, 자기의 사사로운 이익이나 호기심을 충족하려는 욕구로 하나님을 믿는 거짓 신앙을 낳게 됩니다. 하나님의 말씀이 들린다는 것은 성경과 별개로 하나님의 음성을 듣는다는 말이 아닙니다.

설교자의 말을 듣는 것

하나님의 말씀을 듣는 것을 설교를 듣는 것으로 축소해서 이해하는 것도 옳지 않습니다. 설교자의 말을 듣는 것으로 이해하는 것은 더더욱 아닙니다. 실제로 성경에는 설교자의 말을 들었던 사람들의 예가 나옵니다. 대표적인 것이 주님의 산상수훈(산상설교)을 들은 후에 사람들이 보인 반응입니다.

> 예수께서 이 말씀을 마치시매 무리들이 그의 가르치심에 놀라니 이는 그 가르치시는 것이 권위 있는 자와 같고 그들의 서기관들과 같지 아니함일러라(마 7:28-29).

마태복음 5-7장은 주님의 산상설교입니다. 사람들은 주님의 명설교를 들었습니다. 그들은 주님의 가르침이 특별한 권위가 있고, 서기관들을 통해 들었던 것과는 차원이 다르다는 것을 알아차렸습니다. 하지만 그들에게 하나님의 말씀이 들린 것은 아니었습니다. 그들은 주님의 설교를 제대로 판단했지만, 그 말씀에 복종하지는 않았기 때문입니다. 그들은 다만 능력 있는 설교자의 설교를 들었을 뿐입니다.

오늘날에도 설교를 평가하는 이들이 적지 않습니다. 설교를 비평할 수 있고, 좋은 설교인지 나쁜 설교인지 분별하는 것도 필요합니다. 하지만 그 후에 들려진 하나님의 말씀 앞에 굴복하지 않는다면, 그는 하나님의 말씀을 들은 것이 아닙니다. 설교를 들으면서 "정말 대단한 설교야." "이 목사님은 탁월한 설교자야."라고 판단하는 것이 하나님의 말씀을 듣는다는 증거이거나 하나님을 경외하는 증거가 될 수 없습니다.

때로는 하나님을 두려워하지 않으면서도 설교자인 목사를 추종하는 일이 생겨날 수 있습니다. 그래서 "이분이야말로 하나님 말씀의 사자다."라고 하면서 사람을 높이는 일이 일어납니다. 그것은 신앙이 아니라 맹목적 추종입니다. 무지한 자들은 그들을 신앙적 실력과 열심을 가진 사람들로 보겠지만, 그것은 하나님을 경외하지 않는 태도입니다.

교회 안에서 분쟁이 일어날 때 하나님의 뜻을 분별하기보다 분쟁의 당사자인 목사 편에 서거나, 장로 편에 서는 사람들이 있습니다. 인간을 맹목적으로 추종한 결과입니다. 그런 사람들은 아무리 열심히 교회를 섬긴다 해도 하나님을 바르게 믿는 것이 아닙니다. 그들은 하나님을 경외함이 없는 경박함을 드러냄으로써 자신의 거짓 신앙을 드러낼 뿐입니다.

에스겔 33장에는 하나님의 말씀을 듣는 것에 대한 부정적인 예가 소개됩니다.

인자야 네 민족이 담 곁에서와 집 문에서 너에 대하여 말하며 각각 그 형제와 더불어 말하여 이르기를 자, 가서 여호와께로부터 무슨 말씀이 나오는가 들어 보자 하고 백성이 모이는 것같이 네게 나아오며 내 백성처럼 네 앞에 앉아서 네 말을 들으나 그대로 행하지 아니하니 이는 그 입으로는 사랑을 나타내어도 마음으로는 이익을 따름이라. 그들은 네가 고운 음성으로 사랑의 노래를 하며 음악을 잘하는 자같이 여겼나니 네 말을 듣고도 행하지 아니하거니와 그 말이 응하리니 응할 때에는 그들이 한 선지자가 자기 가운데에 있었음을 알리라(겔 33:30-33).

하나님께서 에스겔에게 하신 말씀입니다. 아마 에스겔은 설교를 잘했던 것 같습니다. 그래서 백성들이 그에게로 모여들었습니다. "담 곁"은 은밀한 장소, 속닥거리는 장소를 의미합니다. 그리고 "집 문에서"는 사람들이 모여 있는 곳을 가리킵니다. 사람들이 에스겔에 대해서 이러쿵저러쿵 말한다는 것입니다. 그들은 "자, 가서 여호와께로부터 무슨 말씀이 나오는가 들어 보자"고 말합니다.

하지만 그들이 원하는 것은 따로 있었습니다. "내 백성처럼 네 앞에 앉아서 네 말을 들으나 그대로 행하지 아니하니 이는 그 입으로는 사랑을 나타내어도 마음으로는 이익을 따름이라."

또한 그들은 에스겔 선지자를 "고운 음성으로 사랑의 노래를 하며 음악을 잘하는 자같이" 여겼습니다. 당시의 선지자들은 종종 비파와 수금을 가지고 노래 형식으로 말씀을 전했습니다. 그래서 그들은 "에스겔이 말씀을 진짜 잘 전해." "곡도 너무 좋아." "에스겔의 이야기를 들어야 해."라고 말하며 마치 콘서트나 연주회에 가서 가수나 연예인들의 공연을 보는 것처럼 즐거워했습니다.

하지만 그들에게는 아무 일도 일어나지 않았습니다. 말씀이 그들 안에 거룩한 감정을 불러일으키지도 않았고, 그들의 인격을 변화시키는 능력으로 영향을 주지도 않았습니다.

그 이유가 무엇입니까? 그들에게 하나님의 말씀이 들리지 않았기 때문입니다. 그들에게는 단지 에스겔의 말이 들렸습니다. 교회를 10년, 20년,

수십 년을 다녀도 아무 일도 일어나지 않는 것과 마찬가지입니다.

이어서 "그 말이 응하리니 응할 때에는 그들이 한 선지자가 자기 가운데에 있었음을 알리라"는 하나님의 경고가 나옵니다. "나는 너희에게 말했지만 너희가 듣지 않았다"는 선언입니다.

많은 사람이 설교자의 화술이나 인품, 혹은 그 밖의 다른 요소에 만족할 수 있습니다. 그 사람을 따라다니며 열심히 그의 설교를 들을 수 있습니다. 그러나 그것이 반드시 하나님을 경외하는 것, 참된 신앙이 아닐 수 있습니다. 하나님의 말씀을 듣는 것이 아닐 수 있습니다.

두려워하거나 기뻐하는 것

사람은 하나님의 말씀을 바르게 듣지 않으면서도, 번민하고 그 말씀에 두려워하거나 기쁘게 반응할 수 있습니다.

> 나 여호와가 말하노라. 내 손이 이 모든 것을 지었으므로 그들이 생겼느니라. 무릇 마음이 가난하고 심령에 통회하며 내 말을 듣고 떠는 자 그 사람은 내가 돌보려니와 (사 66:2).

이 말씀은 하나님께서 진짜 믿는 자들에게 하시는 말씀입니다. "나를 믿는 자는 내 말을 듣고 떤다"는 것입니다. 하지만 "내 말을 듣고 떠는 사람은 다 믿는 자다."라는 뜻은 아닙니다.

예를 들어 보겠습니다. 세례 요한의 목을 벤 헤롯 안디바는 매우 잔인한 집안에서 자란 잔인한 인물입니다. 그의 아버지가 예수님이 태어나실 때 베들레헴의 어린아이들을 학살한 헤롯 대왕입니다. 자기 아들까지 죽인 대단한 인물입니다. 그의 아들인 헤롯 안디바는 갈릴리의 분봉왕으로서,

자기 동생의 부인인 헤로디아와 사랑에 빠지고, 결국 결혼까지 합니다. 율법으로 명백한 간음(출 20:14, 17)이었을 뿐 아니라 헤로디아는 그의 이복 조카였으므로 근친상간의 죄에도 해당되는 일이었습니다.

구약의 선지자 맥락에 서 있는 세례 요한이 이런 왕의 범죄를 책망합니다. 그에 대한 헤롯의 반응을 성경은 다음과 같이 기록하고 있습니다. "헤롯이 요한을 의롭고 거룩한 사람으로 알고 두려워하여 보호하며 또 그의 말을 들을 때에 크게 번민을 하면서도 달갑게 들음이러라"(막 6:20).

그는 "크게 번민"하고 "두려워"했습니다. 그는 세례 요한이 하나님의 사람인 것을 알았습니다. 그가 전한 하나님의 말씀 때문에 괴로워했습니다. 오늘날에는 이렇게 하나님의 말씀을 듣고 번민하는 사람들을 찾기가 어렵습니다. 헤롯 같은 사람도 많지 않습니다. 듣는 순간 끝납니다. 기쁨이든 번민이든 그 이상의 반응이 이어지지 않습니다. 하지만 헤롯은 크게 번민했습니다. 그럼에도 불구하고 그는 결국 세례 요한의 목을 베었습니다. 그는 말씀 때문에 두려워했고 번민했지만, 하나님을 진정으로 두려워하지 않았습니다. 그가 두려워했던 것은 인격적 하나님이 아니라, 죄의 대가를 받는 것이었습니다.

사도행전에 이와 유사한 예가 나옵니다. 로마가 파견한 유대 총독 벨릭스는 바울을 심문했던 사람입니다. 그는 예루살렘에서 동족들의 고소로 붙잡힌 사도 바울을 조사하는 과정에서 바울로부터 여러 번 복음을 들었습니다. 그는 드루실라라는 유대인 여자를 부인으로 두었던 까닭에 유대교에 대한 지식도 상당했던 사람입니다. 심지어 바울을 불러서 부인과 함께 성경공부까지 할 정도였습니다. 성경은 다음과 같이 기록합니다. "바울이 의와 절제와 장차 오는 심판을 강론하니 벨릭스가 두려워하여 대답하되 지금은 가라. 내가 틈이 있으면 너를 부르리라 하고"(행 24:25).

그는 말씀을 들으며 두려워했지만 결단하지도 순종하지도 않았습니다. 뿐만 아니라 "바울에게서 돈을 받을까 바라는 고로 더 자주 불러 같이 이야기"했습니다(행 24:26). 로마 시민권자인 바울에게서 뇌물을 받으려는 생각으로 그를 계속 부른 것입니다. 그는 두 마음 사이에서 방황했습니다. 복음을 들으며 두려워했지만 동시에 돈을 사랑했습니다. 앞에 언급한 에스겔 33장 30절 말씀대로 그는 이익을 따르는 사람이었습니다.

성경은 "돈을 사랑함이 일만 악의 뿌리"라고 가르칩니다(딤전 6:10). "돈을 사랑하는 것이 악이다."라고 말하지 않습니다. "모든 악이 돈을 사랑하는 데서 나온다"고 말씀합니다. 돈을 사랑하는 것은 돈에 묶여서 돈의 종으로 살아가는 것입니다. 주님은 "하나님과 재물을 겸하여 섬길 수 없다"고 말씀하셨습니다(마 6:24). 돈의 종이 되거나 하나님의 종이 되거나 둘 중 하나라는 말입니다. 돈을 사랑하는 마음으로는 하나님의 말씀을 들을 수 없습니다. 근본적으로 하나님을 사랑하는 자는 돈을 사랑하지 않는 자이고, 하나님의 말씀을 듣는 자입니다. 그는 돈보다 하나님을 더 사랑하고 돈보다 하나님을 더 두려워하는 사람입니다.

헤롯 안디바나 벨릭스와는 반대로, 하나님의 말씀을 듣고 기뻐하는 경우도 있습니다. 하나님의 말씀이 들리지 않았음에도 불구하고 말입니다. 여기에는 다양한 이유가 있습니다.

첫 번째는 지적인 사람이 하나님 말씀의 논리 정연함과 지적인 깨달음을 통해 기쁨을 얻는 경우입니다. 지적인 사람은 성경을 배우면서 성경이 재미있다고 느끼며 기뻐할 수 있습니다.

두 번째는 감정적인 사람이 하나님의 말씀이 가지는 감정적인 요소에 의해 마음이 움직여지고 기뻐하는 경우입니다. 그런 사람은 설교만 들으면 눈물을 흘립니다. 내용을 정확하게 이해하기보다는 설교에 등장한 감동적인 예화에 눈물을 흘릴 수 있습니다. 나중에는 자기가 왜 울었는지도 모릅니다. 그런데도 감동을 받습니다.

세 번째는 비판적 성향을 가진 사람이 자기가 듣고 싶어 하는 말을 들을 때 기뻐하는 것입니다. 그런 사람은 특히 사회와 교회의 잘못을 통렬하게 비난하고 책망하는 선지자적인 말씀을 들을 때 그렇게 반응할 수 있습니다. 말씀을 자기 자신이 아닌 다른 사람에게만 적용하는 것입니다. 이런 경우에는 다소 기쁨의 반응을 보인다 해도 하나님의 말씀을 영적으로 듣는 것이 아닙니다. 하나님을 믿는다거나 두려워한다는 증거도 될 수 없습니다.

우리는 씨 뿌리는 자의 비유를 알고 있습니다. "돌밭에 뿌려졌다는 것은 말씀을 듣고 즉시 기쁨으로 받되 그 속에 뿌리가 없어 잠시 견디다가 말씀으로 말미암아 환난이나 박해가 일어날 때에는 곧 넘어지는 자요"(마 13:20-21). 말씀의 씨앗이 돌밭에 뿌려진 경우처럼 즉시 기쁨으로 반응하지만 환난과 박해로 인하여 믿음을 배신하는 사람들이 있습니다.

말씀에 대한 기쁨이 그 사람의 인격에 거룩한 영향을 미치지 못한다면 그것은 참된 신앙이 아닙니다. 물론 하나님을 두려워하는 것도 아닙니다.

지적인 만족

지적인 성향의 사람들이 하나님의 말씀을 들을 때 빠지기 쉬운 잘못을 조금 더 생각해 보겠습니다. 배우기 좋아하는 지적 성향의 사람들에게는 지식을 더하고 싶어 하는 경향이 있기 때문에 배우는 것을 부담스러워하지 않습니다. 그들은 모르던 것을 알게 되었을 때 기뻐하고, 자신이 아는 것과 다른 것을 듣게 되면 의심합니다. 자기 생각과 완전히 다른 말씀을 들을 때에는 거부 반응을 보이기도 합니다. 예레미야서의 말씀이 그런 태도를 잘 보여 줍니다. "그러므로 너는 이 말로 그들에게 이르기를 이스라엘의 하나님 여호와의 말씀에 모든 가죽부대가 포도주로 차리라 하셨다 하라"(렘 13:12).

모든 이스라엘 사람들의 집에는 포도주 부대가 있었습니다. 예레미야 선지자는 그 포도주 부대가 가득 찰 것이라고 말씀을 전하라는 명령을 받습니다. 그렇게 말씀을 전하자 사람들이 말합니다. "모든 가죽부대가 포도주로 찰 줄을 우리가 어찌 알지 못하리요"(렘 13:12). 이 말은 "우리도 그 정도는 알아. 뭐 새로운 이야기 없어?"라고 말하는 것입니다. 자신들이 모르는 새로운 것을 말하라는 태도입니다.

이사야 선지자에게도 사람들이 비슷한 반응을 보였습니다. "그들이 이르기를 그가 누구에게 지식을 가르치며 누구에게 도를 전하여 깨닫게 하려는가. 젖 떨어져 품을 떠난 자들에게 하려는가. 대저 경계에 경계를 더하여 교훈에 교훈을 더하되 여기서도 조금, 저기서도 조금 하는구나 하는도다"(사 28:9-10).

이것은 당대의 제사장과 선지자들이 노골적으로 이사야 선지자를 통해서 주시는 하나님의 말씀을 무시하고 조롱하는 태도를 보여 줍니다. 어린아이나 들을 만한 소리를 감히 자신들에게 하느냐고 말합니다. 이사야 선지자가 어린아기가 옹알거리는 소리나 한다고 비난하고 조롱하는 것입니다. 사실 하나님 앞에서 그들 자신이 영적으로 아무것도 깨닫지 못하는 어린아기라는 현실을 직시해야 했는데 말입니다. 오늘날은 어떨까요? 오늘날에도 이런 일들이 교회 안에서 일어나고 있습니다.

언젠가 며칠간의 집회를 마치고 그 교회의 담임목사님, 그리고 교인 몇 분과 함께 식사를 할 때였습니다. 교인 한 분이 다가와 저에게 이렇게 말했습니다. "목사님, 이번 집회 너무 좋았어요. 우리 목사님 설교는 5년이나 들어서 더 이상 들을 게 없거든요." 그 목사님은 저와 같은 테이블에 앉아 계셨습니다. 그 말을 들으며 지금이 과거 선지자들의 시대와 조금도 다르지 않다고 생각했습니다. 그분은 하나님의 말씀을 못 들은 것입니다. 그분은 목사님이 아니라 하나님을 조롱한 것입니다. 물론 이사야 시대의 제사장과 선지자들이 그랬듯이, 그분도 자신이 한 일을 알지 못하겠지만 말입니다.

성경을 읽든지 공부하든지, 말씀을 듣든지 묵상하든지 암송하든지, 우리는 하나님의 말씀을 들어야 합니다. 하나님의 말씀이 우리 귀에 들려져야 합니다. 그것이 영적으로 산 자와 죽은 자의 차이입니다. 거듭난 자와 거듭나지 않은 자의 차이입니다.

스스로 속이지 말라

예레미야 선지자는 약 40년 동안 말씀을 전했습니다. 특히 마지막 20년은 수많은 거짓 선지자들 속에서 외롭게 말씀을 전해야 했고, 그 결과는 살해 위협과 저주와 물리적 박해였습니다. 그러나 주전 586년, 유다와 예루살렘은 예레미야 선지자가 전한 모든 말씀대로 바벨론의 공격 앞에서 속수무책으로 함락되었고, 성전은 완전히 불에 타 무너져 버렸습니다. 그제야 사람들은 그가 참선지자였음을 깨달았습니다.

예루살렘을 함락시키고 유다를 정복한 바벨론은 유다를 다스리기 위해 유대 사람 그다랴를 총독으로 세웠습니다. 그런데 문제가 생깁니다. 그다랴를 바벨론에 부역하는 배신자로 여긴 탓에, 이스마엘이라는 유다 왕족이 그를 3개월 만에 암살한 것입니다.

그 후 이스마엘은 바벨론군을 피하여 암몬 땅으로 도망가고 모든 책임은 결국 총독 휘하에 있던 군대 장관 요하난에게 맡겨집니다. 혼란스러운 가운데 세력을 잡은 요하난은 두려웠습니다. 자신이 총독 그다랴를 죽인 것은 아니지만, 총독이 죽은 이상 바벨론 군대가 한 번 더 들이닥치지 않을까 하는 두려움이 생긴 것입니다. 그래서 예레미야 선지자를 찾아와 요청합니다. "당신은 우리의 탄원을 듣고 이 남아 있는 모든 자를 위하여 당신의 하나님 여호와께 기도해 주소서. 당신이 보는 바와 같이 우리는 많은 사람 중에서 남은 적은 무리이니 당신의 하나님 여호와께서 우리가 마땅히 갈 길과 할 일을 보이시기를 원하나이다"(렘 42:2-3).

이 말을 들은 예레미야는 "내가 너희 말을 들었은즉 너희 말대로 너희 하나님 여호와께 기도하고 무릇 여호와께서 너희에게 응답하시는 것을 숨김이 없이 너희에게 말하리라"(렘 42:4)고 대답합니다. 그러자 그들이 말했습니다. "우리가 당신의 하나님 여호와께서 당신을 보내사 우리에게 이르시는 모든 말씀대로 행하리이다. 여호와께서는 우리 가운데에 진실하고 성실한 증인이 되시옵소서. 우리가 당신을 우리 하나님 여호와께 보냄은 그의 목소리가 우리에게 좋든지 좋지 않든지를 막론하고 순종하려 함이라. 우리가 우리 하나님 여호와의 목소리를 순종하면 우리에게 복이 있으리이다."(렘 42:5-6). 정말 감동적인 말입니다. 자신들이 참된 믿음의 사람들이라는 것을 보여 주기에 충분한 말입니다.

열흘 후 하나님의 말씀이 예레미야 선지자에게 임하여, 예레미야는 요하난과 모든 지도자들과 백성들을 불러 모아 말했습니다. 그 요지는 이렇습니다. "그다랴 총독이 죽은 것 때문에 바벨론 왕이 너희들을 해할 것이라고 두려워하지 마라. 바벨론의 세력이 미치지 않는 애굽으로 도망가려고도 생각하지 마라. 애굽으로 가면 전쟁과 기근과 전염병이 너희들을 쫓아가서 다 죽이고 한 사람도 남기지 않을 것이다. 바벨론 왕을 두려워하지 말고 여기 그대로 있으면 하나님께서 너희를 보호하고 구원하실 것이다" (렘 42:10-22 참조). 이것이 다가 아니었습니다. 정말 무서운 말씀이 주어집니다. 예레미야 42장 20절입니다. "너희가 나를 너희 하나님 여호와께 보내며 이르기를 우리를 위하여 우리 하나님 여호와께 기도하고 우리 하나님 여호와께서 말씀하신 대로 우리에게 전하라. 우리가 그대로 행하리라 하여 **너희 마음을 속였느니라**"(강조는 필자가 한 것).

하나님께서는 그들이 무엇을 말씀하시든 순종하겠다고 한 말이 진심이 아니었을 뿐 아니라 마음을 속인 일이었다고 선지자를 통하여 지적하십니다. 하나님은 그들이 애굽으로 가지 말라는 하나님의 말씀에 순종하지 않을 것을 이미 아셨습니다. 그래서 예레미야 선지자는 그들이 그곳에서 칼과 기근과 전염병에 죽을 것이라고 예언합니다(렘 42:22).

결국 그들은 본색을 드러냅니다. "호사야의 아들 아사랴와 가레아의 아들 요하난과 모든 오만한 자가 예레미야에게 말하기를 네가 거짓을 말하는도다. 우리 하나님 여호와께서 너희는 애굽에서 살려고 그리로 가지 말라고 너를 보내어 말하게 하지 아니하셨느니라"(렘 43:2).

그들은 예레미야가 거짓말을 하고 있다고 했습니다. 예레미야 선지자에게 하나님의 말씀을 받아 달라고 요청할 때부터 이미 애굽으로 가기를 원했고, 그렇게 하기로 마음을 정했습니다. 그들은 내심 하나님께서 예레미야 선지자를 통해 애굽으로 도피하라고 말씀하실 줄 알았거나 그렇게 말씀해 주시기를 바랐던 것입니다. 그들은 예레미야 선지자가 거짓말을 하고 있다고 말하는 데 그치지 않았습니다. "이는 네리야의 아들 바룩이 너를 부추겨서 우리를 대적하여 갈대아 사람의 손에 넘겨 죽이며 바벨론으로 붙잡아 가게 하려 함이라"(렘 43:3)고 말합니다. 예레미야가 하나님의 말씀을 받아서 말한 것이 아니라 예레미야의 측근인 바룩의 부추김을 받아서 그렇게 말했다고 자기들이 만든 스토리에 꿰어 맞추기까지 하는 것입니다. 결국 그들은 남겨진 자들을 모두 이끌고 애굽 땅으로 들어갑니다. 하나님의 뜻이 어디에 있는지 물었지만 하나님의 뜻과 상관없이 자기들이 원하고 결정한 일을 한 것입니다. 그러면서도 그들은 여전히 불안해하며 원치 않는 예레미야 선지자까지 붙잡아 끌고 갔습니다. 예레미야 선지자는 그곳에서 말씀을 전하다가 죽은 것으로 전해집니다.

하나님께 속한 자

요하난과 그의 일행들에게는 하나님의 말씀이 들리지 않았습니다. 예레미야 선지자를 통해서 분명히 하나님의 말씀을 들었지만, 그들이 들은 것은 예레미야의 말이었고, 그들이 본 것은 바룩이 부추겨서 지어낸 말을 하는 예레미야였습니다. 이것은 그들이 하나님께 속한 사람들이 아니라는 것을 증거합니다.

> 하나님께 속한 자는 하나님의 말씀을 들나니 너희가 듣지 아니함은 하나님께 속하지 아니하였음이로다 (요 8:47).

예수님이 이 땅에 오셔서 말씀하실 때에도 많은 유대인들이 주님의 말씀을 듣지 않았습니다. 하나님이신 주님께서 말씀하심에도 불구하고 그들에게는 하나님의 말씀이 들리지 않았습니다.

당신은 어떻습니까? 하나님의 말씀이 들리십니까?

하나님의 말씀이 들려야 합니다. 하나님의 말씀이 들린다면 당신은 거듭난 하나님의 자녀입니다. '지금까지는 목사의 설교를 들었는데 하나님의 말씀을 들어야겠구나.' 하는 깨달음이 일어난다면 소망이 있습니다. 설교뿐 아니라 날마다 성경을 읽을 때에도 하나님의 말씀이 들린다면 당신은 참으로 복된 사람입니다. 그렇다면 당신은 주님께 속한 사람이기 때문입니다.

시편 기자처럼 "여호와의 교훈은 … 순금보다 더 사모할 것이며 꿀과 송이꿀보다 더 달도다"(시 19:8-10), "주의 말씀은 내 발에 등이요 내 길에 빛이니이다"(시 119:105)라고 고백할 수 있다면 하나님의 말씀이 들리는 것입니다. "삼가 말씀에 주의하는 자는 좋은 것을 얻나니 여호와를 의지하는 자는 복이 있느니라"(잠 16:20)는 말씀처럼 주의 말씀에 주의하는 자는 하나님께로부터 모든 좋은 것을 얻습니다.

나눔을 위한 질문

1. '하나님의 음성을 듣는 것'과 '하나님의 말씀이 들리는 것'은 어떻게 다릅니까? '하나님의 음성을 듣는 것'이 위험한 이유는 무엇입니까?

2. 저자는 "하나님의 말씀이 들리는 것은 설교자의 말을 듣는 것 이상을 의미한다"고 말합니다. 이 둘의 차이를 어떻게 설명할 수 있습니까?

3. 하나님의 말씀을 듣고 두려움이나 기쁨으로 반응하는 것이 참된 신앙의 믿을 만한 증거(혹은 표지)가 될 수 없는 이유를 설명해 보십시오.

4. 하나님의 말씀에 순종하는 것이 자기기만을 주의하고 극복하는 데 어떻게 도움이 될 수 있습니까?

10. 온전한 복종인가, 선택적 순종인가?

내 양은 내 음성을 들으며 나는 그들을 알며 그들은 나를 따르느니라.
요한복음 10:27

우리는 하나님께 속하였으니 하나님을 아는 자는 우리의 말을 듣고 하나님께 속하지 아니한 자는 우리의 말을 듣지 아니하나니 진리의 영과 미혹의 영을 이로써 아느니라.
요한일서 4:6

이 장에서 생각할 주제는 '하나님의 말씀을 듣는다는 것은 어떤 의미인가?'입니다. 하나님의 말씀을 듣는다는 것은 한마디로 '하나님의 말씀에 복종하는 것'입니다. 당신은 하나님의 말씀에 복종하십니까? 하나님을 경외하지 않는 신앙은 참된 신앙이 아니고, 하나님의 말씀을 듣지 않는 것도 참된 신앙이 아닙니다.

하나님의 말씀에 복종하십니까?

요한복음 10장 27절에서 주님은 이렇게 말씀하십니다. "내 양은 내 음성을 들으며 나는 그들을 알며 그들은 나를 따르느니라."

주님의 양은 주님의 음성을 듣습니다. 주님이 말씀하시는데 듣지 못하고, 다른 목자의 말에 솔깃하여 그 말을 따른다면 그 양은 주님의 양이 아닙니다. "내 양은 내 음성을 들으며 … 그들은 나를 따르느니라."라는 표현에서 보듯이 '듣는다'와 '따른다'는 두 단어는 매우 밀접하게 연결됩니다.

즉 듣기는 하는데 따르지 않는다면 사실상 못 듣고 안 듣는다는 이야기입니다.

이것을 다음 구절이 보충하여 줍니다. "우리는 하나님께 속하였으니 하나님을 아는 자는 우리의 말을 듣고 하나님께 속하지 아니한 자는 우리의 말을 듣지 아니하나니 진리의 영과 미혹의 영을 이로써 아느니라"(요일 4:6).

사도 요한은 그가 하나님께 속한 사람인지 마귀에게 속한 사람인지는 "우리의 말"을 듣는지 안 듣는지를 보고 안다고 말합니다. "우리의 말"은 사도의 말, 사도가 전하는 복음의 말씀, 성령께서 사도들을 통해서 주신 하나님의 말씀을 가리킵니다. "하나님을 믿는다." "하나님께 속했다"고 하면서 사도들이 전하는 복음을 청종하지 않는다면 그는 진리의 영이신 성령께 속한 자가 아니라 미혹의 영을 따르는 자라는 말씀입니다.

오늘날 이런 가르침이 거의 전해지지 않습니다. 이런 가르침은 우리 마음을 불편하게 만들 수 있기 때문입니다. 또 많은 사람이 모호한 영역에 머무르고 싶어 하기 때문일 것입니다. 언제든 이쪽과 저쪽을 오갈 수 있는 게 편리하다고 생각합니다. 그러나 성경은 창세기부터 요한계시록까지 모호한 구석이 없습니다. 우리 영혼의 문제를 모호함에 남겨두지 않습니다. 하나님은 이렇게 해석해도 되고, 저렇게 해석해도 되는, 코에 붙이면 코걸이가 되고 귀에 붙이면 귀걸이가 되는 식으로 말씀하지 않으십니다. 물론 해석이 어려운 말씀도 있습니다. 그러나 앞에서 인용한 주님의 말씀을 보십시오. 여기에 모호함이 있습니까? 주님의 음성을 듣지 못하면 주님의 양이 아니구나 생각해야 합니다. 사도들이 전한 복음이 들리지 않고, 자신이 그저 잘될 거라는 얘기만 귀에 쏙쏙 들어온다면 미혹의 영에 속해 있다는 얘기입니다. 말씀은 명확합니다. 하나님께 속한 자는 하나님의 말씀을 듣고, 복음의 진리를 듣지 않는다면 그는 미혹의 영을 따르는 자입니다.

신명기 6장 4-5절에 "이스라엘아 들으라. 우리 하나님 여호와는 오직 유일한 여호와이시니 너는 마음을 다하고 뜻을 다하고 힘을 다하여 네 하나님 여호와를 사랑하라"는 말씀이 나옵니다. 여기서 "이스라엘아 들으라."라고 하는 부분을 히브리말로는 "쉐마 이스라엘"이라고 읽습니다. 많이 알려진 히브리 문장입니다. 여기서 '듣는다'는 것은 단순히 듣는 것을 넘어서 '순종한다'는 뜻을 지닙니다. 우리말도 그렇습니다. 부모님이 자녀에게 "너 엄마 말 들을 거야? 안 들을 거야?"라고 말할 때에는 귀로 듣는 것만을 의미하지 않습니다. "너 엄마 말에 순종할 거야? 안 할 거야?"라는 뜻입니다.

성경 속 세 가지 사례

이것을 성경에서 세 가지 사례를 들어 설명하겠습니다. 첫 번째는 아브라함입니다. 아브라함은 아들 이삭을 번제로 드리라는 하나님의 말씀을 들었습니다. 그 말씀을 듣고 순종하여 하나님 앞에 이삭을 드립니다. 그때 하나님의 사자가 말합니다.

> 그 아이에게 네 손을 대지 말라. 그에게 아무 일도 하지 말라. 네가 네 아들 네 독자까지도 내게 아끼지 아니하였으니 내가 이제야 네가 하나님을 경외하는 줄을 아노라 (창 22:12).

아브라함이 하나님을 경외했다는 증거가 그의 순종을 통해 드러났습니다. 아브라함은 하나님의 말씀에 복종했습니다.

두 번째는 출애굽기에 기록된 이야기입니다. 출애굽기는 요셉을 알지 못하는 새로운 왕이 애굽의 왕이 됐다는 이야기로 시작합니다. 그 왕이 이스라엘 백성을 핍박합니다. 이스라엘 백성이 번성하는 것이 두려워 남자아이를 낳으면 곧바로 죽이라고 히브리 산파들에게 명령합니다. 하지만 히브리 산파들은 왕의 명령을 듣지 않고 남자아이들을 살려 줍니다.

성경은 그 이유를 이렇게 설명합니다.

산파들이 하나님을 두려워하여 애굽 왕의 명령을 어기고 남자 아기들을 살린지라(출 1:17).

이어서 출애굽기 1장 21절에는 "그 산파들은 하나님을 경외하였으므로 하나님이 그들의 집안을 흥왕하게 하신지라."라고 그들이 하나님을 경외하였다는 것을 반복하여 기록합니다. 그들은 바로왕보다 하나님을 더 경외하고 두려워했습니다. 그래서 바로왕의 말이 아닌 하나님께 순종할 수 있었습니다.

세 번째는 북 왕국의 악한 왕 아합왕 때의 이야기입니다. 당시는 이스라엘 역사의 가장 어두운 시기였습니다. 아합왕의 극악한 아내 이세벨이 하나님의 선지자들을 다 죽이고 바알과 아세라를 섬기는 선지자 850명을 궁궐에서 먹여 살렸습니다. 그녀가 하나님의 선지자들을 죽였다는 사실은 더 이상 하나님의 말씀이 들려질 수 없었다는 것을 시사합니다.

그토록 불의하고, 악하고, 못된 왕 밑에 경건한 하나님의 사람이 신하로 있었습니다. 오바댜라는 사람입니다. 그는 이세벨이 선지자들을 죽일 때 위험을 무릅쓰고 하나님의 선지자 100명을 굴에 숨겨 봉양했습니다. 아무리 왕궁을 맡은 신하라 해도 100명이나 되는 사람을 숨기고 돌보는 일은 쉽지 않았을 것입니다.

성경은 그를 이렇게 소개합니다. "오바댜는 여호와를 지극히 경외하는 자라"(왕상 18:3). 하나님을 경외하는 사람은 어떤 손해나 불이익, 심지어 목숨을 잃는다 할지라도 하나님의 말씀에 순종한다는 것을 보여 주는 말씀입니다.

성경에는 이런 사례가 무수히 많습니다. 하나님의 말씀을 듣는 것은 말씀에 대해 이런저런 소감을 말하거나 설교를 판단하고 분석하는 것이 아닙니다. 하나님의 말씀을 듣는 것은 그 말씀에 순종하는 것입니다. 그래서 성경은 이렇게 말씀합니다.

일의 결국을 다 들었으니 하나님을 경외하고 그의 명령들을 지킬지어다. 이것이 모든 사람의 본분이니라(전 12:13).

경외함과 말씀을 지키는 순종을 같이 얘기하고 있습니다. 경외하지 않는 순종은 순종이 아니라는 말입니다. 신명기 6장 2절은 이렇게 말씀합니다. "곧 너와 네 아들과 네 손자들이 평생에 네 하나님 여호와를 경외하며 내가 너희에게 명한 그 모든 규례와 명령을 지키게 하기 위한 것이며 또 네 날을 장구하게 하기 위한 것이라." 하나님의 말씀에 순종하는 것은 언제나 하나님을 경외한 결과입니다.

권위 아래 있는 자

이처럼 성경은 '하나님을 경외하는 사람은 하나님의 말씀에 복종하는 사람'이라는 것을 명확히 합니다. 하나님을 믿는다 말하고 교회에도 다니는데 하나님의 말씀에 복종하지 않는다면 하나님을 경외하지 않는 것입니다. 하나님을 두려워하지 않는 것입니다. 하나님을 신경 쓰지 않는 것입니다. 그에게는 하나님이 별로 중요하지 않은 것입니다. 사람은 자기가 경외하는 대상, 두려워하는 대상, 의식하는 대상, 존중하는 대상의 말을 듣게 되어 있습니다.

  물론 하나님의 말씀을 듣는 사람은 실수나 실패 없이 100퍼센트 복종한다는 말이 아닙니다. 그런 사람은 없습니다. 그리스도인도 무수히 실패합니다. 하나님의 말씀과 자신의 상황에서 갈등하고 주저할 수 있습니다. 때로는 다윗처럼 심각하게 불순종함으로써 넘어지기도 합니다. 그러나 본질적으로 신자의 마음은 하나님의 말씀에 순종할까 말까 고민하는 것, 순종하지 못하고 넘어지는 것, 불순종하는 것을 정상적인 것으로 받아들이지 않습니다. 그래서 자신의 불순종과 실패 때문에 괴로워하고 하나님께 나아가 회개합니다. 하나님의 말씀에 복종하지 못하는 자신의 불신앙을 괴로워합니다. 이것은 지옥에 갈까 봐 무서워하는 것이나 하나님께서 교통사고 같은 것으로 자신을 치실까 봐 두려워하는 것이 아닙니다. 자신의 불순종이 하나님의 마음을 상하게 한 것과 그로 인해 하나님과 자신의 관계에 문제가 생긴 것을 괴로워하는 것입니다. 기도가 잘 안 되는 것, 하나님이 자신을 보고 기뻐하시지 않을 것 같은 상태가 괴로운 것입니다. 그래서 관계를 회복하기를 원합니다. 하나님과의 관계를 회복할 때까지는 마음이 편하지 않습니다. 만일 이런 마음이 없으면 그는 양심에 화인을 맞은 것입니다. "자기 양심이 화인을 맞아서 외식함으로 거짓말하는 자들이라"(딤전 4:2). 이런 사람들은 사실상 믿음에서 떠난 자들이고 본질상 믿음에 들어온 적이 없는 사람입니다. "참된 신자는 하나님의 말씀에 복종한다"는 말은 "참된 신자는 권위 아래 산다"는 말로도 설명할 수 있습니다. 여기서 말하는 '권위'는 하나님의 권위입니다. 신자는 권위 아래에 있는 사람입니다.

그래서 '순종'이라는 말보다 '복종'이라는 말이 더 적합할 수 있습니다.

군대를 생각해 보십시오. 군대의 질서는 소위 '상명하복'(上命下服)으로 설명됩니다. 윗사람은 명령하고 아랫사람은 복종하는 것입니다. 군대에서 제일 큰 죄는 항명, 즉 명령 불복종입니다. 모든 군인이 그것을 압니다. 군인은 권위 아래 있는 자이기 때문입니다.

주님께서 가버나움에 가셨을 때 로마의 백부장이 중풍병에 걸린 자기 하인을 고쳐 달라고 주님께 나왔습니다. 아들도 아니고 종의 병을 고쳐 달라고 예수님께 나온 것을 보면, 그는 참으로 자비하고 선한 사람인 것 같습니다. 그런데 예수님께서 그의 병을 고쳐 주시겠다고 하자 백부장이 이렇게 말합니다.

> 주여 내 집에 들어오심을 나는 감당하지 못하겠사오니 다만 말씀으로만 하옵소서. 그러면 내 하인이 낫겠사옵나이다. 나도 남의 수하에 있는 사람이요 내 아래에도 군사가 있으니 이더러 가라 하면 가고 저더러 오라 하면 오고 내 종더러 이것을 하라 하면 하나이다(마 8:8-9).

이 사람은 군인입니다. 자신이 권위 아래 있고, 자신의 권위 아래에도 사람이 있다는 것을 압니다. 그러니 주님께서 자기 말에 따라 가고 오시는 것, 그렇게 자기 집에 들어오시는 것을 감히 감당할 수 없다는 말입니다. 이 말을 들으신 예수님은 그를 칭찬하셨습니다.

> 예수께서 들으시고 놀랍게 여겨 따르는 자들에게 이르시되 내가 진실로 너희에게 이르노니 이스라엘 중 아무에게서도 이만한 믿음을 보지 못하였노라(마 8:10).

주님께서 칭찬하신 것은 백부장의 믿음입니다. 그의 믿음은 놀라운 차원의 복종을 보여 주었습니다.

하나님을 믿고 경외한다는 것은 권위 아래 사는 것을 인정하는 것입니다. 예수를 믿기 전에는 자기 멋대로 살고, 맘대로 살았을지 모릅니다. 그러나 중생하여 예수를 믿기 시작한 순간부터는 우리에게 새 주인이 생깁니다. 칼빈은 "주님이 가라는 데까지 가고, 서라는 데서 선다"고 말했습니다.[1] 우리는 그분의 권위 아래 있는 사람이라는 것입니다.

그러므로 어떤 결정을 내릴 때 자기 생각에 좋은 대로 결정하는 것은 신자로서 매우 이상하고 비정상적인 일입니다. 권위 아래 있는 자는 자기 좋은 대로 결정하지 않을 뿐 아니라 할 수도 없기 때문입니다.

신자는 권위 아래 있는 자입니다. 그래서 모든 일을 하나님께 여쭙니다. 하나님의 뜻이 어디에 있는지를 먼저 살핍니다. 자신이 원하는 것이라 할지라도 주님이 원하시는지가 중요합니다. 주님이 기뻐하시는지가 중요합니다. 자기 마음 내키는 대로 행동하지 않습니다. 자신이 최종 권위자가 아니기 때문입니다.

교회도 마찬가지입니다. 목사나 당회가 마음대로 교회를 좌지우지하려고 하면 그것은 타락한 지도자들이고 타락한 교회입니다. 교회는 그리스도의 몸이고 그리스도가 교회의 머리이십니다. 그러므로 교회의 지도자들은 두려운 마음으로 머리이신 그리스도의 뜻을 헤아려야 합니다. 하나님의 뜻을 확인했다면 어려움이 생기고 반대가 있을지라도 그 뜻을 따라 복종해야 합니다.

이 점에서 교회는 민주주의의 원리를 따른다고 말할 수 없습니다. 교회는 신정(神政)입니다. 하나님께서 말씀을 통해 교회를 다스리십니다. 하나님의 뜻은 목사나 장로나 어떤 지도자가 개인적으로 골방에서 은밀하게 받는 것에 이끌려 가는 것이 아니라, 성경에 기록된 하나님의 말씀 위에 세워집니다.

당신은 하나님의 권위 아래 있다는 사실을 늘 인식하며 살아가고 있습니까? 당신과 당신의 자녀, 부모, 형제, 그리고 직장 동료가 당신을 권위 아래 있는 사람이라고 인정합니까?

완전한 순종

하나님에 대한 복종은 언제나 전적인 복종을 의미합니다. 부분적인 복종이 아닙니다. 자기가 납득할 수 있는 명령이나 말씀에 대해서만 복종하는 것이 아닙니다. "모든 명령을 삼가 지키면"(신 6:25)이라는 말씀대로 참된 신자는 하나님의 "모든 명령"에 복종합니다. 참된 신자의 삶에도 실패와 실수가 많이 일어납니다. 그러나 본질적으로 신자가 가지는 마음은 전적인 복종의 마음입니다. 앤드류 머리(Andrew Murray)는 『완전한 순종』(Absolute Surrender)이라는 책을 썼습니다. 하나님께 완전히 항복하는 것이 신자의 참된 증거입니다. 때로는 자신의 생명이나 매우 중요한 손익이 걸려 있는 일 앞에서 순간적으로 믿음이 약해져서 주저하고, 갈등하고, 심지어 순종하지 못하는 일들이 일어납니다. 그러나 참된 신자의 마음을 지배하는 것은 언제나 전적으로 순종하는 태도입니다.

작은 죄를 가볍게 여기지 말라

작은 죄와 큰 죄를 구별하면서 작은 죄를 가볍게 여기는 것은 전적으로 순종하는 태도가 아닙니다. 경건은 하나님의 모든 명령을 존중하는 것입니다. 만일 어떤 군인이 "전쟁이 나면 나는 상관의 모든 명령에 복종하겠지만 훈련 중에 일어나는 사소한 일은 내 마음대로 하겠다"고 말한다면 그는 결코 권위 아래 있는 참 군인이라고 할 수 없습니다.

마찬가지로 우리가 살인이나 강간이나 거짓 증거나 남에게 해를 끼치거나 속이는 것은 중한 죄로 여기면서 부모에게 불순종하는 것이나 약속을 지키지 않는 불성실함, 다른 사람을 비난하는 것, 말로 늘 불평하는 것 등에 대해서는 아무렇지 않게 생각하고 아무 죄책감도 느끼지 않는다면 그것은 하나님에 대한 바른 경외가 아닙니다.

참된 신자가 큰 죄만 짓지 않으면 하나님께서 신경 쓰지 않으실 것이라고 생각할 수 있습니까?

조나단 에드워즈의 외조부이자 그의 전임목사였던 솔로몬 스토다드(Solomon Stoddard)는 이렇게 말했습니다. "큰 대포알뿐 아니라 작은 총알도 사람을 죽일 수 있다. 물이 새는 작은 구멍이 배를 가라앉게 할 수 있다. 사람이 작은 죄를 짓는다면, 그것은 그가 하나님을 사랑하지 않으며 하나님을 기쁘시게 하고 영화롭게 하려는 신실한 관심이 없다는 것을 보여 준다. 큰 죄뿐 아니라 작은 죄도 저주스러운 본질을 가지고 있다. 작은 죄들이 큰 죄들만큼의 형벌을 받아야 하는 건 아니라도 저주와 정죄를 받아 마땅하다. 하나님은 모든 죄를 경멸하신다."[21]

> 누구든지 온 율법을 지키다가 그 하나를 범하면 모두 범한 자가 되나니 (약 2:10).

큰 죄를 범한 사람만 죄인이 아니고 작은 죄를 범해도 죄인입니다. 중생한 신자의 심령에는 신적인 본성이 심겨져서 죄를 미워하는 성향이 생깁니다. 그래서 전과 같이 죄를 범하지 않고 죄와 싸우는 삶을 살게 되는 것입니다. 스토다드는 이렇게 덧붙입니다. "이것은 큰 계명이라고 말하면서 그것을 중요하게 여기고 다른 것은 작은 계명이라서 존중하지 않고 그 계명을 어기는 사람은 멸망 상태에 있는 것이다."[3]

하나님에 대한 순종은 온전한 순종입니다. 이스라엘의 초대 왕 사울은 이것에 대한 대표적인 반면교사입니다. 아말렉과의 전쟁에서 하나님은 모든 생명을 멸하라고 하셨습니다. 그러나 사울은 아각왕을 살려 주고 짐승 중에서도 좋은 것은 죽이지 않고 남겨 놓았습니다. 그때 사무엘이 사울을 찾아와 이렇게 말합니다.

> 여호와께서 번제와 다른 제사를 그의 목소리를 청종하는 것을 좋아하심같이 좋아하시겠나이까? 순종이 제사보다 낫고 듣는 것이 숫양의 기름보다 나으니 이는 거역하는 것은 점치는 죄와 같고 완고한 것은 사신 우상에게 절하는 죄와 같음이라. 왕이 여호와의 말씀을 버렸으므로(삼상 15:22-23).

사울은 부분적으로 순종했습니다. 온전한 순종이 아니었습니다. 이것을 하나님은 "거역"이라고 말씀하셨고, 그것은 곧 하나님께서 율법에서 그런 일을 행하는 자들을 죽이라고 말씀하신 "점치는 죄, 사신 우상에게 절하는 죄"와 같다고 말씀하셨습니다.

이 일로 인해 사울의 왕위는 사실상 폐하여집니다. "여호와께서도 왕을 버려 왕이 되지 못하게 하셨나이다"(삼상 15:23). 사울은 온전히 순종하려고 했지만 못한 것이 아닙니다. 그에게는 온전히 순종하려는 마음이 없었습니다. 부분적인 순종은 죽여야 하는 죄입니다.

아나니아와 삽비라도 마찬가지입니다. 그들은 땅을 팔아 일부를 남기고 일부를 헌금했습니다. 땅을 팔아서 헌금을 할 정도면 적지 않은 금액이었을 것입니다. 문제는 그들이 하나님을 속이고 온전히 순종하지 않은 것입니다. 절반의 순종, 부분적인 순종은 순종이 아닙니다.

성경은 하나님의 모든 말씀에 대해 부분적인 순종이 아니라 온전한 순종을 드릴 것을 엄중히 요구합니다. 이것이 하나님을 경외하는 것이고, 하나님의 말씀을 듣는 것입니다.

태만의 죄

오늘날 교회에 만연한 심각한 문제 중 하나는 태만의 죄입니다. 하나님께서 성경을 통해 주시는 명령에는 "하지 말라"는 명령만 있는 것이 아닙니다. "이것을 행하라"는 적극적인 명령도 있습니다. 우리는 일반적으로 금지 명령을 위반하는 것이 죄라고 생각합니다. 그러나 성경은 적극적인 명령에 순종하는 것, 하나님께서 요구하시는 수준에 이르는 것에 대해서도 말씀합니다. 주님께서는 마태복음 25장에서 마지막 심판에 대해 말씀하셨습니다(마 25:31-46). 그중 41-43절은 저주와 심판을 받을 자들에게 하시는 말씀입니다.

또 왼편에 있는 자들에게 이르시되 저주를 받은 자들아 나를 떠나 마귀와 그 사자들을 위하여 예비된 영원한 불에 들어가라. 내가 주릴 때에 너희가 먹을 것을 주지 아니하였고 목마를 때에 마시게 하지 아니하였고 나그네 되었을 때에 영접하지 아니하였고 헐벗었을 때에 옷 입히지 아니하였고 병들었을 때와 옥에 갇혔을 때에 돌보지 아니하였느니라 하시니.

주님은 그들이 하지 말라는 것을 위반했다고 말씀하시지 않습니다. 그들은 하지 않은 것 때문에 심판을 받습니다. 그러자 그들은 언제 주님이 그런 상황에 계실 때 자기들이 아무것도 하지 않았냐고 항변합니다. 그 말에 주님은 이렇게 대답하십니다.

> 내가 진실로 너희에게 이르노니 이 지극히 작은 자 하나에게 하지 아니한 것이 곧 내게 하지 아니한 것이니라(마 25:45).

주님께서 지적하신 죄악은 태만입니다. 아마도 그들은 도둑질이나 살인과 같이 남을 해롭게 하는 일은 하지 않았을 것입니다. 그러나 주님은 하라고 한 것을 하지 않은 것에 대해 책망하십니다.

하나님께서는 구약성경을 통해 나그네와 과부와 고아를 돌보라고 누누이 말씀하셨습니다. 이스라엘 백성들은 귀가 따갑도록 그 말씀을 듣고 성장합니다. 야고보 사도도 다음과 같이 말합니다.

> 하나님 아버지 앞에서 정결하고 더러움이 없는 경건은 곧 고아와 과부를 그 환난 중에 돌보고 또 자기를 지켜 세속에 물들지 아니하는 그것이니라 (약 1:27).

고아와 과부는 스스로를 돌볼 수 없는 사람들입니다. 즉 약자를 대표하는 사람들이 나그네, 고아, 과부였습니다.

우리는 이런 말씀을 모르지 않습니다. 이것은 적극적인 명령입니다. 돈이 많든 적든, 우리가 있는 모든 조건에서 적극적으로 행하라는 명령입니다. 예수를 믿는 사람은 인색하지 않습니다. 관대합니다. 왜냐하면 하나님이 관대하시기 때문입니다. 언제나 관대하게 은혜를 베풀어 주시기 때문입니다. 그래서 진짜 예수를 믿으면 하나님을 닮아 가고 관대해집니다.

이 세상에는 작은 자들과 연약한 자들이 있습니다. 나보다 힘든 사람들이 있습니다. 하나님께서 내가 도와줄 수 있는 기회를 주시는 때가 있습니다. '나는 가난해서 별로 할 게 없어.'라고 생각하십니까? 아니면 "내 돈 가지고 내가 원하는 삶을 사는 걸 뭐라고 하면 나는 하나님 못 믿어."라고 이야기하시겠습니까? 성경은 이렇게 말씀합니다.

누가 이 세상의 재물을 가지고 형제의 궁핍함을 보고도 도와줄 마음을 닫으면 하나님의 사랑이 어찌 그 속에 거하겠느냐(요일 3:17).

이보다 더 적극적인 명령이 있습니다. 율법의 요약인 대명령(the Great Commandment)입니다.

네 마음을 다하고 목숨을 다하고 뜻을 다하고 힘을 다하여 주 너의 하나님을 사랑하라 하신 것이요 둘째는 이것이니 네 이웃을 네 자신과 같이 사랑하라 하신 것이라. 이보다 더 큰 계명이 없느니라(막 12:30-31).

마음과 목숨과 뜻을 다해서 하나님을 사랑하고, 이웃을 자기 자신처럼, 또는 자기 자식을 사랑하는 것처럼 사랑하라는 것입니다. 주님께서 아담의 후손으로서 하나님을 사랑하시되 목숨을 다해 사랑하셨고, 뜻을 다해 사랑하셨고, 마음을 다해 사랑하셨고, 힘을 다해 사랑하셨습니다. 죽기까지 사랑하여 복종하셨습니다. 그리고 이웃을 자기 자신처럼 사랑하셨습니다. 원수를 그렇게 사랑하셨습니다. 예수님은 이 율법에 온전히 복종하심으로써 첫 사람 아담이 불순종으로 실패한 것을 온전한 순종으로 완전한 의를 성취하사, 믿는 우리의 의가 되어 주셨습니다. 그러므로 그리스도의 의를 아무 공로 없이 전적인 은혜로 전가받은 우리도 주님께 받은 은혜와 사랑을 다른 사람들에 대한 관대함으로 나타내야 합니다. 이것이 주님의 명령입니다.

누구를 섬길 것인가?

오늘날 교회 밖에서만 기독교 신앙을 오해하고 하나님을 오해하는 것이 아닙니다. 교회 안에서 하나님을 믿는다고 고백하는 신자들의 오해도 매우 심각합니다. 우리는 하나님께서 우리에게 주신 모든 것으로 하나님을 섬깁니다. 주께로부터 오지 않은 것은 아무것도 없습니다.

돈은 중요합니다. 돈이 있는 곳에 마음이 있다고 주님도 말씀하셨습니다(마 6:21). 돈에 복종하든지, 하나님께 복종하든지 둘 중 하나, 당신이 섬길 주인을 선택해야 합니다(마 6:24).

인생의 시간도 마찬가지입니다. 참된 신자는 자기 인생을 계획할 때 하나님께서 자신에게 주시고, 주실 모든 시간을 가지고 어떻게 하나님을 섬길지 생각해야 합니다. 이것은 특별히 하나님께 헌신한 신자들의 이야기가 아니라 구속의 은혜를 입은 모든 신자의 정상적인 반응입니다.

당신은 혹시 기독교 신앙을 오해하고 있지 않습니까? 자신이 정해 놓은 선 안에서 '이만하면 충분하다'고 생각하며 살아가지 않습니까? 날마다 말씀을 읽고 설교와 가르침을 통해서 듣는 하나님의 말씀 앞에 늘 온전하게 복종하고 살아갑니까?

당신에게 성경은 어떤 권위가 있습니까? 그 말씀이 권위 있는 하나님의 말씀으로 들립니까? 성경을 통해 하나님께서 매일 당신에게 말씀하고 계십니까? 이것은 매우 심각한 질문입니다. 하나님의 말씀이 당신의 삶 전체에 절대적인 권위를 지니고 있는지 질문해야 합니다. 만일 그렇지 않다면 당신은 매우 위험한 자리에 서 있는 것입니다. 눈과 귀를 다 막은 채 인생을 질주하는 것입니다. 이 세상에서 교회보다 강한 조직은 없습니다. 왜냐하면 교회는 하나님을 경외하기 때문입니다. 군대는 힘에 의한 권위와 총과 칼이 있지만, 그것으로 사람의 마음까지 복종시킬 수는 없습니다. 그러나 하나님께서는 우리의 마음을 원하십니다. 온 마음으로 하나님을 경외하는 것이 우리의 순종과 복종으로 나타납니다. 그래서 교회는 강합니다. 교회를 박해했던 로마제국은 멸망하여 역사 속으로 사라졌지만, 교회는 21세기에도 여전히 건재하고 있습니다.

당신의 영혼은 하나님의 말씀을 듣고 있습니까? 하나님을 경외합니까? 성경이 당신의 삶에 가장 절대적인 권위입니까? 당신이 권위 아래 사는 사람이라는 것을 주변 사람들이 인정합니까?

이 장에서 당신은 하나님께서 당신에게 말씀하시는 것을 들으셨습니까? 그 말씀을 통해 당신을 교정하고, 고치고, 돌이키고, 회개하고, 하나님께 나아가게 하심을 느낍니까? 그렇다면 순종하십시오. 고치십시오. 존 번연의 이 말을 기억하십시오.

> 우리가 하나님을 경외하고 있다는 사실을 증명하는 것은 하나님의 뜻을 아는 지식이 아니라 그것에 진지하게 복종하는 것이다.[4]

1. 당신은 "참된 신자의 모든 삶과 행위의 최종 권위는 하나님과 하나님의 말씀에 있다"는 말에 동의합니까? 저자는 이 명제가 아브라함, 히브리 산파들, 그리고 오바댜를 통해서 입증된다고 말합니다. 이 명제가 함의하는 바를 당신의 경험이나 실제적인 예를 들어 설명해 보십시오.

2. 1번에서 언급한 명제가 신자 개인의 삶과 교회에 어떻게 적용될 수 있습니까?

3. "온전하지 않은 순종은 순종이 아니다"라는 말에 동의하십니까? 이 말에 동의하거나 동의하지 않는 근거는 무엇입니까?

4. 당신은 성경에 금지 명령을 범하는 죄뿐 아니라 태만의 죄, 즉 적극적으로 명령에 순종하지 않는 죄가 있다는 것을 알고 있었습니까? 신자가 '태만의 죄'를 의식하고 사는 것이 삶에 어떤 변화를 가져올 수 있습니까?

11. 영적 갈망이 있는가, 적당히 안주하는가?

상전의 손을 바라보는 종들의 눈같이, 여주인의 손을 바라보는 여종의 눈같이 우리의 눈이 여호와 우리 하나님을 바라보며 우리에게 은혜 베풀어 주시기를 기다리나이다.

시편 123:2

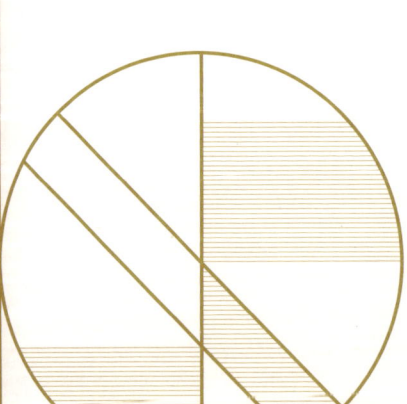

범죄함으로 하나님으로부터 떨어져 나온 인간에게는 잃어버린 하나님에 대한 상실감이 내재하고, 그 상실감은 인간 내면의 갈망으로 나타납니다. 하나님께서 자신의 존재를 분명하게 보여 주시기까지 인간은 하나님을 잃어버린 빈자리를 끊임없이 다른 것으로 채워 가며 살아갑니다. 하나님을 만나기까지 결코 채워질 수 없는 이 갈망은 돈, 사랑하는 사람, 원하는 건강, 자식들의 성공 등으로 해소될 것 같지만 그렇지 않다는 것을 번번이 경험하게 됩니다.

하나님을 갈망하십니까?

행복을 마다할 사람은 없습니다. 모두가 행복을 갈구합니다. 어떤 사람들은 이 행복이 자신의 노력으로 획득될 거라는 소망으로 열심히 살아갑니다. 또 다른 사람들은 자조적인 태도로 행복을 포기한 채 살아갑니다. 이것이 극단적일 경우에는 자살이라는 최악의 선택을 하기도 합니다. 어쨌든 부인할 수 없는 사실은 모두에게 갈망이 있다는 것입니다. 행복해지고 싶은 갈망입니다. 이것은 현재의 삶에 대한 깊은 불만족이기도 합니다.

하나님을 만나기까지 이 '막연한' 갈망에서 자유로울 수 있는 인간은 없습니다. 하나님께서 찾아오실 때 비로소 우리는 우리 안에 있는 그 깊은 목마름의 정체가 무엇이었는지 발견하게 됩니다. 그것은 바로 하나님에 대한 갈망입니다.

거듭난 본성의 증거

예수님께서 사마리아 여인을 찾아가셨을 때 사마리아 여인이 깨달은 것이 바로 그 갈망이었습니다. 사마리아 여인은 갈망이 많은 사람이었습니다. 포기할 줄 몰랐고 지치지도 않았습니다. 그녀는 자신을 사랑해 주는 남자가 있으면 갈망이 채워질 것이라고 생각하며 살아갔던 여인 같습니다. 그래서 다섯 번이나 결혼을 했습니다. 하지만 다섯 번의 결혼으로도 그녀의 갈망은 채워지지 않았고, 지금 같이 살고 있는 남자는 결혼도 하지 않은 상태였습니다. 자신을 사랑해 주는 남자만 있으면 행복할 것이라고 생각했는데 그렇지 않았던 모양입니다. 그녀는 자기 인생을 망가뜨리려고 여러 번 결혼한 것이 아닐 겁니다. 행복해지고 싶어서 그랬을 것입니다.

그런데 그날 우물가에서 주님을 만났습니다. 주님께서 그녀를 만나 주셨을 때 그녀는 비로소 자기가 느껴 온 갈망의 진정한 실체를 보게 됩니다. 자기가 하나님을 떠난 존재이기 때문에 갈망을 가지고 있다는 사실과 그 갈망은 오직 하나님만이 채워 주실 수 있다는 것을 알게 된 것입니다.

주님은 "이 물을 마시는 자마다 다시 목마르려니와 내가 주는 물을 마시는 자는 영원히 목마르지 아니하리니 내가 주는 물은 그 속에서 영생하도록 솟아나는 샘물이 되리라"(요 4:13-14)고 하시며 그녀의 갈망은 오직 하나님만이 채워 주실 수 있다고 말씀하셨습니다.

주님을 만나면 갈망의 정체를 알게 됩니다. 여기저기 헤매고 살다가 주님을 만난 후에 '내 갈망을 채워 줄 수 있는 것은 바로 이 샘이구나.' 깨닫고 나면, 더 이상 다른 데로 가지 않습니다. 예레미야 32장에 기록된 하나님의 "영원한 언약"(40절)이 그것을 보여 줍니다. 이스라엘 역사를 보십시오. 하룻밤 자고 나면 어제 받은 은혜를 다 잊어버리고 또 떠납니다. 하나님을 떠나는 것이 자기들의 행복이라고 생각하며 살아갑니다. 이스라엘 역사에서 끊임없이 반복된 일입니다. 그런데 하나님께서는 "내가 너희의 돌 같은 마음에 감동을 주고, 너희들에게 선을 베풀기를 그치지 않음으로써 너희들이 떠나지 않게 하겠다"고 말씀하십니다.

> 내가 그들에게 한 마음과 한 길을 주어 자기들과 자기 후손의 복을 위하여 항상 나를 경외하게 하고 내가 그들에게 복을 주기 위하여 그들을 떠나지 아니하리라 하는 영원한 언약을 그들에게 세우고 나를 경외함을 그들의 마음에 두어 나를 떠나지 않게 하고(렘 32:39-41).

저는 하나님의 은혜를 받은 사람입니다. 하지만 무한하신 하나님의 은혜가 얼마나 큰지는 조금밖에 모릅니다. 그럼에도 불구하고 저는 하나님을 떠날 생각이 없습니다. 하나님을 절대로 떠나지 않겠다는 고백을 욥처럼 강력하게 말한 사람이 있을까요?

> 비록 하나님이 나를 죽이실지라도 나는 그를 신뢰할 것이다(욥 13:15, 현대인의성경).

은혜를 받은 사람은 하나님을 못 떠납니다. 그 갈망이 어디서 해결되는지 알기 때문입니다.

주님께서 주님을 만난 사람에게 주시는 갈망이 있습니다. 인간 모두에게 보편적 갈망이 있지만 주님을 만난 사람, 거듭난 사람, 하나님의 자녀에게만 주어지는 특별한 갈망이 있습니다. 바로 하나님을 바라는 갈망입니다. 이것은 거듭난 그리스도인들만 가지는 갈망입니다.

도널드 휘트니(Donald S. Whitney)는 이렇게 말했습니다.

어떤 사람이 하나님을 갈망할 때 그가 그렇게 하도록 만드는 것은 그 사람 안에 있는 비밀스러운 생명이다. 본성대로라면 그는 하나님을 그토록 갈망하지는 않을 것이다. 육적인(거듭나지 않은) 상태로 남아 있으면서 하나님을 목말라하는 사람은 아무도 없다. 새롭게 되지 않은 사람은 하나님보다 더 빨리 다른 것을 갈망한다. 하나님을 갈망한다는 것은 거듭난 본성의 증거다. 그것은 영혼 안에서 일어나는 은혜의 역사다. 그것에 대해 감사해야 한다.[1]

로이드존스도 다음과 같이 말합니다. "자신이 그리스도인이라고 주장하는 모든 사람에게 던져야 할 가장 중요한 질문은 이것입니다. '당신은 영혼 깊숙이 하나님을 목말라하고 있는가?'"[2]

하나님을 갈망하는 사람의 고백과 기도

"하나님을 갈망하십니까?"라는 중요한 질문에 바르게 대답하려면 시편을 읽는 것이 도움이 됩니다. 시편에는 하나님을 갈망하는 사람들의 고백과 기도가 가득하기 때문입니다. 그 고백을 읽을 때 공감이 된다면 하나님을 갈망하는 것이라고 생각할 수 있습니다. 다음에 소개하는 시편 구절들을 조용히 읽어 보십시오.

하나님이여 사슴이 시냇물을 찾기에 갈급함같이 내 영혼이 주를 찾기에 갈급하니이다. 내 영혼이 하나님 곧 살아 계시는 하나님을 갈망하나니 내가 어느 때에 나아가서 하나님의 얼굴을 뵈올까(시 42:1-2).

하나님이여 주는 나의 하나님이시라. 내가 간절히 주를 찾되 물이 없어 마르고 황폐한 땅에서 내 영혼이 주를 갈망하며 내 육체가 주를 앙모하나이다. 내가 주의 권능과 영광을 보기 위하여 이와 같이 성소에서 주를 바라보았나이다(시 63:1-2).

하늘에서는 주 외에 누가 내게 있으리요. 땅에서는 주밖에 내가 사모할 이 없나이다. 내 육체와 마음은 쇠약하나 하나님은 내 마음의 반석이시요 영원한 분깃이시라(시 73:25-26).

나 곧 내 영혼은 여호와를 기다리며 나는 주의 말씀을 바라는도다. 파수꾼이 아침을 기다림보다 내 영혼이 주를 더 기다리나니 참으로 파수꾼이 아침을 기다림보다 더하도다(시 130:5-6).

아침에 나로 하여금 주의 인자한 말씀을 듣게 하소서. 내가 주를 의뢰함이니이다. 내가 다닐 길을 알게 하소서. 내가 내 영혼을 주께 드림이니이다(시 143:8).

이 고백들을 가슴 깊이 공감할 수 있습니까? "이게 바로 내 마음이에요."라고 공감하십니까?

은혜와 순종

"상전의 손을 바라보는 종들의 눈같이 여주인의 손을 바라보는 여종의 눈같이 우리의 눈이 여호와 우리 하나님을 바라보며 우리에게 은혜 베풀어 주시기를 기다리나이다"(시 123:2)라는 말씀은 하나님의 자녀들이 하나님을 어떻게 갈망해야 하는지를 비유적으로 잘 보여 줍니다.

고대에는 종들의 생살여탈권(生殺與奪權)을 주인이 가지고 있었습니다. 종은 주인의 소유물이기 때문입니다. 그래서 종들은 주인을 잘 섬기기 위해 주인의 손끝 하나에도 신경을 곤두세워야 했을 것입니다. 그러나 이 구절은 하나님을 잘 섬기기 위해서 종들이 주인의 손을 주목하는 것처럼 하나님을 주목한다고 말하는 것에 그치지 않습니다.

이 구절이 포함된 시편 123편에 가장 많이 언급되는 단어가 하나 있는데, 그것은 바로 "눈"입니다. 그리고 또 많이 나오는 단어가 "은혜"입니다. 시인의 눈은 하나님을 향하고 있습니다. 은혜를 바라기 때문입니다. "은혜 베풀어 주시기를 기다리나이다"(2절).

주인의 뜻에 따라 죽기도 하고 살기도 하는 고대의 노예를 생각해 보십시오. 그는 주인의 은혜로운 처분을 기다리고 있습니다. 종에게는 주인의 은혜가 필요합니다. 주인의 손끝에서 나오는 은혜가 그를 살게 하기 때문입니다.

4절에서는 시인이 왜 눈을 들어 하나님을 바라보는지 설명합니다. "안일한 자의 조소와 교만한 자의 멸시가 우리 영혼에 넘치나이다."

안일한 자와 교만한 자는 하나님 없이 살아가는 사람들입니다. 그들이 시인을 조소하고 멸시하는 것이 넘쳐납니다. 그래서 시인은 곤고합니다. 하지만 자기를 조소하고 멸시하는 자들에게 앙갚음을 하는 것 같지는 않습니다. "내가 산을 향하여 눈을 들리라. 나의 도움이 어디서 올까? 나의 도움은 천지를 지으신 여호와에게서로다"(시 121:1-2)라는 심정으로 주님을 바라봅니다. "하늘에 계시는 주여 내가 눈을 들어 주께 향하나이다"(시 123:1). 시인은 그 도움이 주님으로부터 온다는 사실을 잘 알고 있습니다.

이 시인의 마음이 공감되십니까? 이것은 하나님의 자녀들이 이 세상을 살면서 경험하는 심정입니다. 안일한 자와 교만한 자가 조롱합니다. 주님의 은혜 없이는 살 수가 없습니다.

"은혜"라는 말은 이 시인이 자신에게 권리와 자격이 있어서 하나님으로부터 그것을 당연히 받아 낼 수 있다고 생각하지 않는다는 것을 보여 줍니다. 자격은 없지만 하나님께 바라는 것입니다.

만일 은혜의 필요성을 알지 못한다면 그는 "안일한 자"요 "교만한 자"입니다(시 123:4).

종이 주인을 바라는 눈은 무엇이든 주인의 마음을 빨리 알아채서 주인의 명령에 즉각적으로 순종하려는 마음인 동시에 인자한 주인이 자기에게 베풀어 줄 은혜를 기대하는 마음입니다.

마찬가지로 시인의 눈도 어떻게든 하나님의 뜻을 이루어 드리고 순종하기를 원하는 동시에 무한히 선하시고 자비로우신 하나님의 은혜를 기대하고 갈망하는 마음으로 하나님을 바라보고 있습니다.

이것은 신자가 지니는 정상적인 마음입니다. 우리의 주인이신 하나님을 바라보는 것입니다.

예수를 믿고 은혜를 받으면 주님을 위해 살겠다는 마음을 갖게 됩니다. 삶의 환경은 그대로일지라도 삶의 목적은 바뀝니다. 은혜를 받은 뒤에도 여전히 자신만을 위해 살고, 삶의 주인이 자기 자신이라고 생각하는 것은 불가능합니다. 만일 그렇다면 은혜를 받지 못한 것이고, 거듭나지 않은 것입니다. 물론 우리는 숱하게 넘어지고 실패합니다. 그래도 다시 일어나 주님을 위해 삽니다. 이것이 정상적인 신자의 마음입니다.

참 신앙과 거짓 신앙의 차이

하나님을 향한 갈망과 관련하여 참 신앙과 거짓 신앙이 어떤 차이가 있는지 살펴보겠습니다.

성경적인 자족

거짓 신앙은 영적인 면에서 대체로 만족합니다. 하지만 이것은 성경에서 말하는 '자족'과 다릅니다.

성경적인 자족은 물질과 환경에 대해서는 만족하고 하나님에 대해서는 갈망하는 것입니다. 하나님께서 주신 모든 환경을 줄로 재어서 나에게 주신 기업(시 16:6)이라고 여기는 것입니다. 이것이 자족이고 참 신앙의 태도입니다.

여호와여 내 마음이 교만하지 아니하고 내 눈이 오만하지 아니하오며 내가 큰일과 감당하지 못할 놀라운 일을 하려고 힘쓰지 아니하나이다. 실로 내가 내 영혼으로 고요하고 평온하게 하기를 젖 뗀 아이가 그의 어머니 품에 있음 같게 하였나니 내 영혼이 젖 뗀 아이와 같도다. 이스라엘아 지금부터 영원까지 여호와를 바랄지어다(시 131:1-3).

이 구절은 성경적 자족을 잘 보여 줍니다. 시인은 자신의 현재와 미래에 대해서는 자족하고 있지만 하나님을 향해서는 여전히 갈망하고 있습니다.

그러나 자족하는 마음이 있으면 경건은 큰 이익이 되느니라. 우리가 세상에 아무것도 가지고 온 것이 없으매 또한 아무것도 가지고 가지 못하리니 우리가 먹을 것과 입을 것이 있은즉 족한 줄로 알 것이니라(딤전 6:6-8).

이것이 바로 성경적인 자족입니다. 자족하는 마음이 있으면 경건이 이익이 됩니다. 그러나 자족하는 마음이 없으면 기도를 많이 해도, 성경을 읽어도 도움이 안 됩니다. 이처럼 자족은 근본적이고 중요한 신앙의 토대입니다. 그래서 참 신자는 자기의 환경이나 물질에 대해서는 자족하지만 하나님에 대해서는 계속 갈망합니다. 어제의 은혜에 만족하지 않고 오늘 더 큰 은혜를 바라고, 더 큰 은혜를 구합니다.

주님이 말씀하신 어리석은 부자의 이야기를 생각해 보십시오(눅 12:13-21). 그 사람의 걱정은 보통 사람들과 달랐습니다. 너무 성공한 것이 걱정이었습니다. 많은 곡식을 쌓아 둘 곳이 없어서 염려했습니다. 재산이 너무 많아서 걱정했습니다. 그래서 '곳간을 더 크게 짓고 놀고먹자. 재산만 잘 관리하면 돼.'라고 생각했습니다. 그는 자신의 재물과 환경에서는 자족하는 것 같았습니다.

문제는 그에게서 영적 갈망이 전혀 감지되지 않는다는 것입니다. 그 사람의 마음속에는 온통 놀고먹는 것, 물질적인 것밖에 없습니다. 하나님에 대한 갈망을 찾아볼 수 없습니다. 많은 사람이 원하는 만큼 소유하지 못해서 불만이고, 더 가지기 원합니다. 그런데 이 사람은 가진 것이 많아서 걱정입니다.

하지만 결론은 같습니다. 거짓 신앙입니다. 거짓 신앙에는 영적 갈망이 없습니다. 하나님을 향한 영적 갈망은 오직 하나님의 자녀들에게만 주어지는 특징이기 때문입니다.

하나님을 경험한 사람의 기도

다시 말하지만 거짓 신앙은 영적인 일에는 대체로 만족하는 양상을 보입니다. 영적인 욕구가 거의 감지되지 않습니다. 그 이유는 영적인 기쁨을 맛본 적이 없기 때문입니다.

우리가 교회 안에서 신앙생활하면서 속는 부분이 있습니다. 열심히 교회 일을 하고 봉사도 할 수 있습니다. 교회의 중요한 결정에도 관심이 많습니다. 또 잘못된 교회 운영에 불만을 가질 수 있고, 그에 대한 바른 생각을 말할 수도 있습니다. 하지만 그런 사람에게도 정작 은혜를 받고자 하는 마음, 하나님을 향한 갈망은 없을 수 있습니다.

이런 경우가 생각보다 많습니다. 교회의 일은 사람이 모여서 하는 것이기 때문에 똑똑한 사람들의 세상적 논리와 아이디어로도 할 수 있습니다. 그러나 하나님을 향한 영적인 갈망은 그것을 이미 경험하고 맛본 사람만이 가질 수 있는 것입니다. 영적인 배고픔과 목마름은 그것을 먹고 마시고 맛본 사람만 가질 수 있습니다.

조나단 에드워즈는 이렇게 말합니다.

> 거짓되고 기만된 기쁨과 신앙 감정은 은혜를 받은 후에(사실 구원의 은혜가 아니다) 그 욕구가 사라지거나 줄어든다. 그는 자기 죄가 사해졌기 때문에 자신이 천국에 갈 것이라고 확신하고 만족한다. 은혜와 거룩을 갈망하지 않는다. 이미 가지고 있는 것보다 더 탁월한 것을 좀처럼 생각하지 않는다. 더 큰 은혜를 사모하지 않는다. 이들은 마치 해야 할 일을 다 한 것처럼 행동한다. 그들은 과거에 경험한 체험에 의존하여 살아간다.[3]

이것이 오늘날의 교회에 만연한 문제입니다. 너무나 많은 사람이 회심을 하기도 전에 거짓 만족에 빠져 은혜를 받았다고 느끼며 모든 영적 노력과 추구를 놓아 버리는 것입니다.

그렇다면 정말로 영적인 은혜를 경험했고, 하나님의 선하심을 맛본 사람은 어떻게 반응할까요?

갓난아기들같이 순전하고 신령한 젖을 사모하라. 이는 그로 말미암아 너희로 구원에 이르도록 자라게 하려 함이라. 너희가 주의 인자하심을 맛보았으면 그리하라(벧전 2:2-3).

사도 베드로는 "너희가 주의 인자하심을 맛보았으면"이라고 말합니다. 하나님의 선하심을 맛본 사람만이 영적인 젖을 먹고 싶어 한다는 말입니다. 아기들은 배가 고프면 젖을 달라고 밤낮 없이 웁니다. 우리도 그렇게 하나님의 은혜를 사모하고, 말씀을 사모해야 합니다. 그러나 주의 인자하심을 맛보지 않은 사람에게 그것은 공허한 외침일 뿐입니다.

조나단 에드워즈는 또 이렇게 설명합니다. "참된 성도가 은혜로운 사랑으로 하나님을 더 사랑하면 할수록 그는 더 사랑하기를 갈망하게 되고, 자신이 하나님을 많이 사랑하고 있지 않다는 사실 때문에 괴로워한다."[4]

참 성도는 자신의 영적 상태에 만족하지 않고 더 큰 은혜를 갈망합니다. 이 갈망은 은혜를 받을수록 더 커집니다. '내가 하나님을 너무 사랑하는 것 같아.'가 아니고 '하나님을 더 사랑해야 하는데 왜 이렇게밖에 사랑하지 못하는 걸까?'라고 생각하게 되는 것입니다.

모세는 누구보다도 하나님의 은혜를 많이 체험한 사람입니다. 시내산 하나님의 임재 속으로 들어가 하나님과 오랜 시간을 보낸 사람이었습니다. 그런 그가 하나님 앞에서 "주의 영광을 내게 보이소서"(출 33:18)라고 기도합니다. 이것은 하나님의 영광을 맛본 사람만이 구할 수 있는 기도입니다. 하나님은 이런 모세의 기도에 응답하셨습니다.

이후 모세는 39년의 광야 생활 동안 이스라엘 백성을 인도하는 무거운 사명을 감당하면서 수많은 고초를 겪습니다. 무엇이 그로 하여금 그러한 사명을 완수하는 자리까지 인내하며 갈 수 있게 한 것입니까? 모세가 하나님의 영광을 보았기 때문입니다. 그는 큰 은혜를 받은 사람이었기에 더 큰 은혜를 사모했고, 하나님은 그의 갈망을 채워 주셨던 것입니다.

A. W. 토저의 책, 『하나님을 추구함』(Pursuit of God)에는 다음과 같은 기도문이 실려 있습니다.

> 하나님, 저는 주님의 선하심을 맛보았습니다. 그것은 저를 만족시켰고 저로 하여금 더욱 갈증 나게 하였습니다. 제게 더 많은 은혜가 필요하다는 것을 아프도록 느끼고 있습니다. 저에게 갈망이 부족한 것을 부끄럽게 생각합니다. 하나님, 삼위일체의 하나님, 저는 당신을 원하게 되기를 바랍니다. 바라는 마음으로 가득하게 되기를 원합니다. 좀 더 갈증 나게 되기를 갈망합니다. 기도하오니 당신을 진정 알도록 당신의 영광을 보여 주시옵소서.[5]

이것은 하나님의 선하신 은혜를 도무지 잊을 수 없는 참된 신자만이 드릴 수 있는 기도입니다.

하나님과 세상 사이에서

거짓 신앙은 언제나 사람들을 기준으로 삼는 특징을 가집니다. 반면 참 신앙의 기준은 언제나 그리스도입니다.

그래서 거짓 신앙은 '내가 저 사람보다 예수를 잘 믿는다.' '내가 저 사람보다 기도를 잘한다.' '내가 저 사람보다는 낫다'는 식으로 생각하지만, 참된 신앙은 그리스도처럼 거룩해지기 원하고, 그리스도처럼 온유하기 원하고, 그리스도처럼 기도하기 원하고, 그리스도께서 사랑하신 것처럼 사랑하기 원합니다. 그리스도가 삶의 기준이 되는 것입니다. 그래서 참된 신자는 언제나 자신에게 더 많은 은혜가 필요하다는 사실을 압니다. 믿음이 성장할수록 더 은혜를 갈망합니다.

존 파이퍼(John Piper)의 말입니다. "내가 만나 본 가장 강하고 가장 성숙한 그리스도인들은 하나님을 가장 갈망하는 사람들이었다."[6]

하나님을 갈망하는 것은 하나님의 자녀들의 본성입니다. 독자들 중에는 하나님을 갈망하기는 하는데 그것이 너무 약하다고 느끼는 분이 있을 것입니다. 그것은 하나님의 자녀임에도 불구하고 세상 것에 취해 있기 때문이고, 세상의 식탁에 안주해 있기 때문입니다.

존 파이퍼는 『금식기도』(A Hunger for God)에서 이렇게 말합니다.

> 만일 당신이 하나님의 영광이 나타나기를 바라는 강렬한 욕구를 느끼지 못하고 있다면 그것은 한껏 취하여 만족해 있기 때문이 아니다. 그것은 세상의 식탁에 너무 오랫동안 안주해 있었기 때문이다. 당신의 영혼은 사소한 것들로 채워져서 위대한 것들을 위한 자리가 남아 있지 않은 것이다. 하나님은 당신을 이렇게 창조하지 않으셨다.[7]

세상으로 가득 차 있는 심령에 영적 갈망이 있을 자리가 없습니다.

세상으로 가득하다는 것은 성경이 말하는 죄나 나쁜 행위가 가득하다는 말이 아닙니다. 우리가 살아가면서 일상적으로 누릴 수 있는 모든 좋은 것들을 가리킬 수 있습니다. 그 좋은 것들이 우리를 하나님을 향한 갈망에서 멀어지게 만듭니다. 책을 좋아하는 사람에게는 책이, 음악을 좋아하는 사람에게는 음악이 자신의 시간을 빼앗고 마음을 앗아감으로써 하나님을 갈망하지 못하게 할 수 있습니다. 이것은 우리의 일상입니다. 비록 우리 마음을 채우고 있는 것들이 죄가 아니고 그 자체로 선하고 좋은 것들임에도 불구하고, 우리 마음이 그런 것에 취해 있으면 하나님을 향한 갈망은 차갑게 식고 맙니다.

하면 할수록 더 하고 싶어지는 것들이 많습니다. 우리의 욕구를 채워 줄 수 있다고 생각하는 것 대부분이 그렇습니다. 학자들이 계속해서 공부하고 연구하는 이유는 "여전히 모르는 게 많아서"입니다. 게임도 하면 할수록 더 많이 하고 싶어집니다.

마찬가지로 하나님의 선하심을 먹고 마시고 하나님의 식탁에 앉아서 그 은혜의 생수와 생명의 떡을 취할 때, 우리는 더욱더 하나님을 갈망하게 됩니다.

당신이 하나님을 진정으로 만나기 원한다면 그것은 하나님께서 이미 당신을 찾고 계시기 때문입니다. 여기에 큰 위로가 있습니다. 그러므로 더욱 힘써 주님을 만나기를 구하고, 찾고, 두드리십시오. 회심을 위하여 찾고, 구하고, 수고하는 것은 그리스도인이 영적 갈망으로부터 간구하는 것의 시작입니다.

회심도 하기 전에 거짓된 만족에 빠져서 은혜를 받았다고 느끼며 노력과 분투를 끝내지 않도록 주의하십시오. 진짜 구원받았다면 그 사람에게는 영적 갈망(구원의 확신이든 하나님을 더 체험하는 것이든)이 있습니다. 그러한 갈망은 오직 하나님의 은혜로만 채워지고, 채워진 후에도 계속해서 더 갈망하게 될 것입니다.

더욱 깊은 갈망

오늘 우리가 사는 이 시대는 참된 복음을 듣기 쉽지 않은 시대입니다. 사람들의 마음을 거스를 것 같은 말씀은 선포되지 않습니다. 이것은 교회의 타락입니다. 단지 교회에 출석하는 것만으로 '나는 바른 복음을 듣고 있다'거나 '물 타지 않은 복음을 듣고 있다'고 생각하면서 거짓된 만족에 빠지지 않도록 주의하십시오. 이런 거짓 만족 속에서는 "주님, 저는 평생 바른 말씀을 듣고 신앙생활했습니다."라는 고백도 아무 의미가 없습니다.

E. M. 바운즈(E. M. Bounds)가 말한 것처럼 영혼을 힘 있게 하는 거룩함, 사랑으로 불타오르는 더 큰 믿음, 더 많은 기도, 더 뜨거운 열심, 더 깊은 헌신을 갈망하십시오.

그것이 끝이 아닙니다. 경건을 최고의 유익으로 삼으십시오. 이사야는 "여호와를 경외함이 네 보배니라."(사 33:6)라고 말합니다.

누구에게나 자신만의 재산 목록이 있을 것입니다. 자산가라면 더욱 그럴 것입니다. 그런데 성경은 하나님을 경외하는 것을 재산 1호로 삼으라고 이야기합니다.

하나님을 갈망하는 것은 하나님께서 그분의 자녀들에게만 허락하신 마음입니다. 그러므로 만일 당신이 세상의 식탁에 너무 오래 안주하고 살아왔다면 그 자리에서 벌떡 일어나십시오. 그리고 그 자리를 떠나십시오. 그런 결단 없이는 신앙생활을 할 수 없습니다.

만일 '아직은 주님을 만나지 못했지만 언젠가 만나겠지.'라는 생각으로 교회에 다닌다면 그런 갈망을 달라고 하나님 앞에 간절히 구하며 나아가십시오.

존 파이퍼의 멋진 말을 인용하면서 이 장을 마치겠습니다.

그리스도와 더욱 깊이 동행할수록 더욱 그리스도를 갈망하게 되고, 천국을 갈망하면 할수록 하나님의 모든 충만하심을 더 바라게 되고, 죄로부터 벗어나기를 원하면 원할수록 신랑 되신 예수님의 재림을 더 갈망하게 되고, 예수님의 아름다우심으로 교회가 부흥되고 순수해지기를 원하면 원할수록 사람들 안에 하나님의 실재에 대한 대각성을 더 원하게 되고, 그리스도의 영광의 복음의 광채가 어둠 속에 있는 모든 세상 민족들에게 파고드는 것을 볼수록 거짓 세계관이 진리 되신 예수님의 힘에 굴복되는 것을 더 보기를 원하게 되고, 고통이 줄어들고 눈물이 닦여지며 사망이 멸망하는 것을 갈망할수록 모든 잘못이 바르게 고쳐지고 하나님의 공의와 은혜가 바다를 덮는 물처럼 땅에 가득해지기를 더 갈망하게 된다.[8]

원하면 더 원하게 됩니다. 우리의 인생을 하나님께서 삼키고 압도하셔서 그분의 영광을 위한 제물로 써 주시기를 원하는 간절한 갈망으로 우리 인생을 바꾸시는 것입니다. 한순간이 아니고 계속 더 원하게 되는 것, 하나님께서 그 일을 하십니다.

1. 거듭나지 않은 사람에게도 시편 42편 1-2절의 고백과 같은 갈망이 일어날 수 있습니까? 왜 이런 갈망은 오직 거듭난 신자만이 가질 수 있는지 자신의 경험을 통해 설명해 보십시오.

2. 참된 신자임에도 불구하고 하나님을 향한 갈망이 점점 줄어들고 있다면, 그가 세상의 식탁에 취하여 살아가고 있기 때문입니다. 또한 이와 같은 영적 갈망이 전혀 없다면, 그 사람이 거듭난 참된 신자가 아니기 때문입니다. 당신의 영혼은 어디에 속해 있습니까? 왜 그렇게 생각합니까?

3. 저자는 참된 신자는 채워지지 않는 거룩한 불만족을 가지고 하나님을 갈망하지만, 거짓 신자는 자신의 영적인 상태에 대체로 만족한다고 말합니다. 당신 안에는 E. M. 바운즈가 말한 것처럼 "영혼을 힘 있게 하는 거룩함, 사랑으로 불타오르는 더 큰 믿음, 더 많은 기도, 더 뜨거운 열심, 더 깊은 헌신"을 향한 갈망이 있습니까?

4. 당신 안에 하나님을 향한 영적 갈망이 없다면, 무한히 선하고 자비하신 하나님께 중생의 은혜를 구하십시오. 그리고 만일 당신 안의 영적 갈망이 줄어든 것이라면, 세상의 식탁에 취하여 살아가는 죄를 회개하고, 그러한 갈망이 회복되도록 은혜를 구하십시오.

12. 은혜 안에서 형제를 사랑하는가, 끼리끼리 어울리는가?

이러므로 하나님의 자녀들과 마귀의 자녀들이 드러나나니 무릇 의를 행하지 아니하는 자나 또는 그 형제를 사랑하지 아니하는 자는 하나님께 속하지 아니하니라.
요한일서 3:10

우리는 형제를 사랑함으로 사망에서 옮겨 생명으로 들어간 줄을 알거니와 사랑하지 아니하는 자는 사망에 머물러 있느니라.
요한일서 3:14

"형제를 사랑하지 아니하는 자는 하나님께 속하지 아니하니라"(요일 3:10)는 말씀은 어떤 사람에게는 충격적으로 들릴 수 있는 말씀입니다. 그리스도인은 믿음으로 말미암아 사망에서 생명으로 옮겨진 것인데 이 구절은 마치 형제 사랑을 통해 구원을 받는 것처럼 이야기하기 때문입니다.

형제를 사랑하십니까?

사도 요한은 "이러므로 하나님의 자녀들과 마귀의 자녀들이 드러나니"라고 매우 직선적으로 명확하게, 그리고 달리 해석할 여지를 주지 않으면서 하나님의 자녀와 마귀의 자녀가 어떻게 구별되는지 말합니다. 우리의 영혼에 이보다 더 중요한 문제는 없기 때문입니다.

현대 유신론자들 가운데 마치 하나님이 모든 인류의 아버지인 것처럼 말하는 사람들이 있습니다. 그러나 성경은 하나님께서 모든 사람의 아버지라고 말씀하지 않습니다. 오직 하나님께로서 난 자녀들만이 하나님을 아버지라 부르며, 하나님은 그들만의 아버지가 되십니다.

요한복음을 보십시오. "그 이름(예수님)을 믿는 자들"에게 하나님의 자녀가 되는 권세를 주신다고 말씀합니다(요 1:12). '모두'가 아니라 "믿는 자들"입니다. 요한복음 3장에서는 그것을 '거듭난 사람'이라고 표현합니다. '거듭난다'는 것은 위에서 난다는 말입니다. '하나님이 낳으신 자들'이라는 말입니다(요 3:3-8 참조).

부모님이 나를 낳으셨기에 내가 부모님의 자녀가 된 것처럼 하나님께서 우리를 낳으셨으니 하나님께서 우리의 아버지가 되시고 우리는 하나님의 자녀가 되는 것입니다. 즉 하나님은 모든 인류의 창조주이시지만, 구원의 관점에서 모든 인류의 아버지는 아닙니다.

이신칭의(以信稱義)인가, 이애칭의(以愛稱義)인가?

"이러므로 하나님의 자녀들과 마귀의 자녀들이 드러나나니 무릇 의를 행하지 아니하는 자나 또는 그 형제를 사랑하지 아니하는 자는 하나님께 속하지 아니하니라"(요일 3:10). "우리는 형제를 사랑함으로 사망에서 옮겨 생명으로 들어간 줄을 알거니와 사랑하지 아니하는 자는 사망에 머물러 있느니라"(요일 3:14).

이 두 구절은 하나님의 자녀와 마귀의 자녀가 어떻게 구별되는지 말씀하고 있습니다. 첫째, "무릇 의를 행하지 아니하는 자"는 마귀의 자녀입니다. 둘째, "형제를 사랑하지 아니하는 자"는 마귀에게 속한 자입니다.

어떤 사람은 이 구절을 이렇게 바꾸고 싶을 것입니다. "무릇 의를 행하지 아니하는 자나 형제를 사랑하지 아니하는 자는 미성숙한 사람입니다."라고 말입니다. 또는 "성숙한 사람은 형제를 더 사랑합니다. 성숙한 사람은 의를 행합니다. 그러나 여러분이 아직 미성숙하고, 신앙의 연조가 짧아서 의를 행하는 것이 약하고, 형제를 사랑하기보다 미워하는 경우가 더 많은 것입니다."라고 고치고 싶은 마음도 들지 모릅니다.

하지만 사도 요한은 우리가 믿음으로 사망에서 옮겨 생명으로 들어갔다고 말하는 대신, 우리가 "형제를 사랑함으로 사망에서 옮겨 생명으로" 들어갔다고 말합니다. 그리고 형제를 사랑하지 아니하는 자는 "사망에 머물러 있다"고 말씀합니다. 형제를 사랑하지 않는 자는 여전히 죽은 자, 구원받지 못한 자라는 것입니다. 무서운 말씀입니다.

이 말씀을 어떻게 이해해야 합니까? "이건 좀 지나친 말이야."라고 생각한다면 당신은 이미 성경 해석의 기본적인 태도와 원리를 벗어난 것일 뿐 아니라 하나님의 말씀을 부정하고 있는 것입니다. 말씀은 그대로 받아들이되, 이것이 어떤 의미로 하신 말씀인지 살피는 것이 성경 해석의 기본적인 자세입니다.

성경은 "오직 믿음으로 말미암아 의롭다 함을 받는다"는 이신칭의(以信稱義) 교리를 가르칩니다. 이것은 마르틴 루터의 말처럼, 기독교가 서고 넘어지는 중차대한 교리입니다. '오직 믿음'에 우리의 행위를 덧붙일 수 없습니다. 우리의 선행이나 인간성을 통해 구원받지 않으며 받을 수도 없습니다. 오직 믿음으로 의롭다 함을 받습니다.

하지만 요한일서의 본문은 "오직 형제 사랑으로써 의롭다 함을 받는다"고 말하는 것처럼 들립니다.

그렇다면 본문은 이애칭의(以愛稱義)의 새로운 교리를 말하는 것입니까? 이 말씀은 이신칭의를 부인하는 것이 아닙니다. 하나님께서 우리를 의롭다 하시는 그 믿음은 형제를 사랑하는 것과 본질적이고도 밀접한 관계를 가진다는 것을 말씀하는 것입니다.

요한일서의 형제 사랑

그가 우리를 위하여 목숨을 버리셨으니 우리가 이로써 사랑을 알고 우리도 형제들을 위하여 목숨을 버리는 것이 마땅하니라(요일 3:16).

이 말씀은 복음 안에 나타난 그리스도의 사랑이 형제 사랑의 원천이라고 말합니다. 복음을 깨닫고 복음 안에 나타난 그리스도의 사랑을 경험한 사람은 형제를 위해서 목숨을 줄 수 있다는 것입니다.

종종 부모가 자식을 위해서 죽거나 가족 간에 죽음을 대신하는 이야기를 들을 때가 있습니다. 그런데 이 구절은 "그리스도인이 그리스도인을 위해서 죽을 수 있다. 복음이 그렇게 만든다"고 말합니다. 엄청난 이야기 아닙니까?

이 구절 뒤에는 다음과 같은 말씀이 이어집니다.

자녀들아 우리가 말과 혀로만 사랑하지 말고 행함과 진실함으로 하자. 이로써 우리가 진리에 속한 줄을 알고 또 우리 마음을 주 앞에서 굳세게 하리니(요일 3:18-19).

형제 사랑을 실천하는 것이 당신이 구원받은 사람이고, 하나님의 자녀라는 것을 확증하는 증거라는 말입니다. "우리가 진리에 속한 줄을 알고"라는 말은 우리가 하나님께 속한 자요, 구원을 받은 자라는 말입니다. 즉 행함과 진실함으로 형제를 사랑하는 자신의 모습을 볼 때 '내가 진리에 속했구나. 내가 하나님께 속한 자로구나. 하나님의 자녀구나.' 알게 된다는 것입니다.

그의 계명은 이것이니 곧 그 아들 예수 그리스도의 이름을 믿고 그가 우리에게 주신 계명대로 서로 사랑할 것이니라(23절).

여기에서 사도 요한은 주님의 계명을 두 가지로 설명합니다. 첫째는 예수의 이름을 믿는 것, 둘째는 형제를 사랑하는 것입니다. 즉 주님의 계명은 믿음과 형제 사랑입니다. 이 두 가지는 별개가 아닙니다. 예수 그리스도를 믿는데 형제 간에 서로 사랑하지 않거나, 형제를 사랑하지만 예수 그리스도를 믿지 않는 상황은 불가능하다는 것입니다. 많은 신자들이 믿음이 전부라고 생각합니다. 그러나 성경은 그렇게 얘기하지 않습니다. 우리가 참으로 구원 얻는 믿음을 가졌다면 형제를 사랑한다고 말씀합니다. 그것이 거듭난 신자의 영적 본능이라는 것입니다.

이 말씀을 사도 바울은 다음과 같이 설명했습니다.

그리스도 예수 안에서는 할례나 무할례나 효력이 없으되 사랑으로써 역사하는 믿음뿐이니라(갈 5:6).

갈라디아교회의 쟁점은 구원을 받기 위해서 할례를 받아야 하는가, 받지 말아야 하는가에 대한 문제였습니다. 그것은 율법 준수와 관련된 심각한 문제였습니다. 바울 사도의 대답은 이렇습니다. 당신이 예수 그리스도 안에 있다면 할례를 받고, 받지 않고는 당신의 구원과 관련하여 아무 문제가 되지 않는다는 것입니다. 중요한 것은 할례의 유무가 아니라 사랑으로써 역사하는 믿음이라는 것입니다. 그 믿음은 우리로 하여금 하나님 앞에 의롭다 함을 얻게 하는 믿음입니다. 그 믿음은 사랑으로써 표현되고 드러납니다. 참된 믿음이라면 사랑으로 표현된다는 말씀입니다. 믿음과 사랑은 우리가 생각하는 것보다 훨씬 더 깊이 연관되어 있어서 분리시킬 수 없습니다.

성경은 "그의 계명을 지키는 자는 주 안에 거하고 주는 그의 안에 거하시나니 우리에게 주신 성령으로 말미암아 그가 우리 안에 거하시는 줄을 우리가 아느니라"(요일 3:24)고 분명하게 말씀합니다. "그의 계명을 지키는 자" 안에 성령이 거하신다는 것입니다.

앞에서 저는 하나님의 말씀에 복종하지 않는 사람은 하나님의 자녀가 아니라고 이야기했습니다. 그리고 하나님의 말씀에 복종한다는 것이 어떤 의미인지 설명했습니다. 여기서 말하는 것이 바로 그것입니다. "그의 계명을 지키는 자"가 '믿는 자'입니다. 그 사람이 참된 하나님의 자녀입니다. "그의 계명을 지키는 자는 주 안에 거하고 주는 그의 안에 거하시나니"라는 말로 끝나지 않습니다. 이어서 "우리에게 주신 성령으로 말미암아 그가 우리 안에 거하시는 줄을 우리가 아느니라"고 말씀합니다. 여기서 '안다'는 말은 '확신한다'는 의미입니다. '믿는다'는 말보다 더 강한 표현입니다. "나는 하나님을 믿는다"고 말할 수 있지만 "나는 하나님을 안다"고 표현한 것입니다. 이것은 그리스도인의 확신을 말합니다. 그리스도인은 주 예수님을 믿고 형제를 사랑하는 삶 속에서 성령으로 말미암아 점점 더 강력한 확신을 경험하게 됩니다.

> 사랑하는 자들아 우리가 서로 사랑하자. 사랑은 하나님께 속한 것이니 사랑하는 자마다 하나님으로부터 나서 하나님을 알고 사랑하지 아니하는 자는 하나님을 알지 못하나니 이는 하나님은 사랑이심이라(요일 4:7-8).

이 말씀은 잘 알려진 말씀입니다. 여기서 "서로 사랑"은 정확하게 형제 사랑을 말합니다. 이웃이나 원수 사랑에 대한 얘기가 아닙니다. 형제를 사랑하는 자는 하나님께 속한 자이고, 하나님으로부터 난 자이며, 하나님을 아는 자라는 것입니다. 만일 형제를 사랑하지 않는다면 그는 하나님을 알지 못하는 자, 즉 하나님의 자녀가 아니라고 말합니다. 형제를 사랑하는 것은 거듭난 그리스도인의 시금석이라는 것입니다.

사랑하는 자들아 하나님이 이같이 우리를 사랑하셨은즉 우리도 서로 사랑하는 것이 마땅하도다(11절).

다시 한 번 사도 요한은 형제 사랑이 복음 안에 나타난 하나님의 사랑을 아는 자의 마땅한 반응이며 증거라고 말합니다. 또한 "어느 때나 하나님을 본 사람이 없으되 만일 우리가 서로 사랑하면 하나님이 우리 안에 거하시고 그의 사랑이 우리 안에 온전히 이루어지느니라"(요일 4:12)고 말합니다. 여기서 '이루어진다'는 말은 '목적을 성취한다'는 뜻입니다.

하나님께서 우리를 사랑하셨습니다. 하나님의 그 사랑은 목적을 가지고 있습니다. 바로 우리가 형제를 사랑하게 되는 것입니다. 따라서 우리가 형제를 사랑할 때 하나님께서 나를 사랑하신 목적이 이루어집니다. 마치 씨를 심고 열매를 보는 것과 같은 원리입니다.

우리가 사랑함은 그가 먼저 우리를 사랑하셨음이라(19절).

학자들은 요한일서가 마치 나선형 계단처럼 상승 반복되는 구조라고 말합니다. 반복되면서 점점 더 명확하게 그 뜻을 드러내는 것입니다. 지금까지 살펴본 3-4장의 몇몇 구절만 보아도 알 수 있습니다. "우리가 사랑함은 그가 먼저 우리를 사랑하셨음이라."라는 말씀은 우리가 형제를 사랑하는 원천은 우리 자신이 아니라 하나님께서 먼저 우리를 사랑하신 사랑이라고 말합니다. 이것이 복음입니다.

> 우리가 이 계명을 주께 받았나니 하나님을 사랑하는 자는 또한 그 형제를 사랑할지니라. 예수께서 그리스도이심을 믿는 자마다 하나님께로부터 난 자니 또한 낳으신 이를 사랑하는 자마다 그에게서 난 자를 사랑하느니라 (요일 4:21-5:1).

"이 계명"은 앞에서 본 것처럼 믿음과 사랑입니다. 하나님을 사랑하면 형제를 사랑합니다. 하나님께로부터 난 자도 형제를 사랑합니다. 한 부모 아래 태어나고 자라는 형제들이 서로에 대한 기본적 애정을 가지는 것은 본능입니다. 이것은 영적으로도 그러합니다. 하나님께로서 난 자들은 하나님께로서 난 다른 형제들을 사랑합니다. 이것은 거듭난 자, 하나님의 자녀의 영적 본능입니다.

다음 구절은 지금까지 말한 것의 결론입니다.

> 우리가 하나님을 사랑하고 그의 계명들을 지킬 때에 이로써 우리가 하나님의 자녀를 사랑하는 줄을 아느니라. 하나님을 사랑하는 것은 이것이니 우리가 그의 계명들을 지키는 것이라. 그의 계명들은 무거운 것이 아니로다(요일 5:2-3).

"그의 계명들"은 형제를 사랑하는 것입니다. 하나님의 계명을 지키는 것, 예수님을 믿는 것, 형제를 사랑하는 것, 거듭난 것이 다 같은 선상에 있습니다. 함께 갑니다. 서로 뗄 수 없는 것들입니다.

"서로 사랑"의 범위

"서로 사랑"하라는 말씀의 범위와 대상도 생각해 보아야 합니다. 성경은 분명히 이웃을 사랑하라고 가르칩니다. 예수님께서도 율법을 하나님 사랑과 이웃 사랑으로 요약하여 말씀하셨고, 더 나아가 원수를 사랑하라고 확대하여 적용하기도 하셨습니다(마 5:44; 눅 6:27, 35). 그러나 요한일서에서 말씀하는 "서로 사랑"은 형제 사랑입니다. 예수 믿는 사람이 예수 믿는 사람을 사랑하는 것입니다. 거듭난 사람이 거듭난 사람을 사랑하는 것입니다. 하나님의 은혜와 사랑을 경험한 사람이 하나님의 은혜와 사랑을 경험한 사람을 사랑하는 것입니다. 이웃 사랑이나 원수 사랑과는 조금 다른 수준의 이야기입니다. 즉 여기서 말하는 형제는 "하나님께로부터 난 자"이고, "예수께서 그리스도이심을 믿는 자"이며, 여기서 말하는 형제 사랑은 그가 하나님께로부터 난 자이고, 예수께서 그리스도이심을 믿는 참된 신자임을 증명하는 표입니다.

존재가 행위를 결정한다

우리는 신약성경, 그중에서도 특히 서신서에서 우리의 신앙과 관련된 중요한 명제를 보게 되는데, 그것은 '존재가 행위를 결정한다'는 것입니다. 성경은 언제나 명령이나 윤리를 말하기 전에 우리가 어떤 존재인지 알려 줍니다.

그리스도인이 신앙생활에서 실패하는 대부분의 경우는 자신이 어떤 존재인지 인식하지 못하는 데서 기인합니다. 이것은 다음과 같은 말로도 설명할 수 있습니다. "복음이 먼저이고 율법이 나중이다." 복음의 은혜 안에서 그리스도인이 되면 하나님의 말씀이 달게 느껴지고, 그 말씀에 순종하는 것이 기쁨으로 경험됩니다. 하지만 거꾸로 율법을 지킴으로써 하나님의 아들이 될 수는 없습니다.

사도 바울이 쓴 서신서들은 대부분 이것을 반영하는 두 구조로 나뉩니다. 복음이 무엇인지 설명한 뒤에 "그러므로 이렇게 하라"고 이야기하는 두 개의 구조를 가지는 것입니다. 어떤 신학자들은 이것을 복음의 직설법과 율법의 명령법으로 표현합니다. "그리스도께서 너를 위하여 죽으셨으므로 너는 그리스도 안에서 새사람이 되었다"는 것이 복음의 직설법(indicative)입니다. 그다음에 "그러므로 주의 뜻을 따라 이렇게 행하라"는 율법의 명령법(imperative)이 따라 나옵니다. 즉 복음이 율법보다 먼저이고, 직설법이 명령법보다 우선합니다.

오늘날의 설교도 마찬가지입니다. 나쁜 설교는 율법을 먼저 주는 설교입니다. 그래서 나쁜 설교는 많은 적용점을 줍니다. 하지만 좋은 설교는 '내가 이번 주에 이렇게 하면 되겠구나. 그러면 성공하겠구나.'라고 생각하고 결심하는 것에 우선하여 우리가 어떤 존재인지, 하나님께서 우리를 어떻게 사랑하셨는지를 먼저 깨닫게 합니다. 복음의 은혜와 그 일을 행하신 하나님의 선하심과 사랑을 풍성하게 드러내는 것입니다. 언제나 이 복음의 사실, 복음 안에서 얻었고 누리게 된 영광스러운 신자의 신분에 근거하여 복음에 합당한 삶을 살아야 한다는 계명이 따라 나오게 되는 것입니다. 우리가 이 장에서 살펴보고 있는 요한일서도 이런 방식으로 서술되고 있습니다.

여기서 우리는 '그리스도인은 누구인가?'라는 질문을 진지하게 다룰 필요가 있습니다. 로이드존스는 "그리스도인은 그리스도로만 설명될 수 있는 사람"이라고 말했습니다.[1] 이 말은 그리스도인을 설명할 수 있는 많은 단어와 정체성 중에서 가장 으뜸 되는 것이 그리스도라는 말입니다.

한 사람을 설명할 수 있는 수식어가 많습니다. 그는 남자일 수 있고, 한 여자의 남편일 수 있고, 두 아이의 아버지일 수 있고, 직장이나 사회에서 여러 직함을 가지고 있을 수 있습니다. 취미나 기호, 국적, 살고 있는 지역으로도 그 사람을 설명할 수 있습니다.

하지만 그가 만일 그리스도인이라면 그리스도인이라는 정체성이 그 사람에게는 가장 중요한 것입니다. 그 밖의 모든 것은 그가 그리스도인이라는 것에 비하면 부차적이거나 사소한 것에 지나지 않습니다.

제가 알고 만나는 많은 목사님들은 목회에 관하여 저와 모든 생각을 같이 하지는 않습니다. 그럼에도 불구하고 그분이 참으로 하나님을 두려워하고, 하나님을 사랑하며, 복음에 대한 깊은 열정과 애정을 지닌 것을 알게 될 때에는 그분을 향해 주 안에서 깊은 사랑을 느끼게 됩니다.

반면 저와 목회에 대한 생각이 똑같은 분을 만난다 해도, 그분 안에 하나님을 두려워함이 없고, 하나님에 대한 사랑이 느껴지지 않으며, 복음에 대한 열정을 보지 못할 때에는 제 안에서 그분을 향한 사랑이 흘러나오는 것을 느끼지 못합니다.

이것은 교인 간에도 똑같이 적용될 수 있습니다. 나와 비슷한 교인들이 있습니다. 성장 배경, 취미, 성향, 기질이 너무나 비슷합니다. 그런데 그에게서 참된 신앙의 증거들을 보기가 어렵습니다. 그러면 그 사람을 향한 사랑이 마음으로부터 흘러나오는 것을 경험하지 못합니다.

반면, 나와는 세상적으로 어떤 공통점도 가지지 않은 교인이 있습니다. 그런데 그는 주님을 사랑합니다. 그의 모든 태도에서 하나님을 경외함이 느껴집니다. 참으로 겸손합니다. 내가 참된 신자라면, 내 안에서 그를 향한 깊은 사랑이 흘러나오는 것을 경험하게 될 것입니다.

이것은 참된 신자들의 피할 수 없는 경험입니다. 그리스도인은 자신의 정체성을 인식하고 설명함에 있어서 그리스도와 견줄 수 있는 다른 정체성을 가지지 않습니다. 그래서 참된 그리스도인을 만날 때 비록 그와 인간적인 차원에서 공유할 수 있는 것이 많지 않다 해도 그를 사랑하게 됩니다. 그리스도께서 너무도 크시기 때문에 그가 가진 나와의 차이점이나 약점을 충분히 덮을 뿐 아니라 그를 사랑할 수 없는 다른 이유가 존재하지 않는 것입니다.

이것이 바로 특별히 요한일서를 통해 하나님께서 우리에게 주시는 교훈입니다. 우리가 형제를 사랑하는 것은 매우 본성적이고 본질적인, 마땅한 반응이라는 것입니다.

교회 안에 있는 지방색이나 '끼리끼리' 문화는 그리스도 안에서 무너져야 할 장벽입니다. '끼리끼리' 문화를 그대로 수용하고 허용하는 태도는 스스로 교회를 부정하는 것입니다. 이것은 "우리한테는 그리스도가 아무것도 아닙니다." "나에게는 교회에 와서 나와 수준이 맞는 사람들과 교제하는 것이 가장 중요합니다."라고 말하는 것입니다.

오늘날 한국 교회는 정치적인 입장 차이, 소위 진영논리로 뼈아픈 분열을 경험하고 있습니다. 어떤 요소, 어떤 이유에 의해서든, 교회가 분열을 경험하고, 그리스도 안에서의 형제 사랑이 가로막힌다면, 그것은 교회와 그리스도인들이 스스로 자신들의 영광스러움을 저버리는 행위이고, 그리스도의 몸을 찢는 일이며, 신앙을 부인하는 것임을 알아야 합니다. 그런 사람은 자기가 따르는 정치 논리와 자기가 서 있는 진영이 그리스도보다 더 중요하다고 말하는 것이며, 대한민국이 하나님의 나라보다 더 중요하다고 말하는 것입니다. 그리스도와 복음을 자기가 서 있는 진영의 정당성을 주장하기 위해 이용하는 것입니다.

당신은 어떻습니까? 자신을 설명할 때 그리스도보다 더 중요하고, 더 크고, 더 자랑스럽게 여기는 요소가 있다면 자신이 참된 그리스도인이 맞는지, 참된 하나님의 자녀인지 의심해 보아야 마땅합니다. 세상에서 아무리 영광스러운 직함을 가졌을지라도 그가 참된 그리스도인이라면 자신이 하나님의 자녀라는 사실을 가장 자랑스럽게 생각할 것이기 때문입니다.

다윗은 이것을 잘 보여 주는 인물입니다. 시편에 있는 다윗의 많은 고백 속에서 우리는 어렵지 않게 그런 모습을 발견할 수 있습니다. 존재가 행위를 결정하는 것입니다.

다윗에게는 이스라엘의 왕이라는 신분이 하나님보다, 그리스도보다 더 중요하지 않았습니다. 아니, 그에게는 하나님과 그리스도와 비교 가능한 가치가 없었습니다. 그런 사람들이 그리스도 안에서 형제가 된 사람들이며, 그것이 바로 교회입니다.

형제 사랑은 참된 신앙의 증거다

이 점에서 우리는 형제 사랑이 왜 참된 신앙의 확실한 증거일 수밖에 없는지 확인할 수 있습니다. 형제를 사랑하는 것은 그가 하나님께로서 난 자이기 때문입니다.

예수께서 그리스도이심을 믿는 자마다 하나님께로부터 난 자니 또한 낳으신 이를 사랑하는 자마다 그에게서 난 자를 사랑하느니라(요일 5:1).

기질이 같거나 동향이거나 동창이거나 같은 정치적 견해를 가졌기 때문이 아닙니다. 그리스도인은 죄인을 그 자체로 사랑할 수 없습니다. 왜냐하면 참된 신자는 죄인이 자연스럽게 행하는 죄악을 본능적으로 미워하기 때문입니다.

하지만 어떤 하나님의 자녀에게서 하나님 아버지를 닮은 거룩한 성향이 흘러나오는 것을 보게 되면 참 신자는 그와 한 형제요 한 가족임을 느끼게 되고, 천로역정을 함께 걸어가는 순례자로 여기게 됩니다. 그리고 많은 차이에도 불구하고 동일한 신적 본성, 동일한 하나님 중심적 인생관, 동일한 거룩한 소원과 관심, 동일한 축복된 소망을 가진 사람으로 서로를 바라봅니다. 자기 안에서 역사하시는 성령님께서 형제들 안에서도 역사하시는 것을 볼 때, 기뻐하며 형제들을 사랑하게 되는 것입니다. 이런 점에서 보면, 신자가 신자와 결혼해야 한다는 것은 명령이나 요구이기 전에 참된 신자의 너무나 당연한 본능적 반응으로 이해해야 합니다.

이런 방식으로 형제 사랑은 참된 신앙의 확실한 증거로 자신의 신앙이 참되다는 것을 확증해 줍니다. 형제 사랑은 그리스도인의 본능입니다. 하지만 성경은 형제 사랑이 신자의 영적 본능임에도 불구하고, 힘을 다해 형제를 사랑할 것을 권면합니다.

> 자녀들아 우리가 말과 혀로만 사랑하지 말고 행함과 진실함으로 하자. 이로써 우리가 진리에 속한 줄을 알고 또 우리 마음을 주 앞에서 굳세게 하리니(요일 3:18-19).

"이로써", 즉 형제를 행함과 진실함으로 사랑함으로써 우리는 자신이 진리에 속한 하나님의 자녀라는 사실을 확신하게 된다는 말씀입니다. 형제 사랑은 기도에 영향을 미칩니다. 한집안에서 형제들 사이가 나쁘면 그 형제 사이뿐 아니라 온 집안 분위기가 이상해집니다. 형제를 미워하는데 기도가 잘 될 수 없습니다. 형제를 미워하면 기도가 막힙니다. 그렇기 때문에 해가 지기까지 분을 품지 말라고 말씀합니다(엡 4:26). 부부 사이에서도 불화와 싸움이 기도를 막습니다. 만약 형제를 미워하는데도 신앙생활에 아무 문제가 없다면 그는 위선자요 스스로를 기만하는 사람입니다.

누구든지 하나님을 사랑하노라 하고 그 형제를 미워하면 이는 거짓말하는 자니 보는 바 그 형제를 사랑하지 아니하는 자는 보지 못하는 바 하나님을 사랑할 수 없느니라(요일 4:20).

형제 사랑의 원천

다음과 같이 생각하는 사람이 있을 것입니다. '나는 형제를 사랑하는 게 힘든데 그렇다면 나는 하나님의 자녀가 아닌가?' 그럴 수도 있고 그렇지 않을 수도 있습니다. 그렇지 않을 경우에 대해 설명하겠습니다.

성경이 말하는 사랑은 감정 이상입니다. 예수를 믿는 순간 우리의 몸은 죽어서 관으로 들어가고 영은 천국으로 가는 것이 아닙니다. 우리는 우리의 기질과 인간적인 성향을 다 가지고 살아갑니다. 성경은 우리가 가진 인간적인 기질이나 기호, 취향 등을 무시하지 않습니다. 이 땅에서 몸을 입고 살아가는 동안 우리 안에는 인간의 본능적 요소들이 살아 있습니다. 물론 거듭난 자에게는 하나님께서 주신 영적 본능도 있습니다. 그것이 형제 사랑입니다.

교회는 가지각색의 사람들이 모인 곳입니다. 교회 안에서 구성원들을 묶는 공통점은 그리스도와 복음밖에 없습니다. 그래서 우리는 교회 안에서 나와 너무 다른 배경에서 자란 사람, 나와 너무 다른 환경에서 살아가는 사람, 나와는 기질이나 성향이 너무 다른 사람들을 만나게 됩니다. 그런 사람들과 친해지기는 쉽지 않습니다. 힘이 듭니다. 저절로 사랑이 생겨나면 좋은데 그렇지 않습니다. 그 사람이 도무지 이해되지 않을 때가 적지 않습니다.

그럴 때 하나님의 자녀들은 그 문제를 가지고 하나님께 나아갑니다. 그리고 자연적으로는 좋아할 수 없는 사람이지만, 그 사람을 향해서 긍휼과 사랑을 가지고 하나님 앞에 기도하게 됩니다. 그 마음과 태도를 가지고 하나님께 나아가는 사람이 하나님의 자녀입니다.

반면 '저 사람은 다른 교회로 가면 좋겠어. 왜 계속 우리 교회에 나오지?'라고 생각하면서 형제 사랑의 계명을 조금도 의식하거나 생각하지 않고, 그 문제를 가지고 하나님 앞에 나아가 은혜를 구할 생각도 전혀 가지지 않는다면 그는 하나님께 속한 자가 아닐 수 있습니다. 형제를 사랑하는 마음은 하나님의 무한한 은혜와 사랑으로 말미암아 하나님의 용서와 용납을 경험한 참된 신자들에게 어떤 식으로든 나타나게 되기 때문입니다. 그 형제를 볼 때 그도 나처럼 하나님의 은혜와 사랑으로 여기까지 왔고 앞으로도 은혜 안에서 살아갈 것을 보게 되는 것, 이것이 형제를 사랑할 수 있는 근원이고 원천입니다.

하나님을 아는 지식과 형제 사랑

그러면 성경이 말씀하는 형제 사랑은 어떻게 점점 더 성장할까요?

당신의 10년 후를 생각해 보십시오. 10년 후에 어떤 사람이 되고 싶습니까? 인색한 사람, 까다로운 사람이 되기를 원하지는 않을 것입니다. 지금보다 사랑이 더 많은 사람, 마음이 더 넉넉한 사람이 되기를 원합니까?

예수를 안 믿는 사람이라도 앞의 경우를 원하지는 않을 것입니다. 그러나 원하는 것만으로 그런 사람이 되는 것은 아닙니다.

단순히 '어떻게 늙을 것이냐'를 이야기하는 것이 아닙니다. 나이 들수록 더 넉넉한 사람이 되고, 하나님을 더 많이 닮게 되는 것이 바로 경건함입니다.

요한일서의 논리를 따르면 다음과 같이 이야기할 수 있습니다. 하나님을 아는 지식이 증가할수록 우리는 하나님이 사랑이심을 알게 됩니다. 만약 하나님을 아는 지식이 증가함에도 불구하고 하나님이 사랑이심을 깨닫지 못한다면 그것은 생명 없는 지식일 뿐입니다. 하나님이 사랑이심을 알게 된 사람은 자신이 하나님의 사랑을 받은 존재라는 사실을 발견하고, 자기 존재에 대한 더 깊은 확신에 이르게 됩니다. 이것이 칼빈이 『기독교강요』에서 하나님을 아는 지식과 우리 자신을 아는 지식이 서로 연결되어 있다고 말한 것의 의미입니다.[2]

여기에서 끝나지 않습니다. 하나님의 은혜와 사랑을 무한히 받아 자신이 하나님께로서 난 자임을 인식할 때 형제를 보는 눈이 열립니다. 그리고 그 형제를 보며 '저 사람에게도 하나님께서 내게 베푸신 은혜를 베푸셨구나.'라고 깨달으며 그 안에서 하나님의 은혜를 발견하게 됩니다. 그들을 더 깊이 사랑할 수 있는 사랑의 샘이 열려서 그 사랑이 흘러나오는 것을 경험합니다. 그러므로 만일 당신이 영적으로 더 성장하는 일에 전념하면서도 형제를 사랑하는 데 인색하다면 그것은 명백히 잘못된 방향 설정이고 거짓된 신앙일 수 있습니다. 자기모순인 것입니다. 그것은 참된 경건이 아닙니다.

교회에 부어 주신 복

이와 같이 형제 사랑은 참된 그리스도인의 표요, 참된 신앙의 확실한 증거입니다.

이제 형제 사랑을 실천할 수 있는 두 가지 권면을 드리겠습니다.

첫째, 하나님을 더 깊이 알기를 힘쓰십시오. '형제 사랑'에 대한 이야기를 들었으니 이번 주에는 형제들을 만나서 밥도 같이 먹고, 이야기도 들어주고, 그에게 필요한 것을 도와주어야겠다고 생각할 수 있습니다. 그렇게 하는 것은 정말 선하고 좋은 일입니다.

하지만 그런 일은 잠시 잠깐 자극을 받아서 하는 일시적 행동에 머무르기 쉽습니다. 당신이 세월과 함께 나이가 들어 가면서 점점 더 하나님의 사랑을 드러내고 형제를 향한 사랑이 풍성한 존재로 자라 가기를 원한다면 하나님을 아는 일에 더 많이 힘써야 합니다. 그러기 위해서 복음을 묵상하십시오. 복음 안에는 하나님이 예수 그리스도 안에서 우리에게 부어 주신 무한한 은혜와 사랑이 풍성하게 드러나 있기 때문입니다. 또 성경 전체를 통해 드러난 하나님의 성품을 깊이 묵상하십시오. 경건 서적이나 신학 서적을 탐독함으로 도움을 받을 수도 있을 것입니다. 하나님의 사람들의 전기를 통해서 참된 경건이 어떤 것인지도 배우고 생각할 수 있습니다. 무엇보다 하나님께서 그분의 거룩한 사랑으로 당신의 가슴을 적셔 주시고, 불태워 주시기를 간구하십시오. 그러면서 당신 주변의 형제들에게 주도적으로 그 사랑을 표현하십시오. 보답을 기대할 수 없는 상황에 처한 형제를 사랑하는 일부터 시작하는 것이 좋습니다.

우리가 하는 모든 일이 우리의 성품과 삶과 존재를 변화시키는 것은 아닙니다. 우리는 그것과 상관없는 일에 너무도 많은 시간과 에너지를 쓰며 살아갑니다. 그러므로 건강할 때, 젊을 때, 그리고 자유가 있을 때 당신의 시간을 하나님을 아는 일에 쏟으십시오.

둘째, 형제를 위해 기도하십시오. '나를 위해서도 기도를 제대로 못하는데 형제를 위해서까지 기도해야 하나?'라고 생각할지 모르겠습니다. 기도는 신앙생활에서 가장 어려운 영역입니다. 많은 사람이 기도를 꼭 해야 하는 중요 일정으로 여기지 않기 때문입니다.

예컨대 누구를 만나기로 한 약속 시간 전에 잠깐 기도하고 나가거나 조금 일찍 도착해서 그를 위해서 기도하는 것은 기도를 꼭 해야 하는 일정으로 여기지 않아도 할 수 있는 것입니다.

그러므로 여기서 더 나아가야 합니다. 사람들과 중요한 일정을 잡기 전에 하나님과의 약속을 먼저 잡는 습관을 기르고, 하나님과의 만남을 중요 일정으로 삼으십시오. 잠시 잠깐 기도하는 것으로는 기도의 풍성한 은혜를 누릴 수 없습니다. 시간을 여유 있게 확보하고 기도하십시오. 기도가 하루를 시작하기 전에 3-4분 동안 치르는 의식이 아니라 삶의 중요한 일정이 되게 하십시오. 기도가 방해받지 않을 수 있는 일정 시간을 확보하실 것을 권합니다.

하나님께 드릴 말씀이 없다고 느껴지더라도 가만히 그 자리를 지키십시오. 그러는 동안 하나님 앞에서 이 형제, 저 형제가 생각날 수 있습니다. 그들을 축복하십시오. 하나님께서 그들에게 은혜를 주시기를 구하십시오. 그것은 참된 형제 사랑일 뿐 아니라 그렇게 하면서 형제를 더욱 사랑하게 될 것입니다. 사랑하는 사람은 생각하게 되어 있습니다. 하나님 앞에서 그들을 기억하십시오. 이것이 얼마나 복된 일인지 모릅니다. 이렇게 하지 않으면 누구를 위해서 기도한다는 것이 말에 그치기 쉽습니다. 우리의 경건과 신앙을 이렇게 하나님 앞에 세워 가고, 그 참된 신앙 위에 우리의 인생을 건설하지 않는다면 우리의 신앙생활은 종교를 빙자한 코미디가 되고 말 것입니다.

바울 사도는 에베소서 1장 16절에서 "내가 기도할 때에 기억하며"라고 말했습니다. 하나님 앞에서 보내는 시간을 확보하는 것이 중요합니다. 기도를 중요 일정으로 미리 계획하십시오. 그리고 자신과 형제를 위해 기도하십시오.

다음과 같은 가사의 찬양을 잘 아실 것입니다.

당신이 지쳐서 기도할 수 없고 눈물이 빗물처럼 흘러내릴 때
주님은 우리 연약함을 아시고 사랑으로 인도하시네.
누군가 널 위하여 누군가 기도하네.
네가 홀로 외로워서 마음이 무너질 때 누군가 널 위해 기도하네.
당신이 외로이 홀로 남았을 때 당신은 누구에게 위로를 얻나.
주님은 아시네, 당신의 마음을. 그대 홀로 있지 못함을.
누군가 널 위하여 누군가 기도하네.
네가 홀로 외로워서 마음이 무너질 때 누군가 널 위해 기도하네.[3]

형제 사랑은 하나님이 교회에 부어 주신 복 중의 복입니다. 오직 하나님의 자녀들만이 누리는 은혜입니다. 이 은혜를 풍성하게 누리십시오. 이 은혜를 더욱 누리도록 힘쓰십시오. 아직 이 은혜를 모른다면 그런 은혜의 자리로 불러 주시기를 자비하신 하나님께 간구하십시오.

1. 저자는 형제 사랑은 신앙의 성숙과 미성숙의 증거라기보다 거듭남과 거듭나지 않음의 차이라고 말합니다. 이 말에 동의합니까? 동의하지 않는다면 그 이유와 성경적 근거는 무엇입니까?

2. 성경은 형제 사랑이 참된 신앙의 믿을 만한 증거라고 말합니다. 이러한 형제 사랑은 이웃 사랑과 어떻게 구별됩니까? 형제 사랑과 이웃 사랑의 차이를 성경말씀에 근거하여 어떻게 설명할 수 있습니까?

3. 저자는 형제 사랑의 원천은 하나님께서 그리스도 안에서 베풀어 주신 무한한 은혜와 사랑, 즉 복음이라고 말합니다. 그렇다면 오늘날 교회에 형제 사랑이 결핍되어 있는 현상을 어떻게 설명할 수 있습니까? 그러한 결핍을 해결할 수 있는 방법은 무엇입니까?

4. 하나님을 바르게 알아 가는 것이 형제 사랑에 어떤 영향을 미칠 수 있는지 생각하고 설명해 보십시오.

13. 교회 중심의 삶인가, 나 홀로 신앙인가?

남편들아 아내 사랑하기를 그리스도께서 교회를 사랑하시고 그 교회를 위하여 자신을 주심같이 하라. 이는 곧 물로 씻어 말씀으로 깨끗하게 하사 거룩하게 하시고 자기 앞에 영광스러운 교회로 세우사 티나 주름 잡힌 것이나 이런 것들이 없이 거룩하고 흠이 없게 하려 하심이라. 이와 같이 남편들도 자기 아내 사랑하기를 자기 자신과 같이 할지니 자기 아내를 사랑하는 자는 자기를 사랑하는 것이라. 누구든지 언제나 자기 육체를 미워하지 않고 오직 양육하여 보호하기를 그리스도께서 교회에게 함과 같이 하나니 우리는 그 몸의 지체임이라. 그러므로 사람이 부모를 떠나 그의 아내와 합하여 그 둘이 한 육체가 될지니 이 비밀이 크도다. 나는 그리스도와 교회에 대하여 말하노라. 그러나 너희도 각각 자기의 아내 사랑하기를 자신같이 하고 아내도 자기 남편을 존경하라.

에베소서 5:25-33

교회가 무엇입니까? 쉬우면서도 어려운 질문입니다. 교회는 추상 명사가 아니라 우리가 친숙하게 경험하는 실체이기 때문에 그 대답이 쉬울 수 있습니다. 그러나 성경이 말씀하고 있는 교회의 신비와 교회의 영광과 심오한 진리를 생각하면 간단하게 대답할 수 없는 질문이 됩니다. 그래서 "교회를 사랑하십니까?"라는 질문은 교회를 어떻게 이해하느냐에 따라 다른 의미의 질문이 될 수 있고 많은 오해를 불러일으킬 수도 있습니다. 그러나 제가 이 장을 통해 하려는 이야기는 "참된 신앙은 교회를 사랑한다"는 것입니다.

교회를 사랑하십니까?

예수님을 믿고 구원의 은혜를 입은 사람이 교회를 사랑하지 않을 수 있느냐고 묻는다면, 성경은 단연 아니라고 대답합니다. 하나님의 구원의 은혜를 받은 사람은 교회를 사랑합니다.

이 말이 당신에게는 당연하게 받아들여지십니까, 아니면 이게 무슨 말인가 생각되십니까?

만일 후자라면 당신은 지금까지 성경이 교회에 대해 말씀하는 것보다는 교회 안팎에서 사람들이 말하는 것에 더 많이 귀를 기울이고 배웠을 가능성이 큽니다. 그러므로 교회를 사랑하는 것이 어떤 의미인지 정확하게 배울 필요가 있습니다.

오늘날 한국 교회는 세간의 비난의 대상이 된 지 오래입니다. 그 모든 비난이 전혀 근거 없는 것은 아닙니다. 우리가 교회를 봐도 참 못난 구석이 많이 보입니다. 못난 교회를 사랑하는 것은 어려운 일입니다. 아름답고 존귀한 대상을 사랑하는 것이야 뭐가 어렵겠습니까? 문제는 우리가 사랑하는 교회의 현실이 그렇지 않다는 것입니다.

누구나 가정이 있고, 가정 외에도 학교나 직장, 동창회 같은 그룹에 속해 있습니다. 자신이 속한 조직이나 모임에 자부심을 가지고 있는 사람은 그 조직이나 모임에 대한 애착심도 많을 것입니다. 그런 모임에서 초청장이 오면 만사를 미루고 잊어버리지 않도록 일정을 잡아 둘 것입니다. 이처럼 사람들은 존귀하고 가치 있다고 여기는 곳에 마음을 씁니다.

그렇다면 '내가 교회에 얼마나 마음을 쓰는가?' '내 인생에서 교회는 무엇인가?'를 생각해 보십시오. 오늘날 교회가 아름답다고 여기고 교회를 사랑의 대상으로 여기는 사람이 얼마나 될까요?

제가 이 장에서 다룰 명제는, 교회를 사랑하는 것은 참된 신앙의 확실한 증거이므로 참된 신자는 교회를 사랑의 대상으로 여긴다는 것입니다. 이 말을 들으면 왠지 마음이 불편할 사람이 있을 것 같습니다. 이 장에서는 그런 부분을 다루려고 합니다.

교회에 대한 성경의 가르침을 알게 된다면, 참된 그리스도인의 심령에는 교회에 대한 사랑이 일어난다는 것 또한 알게 됩니다. 성령께서 진리를 통하여 교회의 아름다움을 보도록 눈을 열어 주시는 것입니다. 믿음의 눈으로 교회를 새롭게 보게 됩니다.

그리스도와 교회의 연합

에베소서 5장 25절 이하는 목사님들이 결혼식 주례 때 많이 인용하는 본문입니다. 이 본문은 결혼 안에서 부부 관계에 대해 말합니다. 더 큰 문맥으로 보면, 부부관계를 넘어 부모와 자녀의 관계(6:1-4)와 종과 상전의 관계(6:5-9)가 계속 이어집니다. 이것은 우리가 피할 수 없는 소중한 관계입니다. 이 관계들 속에서 바울 사도는 에베소서 전반부에서 설명한 복음의 내용과 그리스도인 됨에 근거하여 그리스도인들이 어떻게 복음에 부합하는 삶을 살아야 하는지 가르칩니다.

그렇다면 사도가 가르친 이 복음은 당신에게 어떤 의미를 지닙니까? 이 복음이 당신의 부부 생활에 어떤 의미를 가집니까? 이 복음이 당신이 자녀를 양육하는 방법에 어떤 영향을 미칩니까? 복음이 부모님에 대한 당신의 효도에 어떤 차이를 가져옵니까? 복음이 당신의 직장생활과 그 안에서의 관계에 어떤 영향을 줍니까?

복음은 성경공부할 때 우리 입에서만 언급되는 것이 아닙니다. 복음에는 능력이 있습니다. 바울은 지금 그 말을 하는 것입니다.

바울은 부부 관계를 이야기하는 에베소서 본문을 통해 사실상 그리스도와 교회의 관계를 말하고 있습니다. "이 비밀이 크도다. 나는 그리스도와 교회에 대하여 말하노라."라고 한 5장 32절이 사도 바울의 의도를 분명하게 보여 줍니다. 남편들에게 자기 아내를 사랑할 것을 명할 때, 사도는 그리스도께서 교회를 사랑하신 것을 기준으로 제시하고 있으며, 그리스도에 대해서 더 많이 말하고 있습니다.

남편들아 아내 사랑하기를 그리스도께서 교회를 사랑하시고 그 교회를 위하여 자신을 주심같이 하라. 이는 곧 물로 씻어 말씀으로 깨끗하게 하사 거룩하게 하시고 자기 앞에 영광스러운 교회로 세우사 티나 주름 잡힌 것이나 이런 것들이 없이 거룩하고 흠이 없게 하려 하심이라(엡 5:25-27).

남편들은 그리스도께서 교회를 사랑하셨듯이 자기를 주는 희생적인 사랑으로 아내를 사랑하라는 말씀을 듣지만, 어떤 남편도 자기 아내를 물로 씻어 말씀으로 깨끗하게 하고 거룩하게 만드는 사람은 없습니다. 바울 사도가 부부 관계를 말하려다가 그리스도를 말하면서 이야기의 주제를 잃어버린 것일까요? 그렇지 않습니다. 바울 사도는 분명히 부부에 대해 말하고 있습니다. 그의 심정은 부부에 대해 말할 때조차 그리스도를 말하고 싶은 것입니다. 바울 사도는 31절에 창세기 2장 24절을 인용합니다. "그러므로 사람이 부모를 떠나 그의 아내와 합하여 그 둘이 한 육체가 될지니." 이것은 하나님의 첫 번째 주례사입니다. 결혼은 인간이 범죄한 후에 생겨난 것이 아니라 범죄하기 전에 하나님께서 맺어 주신 관계입니다.

이후 인간의 범죄는 하나님과의 단절, 인간관계의 소외를 가져왔습니다. 범죄한 후부터 인간은 하나님을 힘들어하기 시작합니다. 거룩하신 하나님 앞에 자신의 죄가 드러나는 것이 부담스러운 것입니다.

사람들 사이의 모든 관계도 이 죄의 영향을 받아 망가졌습니다. 누군가에게 자신이 드러나는 게 부담스럽습니다. 성적 수치심만을 말하는 것이 아닙니다. 범죄한 인간은 본능적으로 자신에 대한 수치심을 가지게 되었습니다. 수치는 죄의 결과로 온 것이고, 모든 인간관계 속에서 자신의 약점이 드러날까 봐 두렵고, 못난 부분이 드러나는 게 싫은 것입니다. 그래서 우리는 사람을 만날 때 어느 정도 자기 보호 장벽을 가지고 대합니다. 방어기제(防禦機制)라고도 불리는 이 죄인 본성의 장치는 죄인들이 사람을 대할 때마다 자동으로 작동하는 원리가 되었습니다.

결혼은 그런 죄인의 습성을 해결해 주시고자 하나님께서 만들어 내신 고안이 아닙니다. 결혼은 인간이 범죄하기 전에 하나님의 창조 의도와 계획 안에 있었습니다.

아담과 하와가 죄를 짓기 전, 아담은 하나님께서 만드신 하와를 보고 "이는 내 뼈 중의 뼈요 살 중의 살이라"(창 2:23)고 노래를 부릅니다. 이렇게 최초의 남편은 아내를 위한 찬가를 불렀습니다. 그들의 부부관계가 얼마나 행복했겠습니까? 죄가 없었으니 부부싸움도 없었을 것입니다.

그러나 죄는 이 모든 것을 한순간에 다 망가뜨렸습니다. 바울 사도는 창세기 2장 24절을 인용하면서 "결혼 안에서 한 남자와 한 여자가 부부가 될 때에 그들은 한 몸이다, 한 육체다."라고 말합니다. 그 말은 곧 "네 아내를 사랑하는 것은 너 자신을 사랑하는 것이다. 아내가 너 자신이다. 부부는 한 몸이다."라는 말입니다.

> 누구든지 언제나 자기 육체를 미워하지 않고 오직 양육하여 보호하기를 그리스도께서 교회에게 함과 같이 하나니 우리는 그 몸의 지체임이라
> (엡 5:29-30).

계속해서 바울은 그리스도와 교회, 즉 남편과 아내의 관계를 같이 이야기합니다. "우리는 그 몸의 지체임이라"는 말씀은 부부관계를 말하는 것

이 아닙니다. 우리 모두가 그리스도의 한 지체요 부분이라는 말씀입니다. 다시 말해 교회는 그리스도의 몸이고(고전 12:27; 롬 12:5), 교회의 구성원인 교인들은 그 몸의 지체입니다.

그리스도는 몸인 교회의 머리이십니다(골 1:18). 그러므로 머리와 몸이 붙어 있듯이, 그리스도와 교회는 한 몸입니다. 분리될 수 없습니다. 그래서 사울이 교회를 핍박할 때 주님은 "나는 네가 박해하는 예수라"고 말씀하셨습니다(행 9:5). 교회와 자신을 동일시하신 것입니다.

"우리는 그 몸의 지체임이라."라는 말도 같은 맥락에서 "우리가 곧 교회다."라고 말하는 것입니다. "이 비밀이 크도다. 나는 그리스도와 교회에 대하여 말하노라"(엡 5:32)라는 말씀에서 "비밀"은 부부의 비밀을 말하는 것이 아닙니다. 이 말씀은 그리스도와 교회가 하나라는 것입니다.

마지막으로 바울은 "자기의 아내 사랑하기를 자신같이 하고 아내도 자기 남편을 존경하라"(33절)고 말합니다. 그러므로 부부관계는 그리스도와 교회의 관계, 그리고 그리스도와 신자의 관계를 보여 줍니다. 그리스도의 구속으로 말미암아 물로 씻어 말씀으로 깨끗하고 거룩해지고, 그 앞에 영광스러운 신부가 된 교회와 그리스도 사이에는 완벽한 하나 됨이 이루어지는 것입니다.

믿음의 눈으로 그리스도의 아름다움을 보게 된 사람은 교회의 존재적인 아름다움 또한 보게 됩니다. 우리 교회의 현실은 여전히 다투고 용서하지 못하는 등 못난 부분을 많이 갖고 있음에도 불구하고 그 현실을 넘어 교회의 존재적인 아름다움을 볼 수 있는 것입니다. 이것은 앞에서 언급한 '형제 사랑'과도 같은 맥락입니다.

참된 신앙은 교회를 사랑합니다. 자기 취향에 맞는 몇 사람이 아니라 그리스도 안에 있는 모든 형제, 곧 교회를 사랑하는 것입니다. 이전에는 교회가 조직이나 제도로만 생각되었는데, 믿음의 눈으로 보게 된 후에는 교회가 그리스도의 신비한 몸으로 보이기 시작합니다. 구원자를 보지 못하는 세상에 구원자를 보여 주는 주님의 생생한 현현이 곧 교회임을 알게 되고, 교회가 죄로 말미암아 저주받은 세상에서 하나님의 거룩하심과 선하심을 나타내는 그리스도의 영광스러운 몸으로 보이는 것입니다.

이 세상은 하나님을 모르고 있고, 하나님을 오해하고 있고, 하나님을 믿지 않습니다. 그와 같이 하나님을 믿지 않는 사람들에게 하나님이 어떤 분인지, 그리스도가 어떤 분인지 보여 줄 수 있도록 하나님께서 이 땅에 세우신 것이 교회입니다.

"그 사람은 그리스도 같아."라는 말은 칭찬이고 좋은 말입니다. 역사 속에는 그런 귀한 하나님의 사람들이 많이 있었습니다. 그러나 그 말보다 더 중요하게 생각해야 하는 것이 있습니다. "교회가 진짜 주님 같아."라는 평가를 듣는 것입니다. 교회는 주님이 어떤 분인지를 세상에 보여 줄 수 있어야 합니다. 우리 각자가 거룩해진 것을 보여 주는 것보다 더 중요한 것이 '교회'가 그리스도를 세상에 보여 주는 것입니다.

성경 어디에도 신자가 그리스도라는 말은 없습니다. 물론 신자 안에 그리스도가 영으로 계시지만 신자는 그리스도가 아닙니다. 하지만 교회는 그리스도의 몸입니다. 즉 교회는 그리스도입니다. 죄로 저주받은 세상에서 하나님의 선하심을 드러내 주는 것이 교회입니다.

왜 교회인가?

또 하나의 질문을 생각해 보겠습니다. 하나님께서는 왜 구속받은 사람들을 개별적으로 부르시지 않고 교회를 세우셨을까요? 개인을 불러서 예수 믿다가 죽어서 천국 가게 하시면 되는데 왜 연약한 사람들, 까다로운 사람들, 자기 취향을 고집하는 사람들을 교회로 모으셔서 "서로 사랑하라, 용서하라, 서로 용납하라"고 하셨을까요?

타락한 인간은 하나님과 단절되었을 뿐 아니라 인간과 인간 사이의 단절과 소외도 경험하게 되었습니다. 그래서 타락한 인간은 본성적으로 '나 홀로'의 경향을 가집니다. 하지만 이것은 원래 하나님께서 세상과 사람을 창조하실 때 의도하신 것이 아닙니다.

하나님께서는 삼위 하나님의 형상을 따라 사람을 교제와 사랑을 누리는 존재로 창조하셨습니다. 인간은 본래 서로 소통하는 존재로 지음받은 것입니다.

이를테면 예수 믿는 사람이 "저는 혼자 있는 시간을 좋아합니다."라고 말하는 것은 "나는 하나님과 같이 있는 시간이 좋습니다."라는 의미여야 합니다. 그리스도인에게는 하나님과 함께하지 않는 혼자만의 시간은 존재할 수 없기 때문입니다. 사람들이 많을 때는 바쁘고 즐거운 나머지 하나님을 의식하지 않을 수 있습니다. 그러나 혼자 있을 때 신자는 하나님을 생각합니다.

하나님께서 세상을 창조하시면서 "보시기에 좋았더라"고 하셨지만, 아담 혼자 있는 것을 보시니 좋지 않으셨습니다(창 2:18). 그래서 삼위 하나님께서 성부, 성자, 성령으로 계시듯, 아담에게도 소통할 수 있는 아내 하와를 만들어 주셨습니다. 하나님이 삼위로 계시듯, 사람도 공동체로 지음을 받은 것입니다.

하나님께서는 예수 그리스도의 구속을 통하여 단순히 하나님과 죄인 사이의 관계를 회복시키신 것만이 아니라, 그 은혜를 입은 하나님의 자녀들이 하나님의 선하심을 맛보아 알고, 그것을 나누고, 그들의 찬양을 더 온전케 하시기 위해 교회라는 영광스러운 사회를 만드셨습니다. 그래서 교회는 그리스도 외에는 공통점이 없고, 그리스도 말고는 설명이 안 되는 사회입니다. 그러므로 하나님의 선하심을 맛보는 것은 언제나 교회의 특권이고, 하나님에 대한 철저한 오해 속에서 하나님과 교회를 대적하는 이 세상을 향하여 하나님의 선하심을 즐거워하는 기쁨이 흘러가게 하는 것은 교회의 사명입니다.

이와 같이 하나님은 하나님과의 관계를 회복한 개인들을 교회로 부르셨습니다. 이 교회는 단지 하나의 단체나 조직이 아니라 머리 되신 그리스도께서 친히 말씀과 성령으로 통치하시는 그리스도의 신비한 몸입니다.

이상과 현실 사이

그런데 교회의 현실은 왜 이렇습니까? 특정 교회를 이야기하는 것이 아닙니다. 지역 교회와 보편적인 교회, 전 세계적인 하나님의 몸을 구별해서 말하려는 것도 아닙니다.

"예수님은 좋은데 교회는 싫다"는 사람이 많습니다. 이 말은 "당신의 영혼은 좋은데 당신의 몸은 싫다"는 말처럼 모순적인 말입니다. 눈에 보이는 형제를 사랑하지 않으면서 하나님을 사랑한다고 하는 것이 불가능하듯, 예수님을 사랑하면서 교회를 싫어하는 것도 불가능한 일입니다.

문제는 왜 이런 말이 나오는가, 하는 것입니다. 예수님은 좋은데 교회는 싫다는 말은 교회의 이상과 현실 사이의 딜레마를 보여 줍니다. 현실의 교회는 이 세상을 살아가는 신자의 존재와 똑같습니다.

신자는 그리스도로 옷 입은 사람이지만 여전히 죄를 지으며 살아갑니다. 죄의 지배 아래 있는 것은 아니지만 죄를 짓습니다.

이 세상의 신자들은 다 공사 중인 사람들입니다. 교회도 마찬가지로 지금은 공사 중입니다. 공사 중인 사람들이 모인 곳이 교회입니다. 그래서 먼지도 나고 복잡합니다.

종교개혁자 칼빈은 이것을 다음과 같이 설명했습니다. "이 지상에 있는 교회는 전투하는 교회다. 천상의 교회는 승리한 교회다."[1] 중요한 것은 이 전쟁은 반드시 끝나고 교회는 결국 승리하게 될 것이라는 사실입니다.

우리는 지금 전투 중입니다. 전투 중인 군인이 깔끔하게 정장을 차려 입고 다닐 수는 없습니다. 전쟁터에 나가면 흙이 묻고, 피도 묻고, 파편도 튀고, 살이 찢어지기도 합니다. 칼빈은 이 세상의 교회가 그렇다고 설명했습니다. 그래서 육안으로 보면 영광스럽거나 아름답지 않습니다.

그러나 하나님은 이미 완성된 영광스러운 교회를 보고 계십니다. 그리스도인들은 비록 지금 공사 중이지만, 완전한 건축자이신 하나님께서 건축을 시작하신 사람들입니다. 하나님은 이 공사를 결코 미완성으로 끝내지 않으실 것입니다. 현재 미완성이라는 사실이 하나님 앞에서 그리스도인의 아름다움과 교회의 아름다움을 손상시키는 요소가 될 수 없습니다. 건축자이신 하나님은 이미 완성된 건축물을 생각하며 보고 계실 뿐 아니라 하나님의 생각에는 이미 완성체로 존재하는 것과 조금도 다름이 없기 때문입니다.

여전히 부족하고, 넘어지고, 연약한 게 너무 많은 교회를 보실 때조차 하나님은 이미 완성된 교회의 영광과 아름다움, 그리스도의 아름다운 신부의 모습을 보고 계십니다. 중요한 것은 그리스도로 말미암아 건축이 시작됐다는 사실입니다. 스바냐 선지자가 말한 것처럼 하나님이 교회를 바라보시면서 기쁨을 이기지 못하실 만큼 기뻐하시는 것입니다.

교회를 향한 하나님의 청사진은 그리스도입니다. 교회는 그리스도의 몸입니다. 에베소서 4장 13절에서 말씀하듯, 교회는 그리스도의 장성한 분량이 충만한 데까지 자라 가야 합니다. 그것이 교회를 향한 하나님의 이상입니다. 교회는 반드시 그렇게 될 것입니다.

믿음은 바로 이런 하나님의 관점으로 교회를 바라보는 것입니다. 교회는 아름다운 그리스도의 몸이며 또한 자신의 사랑이 머무는 대상임을 보게 되는 것입니다. 하나님께서 그리신 교회의 청사진은 그리스도입니다. 신자는 이것을 믿음의 눈으로 보는 사람입니다.

교회가 교회다워지려면

그렇다면 그리스도의 몸인 교회는 어떻게 현실에서 이상을 향해 변화되어 가는 것일까요? 이것은 목사인 저뿐 아니라 주님을 섬기며 살아가는 모든 성도에게 중요한 질문이 될 것입니다. 조나단 에드워즈는 교회가 몸이고 그리스도가 영혼이라고 비유하면서 영혼과 몸이 긴밀히 결합되어 있는 것처럼 교회인 몸은 영혼인 그리스도와 교통을 누림으로써 영적인 변화를 경험하게 된다고 말했습니다.

이것을 좀 더 자세히 설명해 보겠습니다.

그리스도의 통치

교회가 교회다워지기 위한 일차 조건은 그리스도와 연결되는 것입니다. 교회는 머리이신 그리스도가 다스리시는 그리스도의 몸입니다. 모든 지체는 머리이신 그리스도의 지시에 복종해야 합니다. 이것이 교회의 하나됨과 조화의 원천입니다. 각 지체는 그리스도와 관계를 맺고 그리스도의 통치 아래 복종해야 합니다. 이것이 교회의 아름다움의 기초입니다.

그리스도인은 그리스도의 통치를 받는 사람입니다. 주님이 말씀하시는 모든 것에 "네."밖에 말할 수 없는 존재가 그리스도인입니다.

그리스도와 관계를 맺지 않거나 그리스도의 통치에 복종하지 않는 사람이 있을 때 교회의 조화와 아름다움과 영광이 저해됩니다. 그 아름다움과 영광이 없어지는 게 아닙니다. 저해될 뿐입니다. 그래서 교회 안에서 다툼이 일어나고 온갖 추한 일들이 일어납니다.

그러나 참된 신앙을 가진 하나님의 자녀들은 주님을 사랑하듯이 주님의 몸인 교회를 사랑하고, 교회를 통해서 이 세상에 하나님의 영광과 선하심과 그리스도의 영광이 나타나기를 소원합니다. 그리고 그리스도께 복종하는 삶을 지속적으로 추구합니다.

지체 간의 결속

교회가 교회다워지는 두 번째 조건은 그리스도의 몸의 각 지체들이 서로 결속되는 것입니다. 지체들이 서로 깊이 결속되기 위한 전제 조건은 각 지체가 그리스도께 깊이 연결되는 것입니다.

에스겔은 지면에 마른 뼈가 가득한 환상을 보았습니다(겔 37장). 그러나 하나님의 말씀이 주어지자 마른 뼈들이 살아나 이 뼈와 저 뼈가 서로 연결되었습니다. 거기에 힘줄이 생기고, 살이 붙고, 가죽이 붙고, 마지막에는 생기까지 들어가서 사람이 되었을 뿐 아니라 극히 큰 군대를 이루었습니다. 하나님께서 에스겔에게 교회 회복의 이상을 보여 주신 것입니다.

앞에서 그리스도를 사랑하는 것이 형제 사랑의 원천이라고 한 것을 기억하실 것입니다. 그리스도께서 먼저 우리를 사랑하신 것 때문에 우리는 그리스도를 사랑하게 되었습니다. 즉 그리스도께서 우리를 사랑하시고, 우리가 그리스도를 사랑하고, 그리스도에 대한 사랑 때문에 우리가 그리스도의 사랑을 입은 다른 형제들을 사랑하는 것이 교회 안에서 경험되는 것입니다.

그리스도의 몸의 지체들은 그리스도와 상관없이 서로 관계를 맺을 수 없습니다. 그리스도를 사랑하는 만큼 성령 안에서 다른 지체들을 사랑할 수 있습니다.

그리스도의 사랑이 주는 서로의 결속이 없어지면 우리는 교회가 될 수 없습니다. 단합대회로 뭉치고, 구호를 외치고, 조직을 개편하고, 목사에게 맹목적으로 복종하는 것은 교회를 사랑하는 것과 상관없는 일입니다. 그리스도의 몸인 교회가 세워지는 것은 오직 하나, 그리스도께 충성스럽게 복종하는 지체들이 그리스도 안에서 깊이 결속되는 것입니다.

> 그에게서 온몸이 각 마디를 통하여 도움을 받음으로 연결되고 결합되어 각 지체의 분량대로 역사하여 그 몸을 자라게 하며 사랑 안에서 스스로 세우느니라(엡 4:16).

교회의 목적은 형제들을 사랑하고 더 잘 섬김으로써 그리스도의 몸을 세우는 것입니다.

> 이는 성도를 온전하게 하여 봉사의 일을 하게 하며 그리스도의 몸을 세우려 하심이라(12절).

이 일을 위해 "어떤 사람은 사도로, 어떤 사람은 선지자로, 어떤 사람은 복음 전하는 자로, 어떤 사람은 목사와 교사로 삼으셨"습니다(11절).

오늘날의 교회에는 개인주의가 만연합니다. 혼자 열심히 책 읽고, 혼자

기도 많이 하고, 혼자 많이 배워서 성장해야겠다고 생각합니다. 하지만 그 모든 일은 "그리스도의 몸을 세우려 하심이라"는 말씀으로 귀결되어야 합니다. 그래서 다른 사람들과 더 결속되어야 하고, 용서하고, 사랑하고, 용납하고, 찾아가야 합니다.

그리스도의 몸을 세우는 데 역할을 할 수 없고 하지 않는 신앙 성장은 존재하지 않습니다. 그리스도와 깊이 연결되어 서로 결속하는 가운데, 영적으로 성숙하고 경건한 어른이 되어 가는 것이 바로 주님의 몸인 교회를 세우는 길입니다. 하나님의 사람들은 대가를 치르더라도 그리스도의 몸인 교회를 사랑하며 그 길을 가는 사람들입니다.

성령의 은사

바울 사도는 그리스도의 몸인 교회에 대해 말하면서 성령의 은사도 함께 말했습니다(고전 12장; 롬 12장). 교회는 개인의 생각과 능력대로 세워지는 것이 아닙니다. 어떤 사람은 "그가 어떤 사람은 사도로, 어떤 사람은 선지자로, 어떤 사람은 복음 전하는 자로, 어떤 사람은 목사와 교사로 삼으셨으니"(엡 4:11)라는 말씀을 보고 교회는 지도자들에게 맡기면 된다고 생각할지 모릅니다. 그러나 하나님의 자녀인 각 지체 안에 거하시는 성령님께서 그리스도의 몸인 교회를 세우도록 모두에게 각각 은사를 주십니다. 이것은 성령의 신비한 역사입니다. 어리거나 연약하다고 해서 그리스도의 몸을 세우는 일에 쓰임을 받을 수 없는 지체는 없습니다. 모든 지체가 다 존귀합니다.

그러므로 당신이 만일 참으로 하나님께로서 난 하나님의 자녀라면 마땅히 성령님께서 당신에게 주신 은사가 무엇인지 알아야 합니다. 그 일에 관심을 가져야 합니다. 그것은 신약성경에 기록된 은사 목록에 포함된 것이 아닐 수도 있습니다. 왜냐하면 그 목록은 모든 것을 망라하는 완전한 목록으로 기록된 것이 아니기 때문입니다.

자신의 은사를 알고 있습니까? 성령께서 주신 은사가 무엇인지 알고 있습니까? 그것을 알지 못한다면 어떻게 교회를 섬기고, 교회를 사랑하고, 교회가 자라나는 일에 쓰임받을 수 있겠습니까? 교회의 모든 지체에게는 은사가 있습니다. 성령님께서 자신에게 주신 은사를 발견한 사람은 그리스도의 몸을 세우기 위해 그 은사를 열심히 사용해야 합니다. 이것이 교회를 사랑하는 방법입니다. 그렇게 교회는 영광스러운 그리스도의 몸으로 세워져 가고, 우리는 성령님께서 그리스도의 몸인 교회를 통하여 그리스도의 영광을 세상에 드러내시는 것을 보게 될 것입니다.

장래의 아름다움

마지막으로 성경이 주의 자녀들에게 보여 주는 교회의 아름다움과 장래의 아름다움을 살펴보겠습니다.

또 내가 새 하늘과 새 땅을 보니 처음 하늘과 처음 땅이 없어졌고 바다도 다시 있지 않더라. 또 내가 보매 거룩한 성 새 예루살렘이 하나님께로부터 하늘에서 내려오니 그 준비한 것이 신부가 남편을 위하여 단장한 것 같더라. 내가 들으니 보좌에서 큰 음성이 나서 이르되 보라, 하나님의 장막이 사람들과 함께 있으매 하나님이 그들과 함께 계시리니 그들은 하나님의 백성이 되고 하나님은 친히 그들과 함께 계셔서 모든 눈물을 그 눈에서 닦아 주시니 다시는 사망이 없고 애통하는 것이나 곡하는 것이나 아픈 것이 다시 있지 아니하리니 처음 것들이 다 지나갔음이러라(계 21:1-4).

이 장면은 성경과 역사의 절정입니다. 하나님께서는 첫 창조와 비교할 수 없는 새 창조를 행하십니다. 여기에는 지상의 피 흘리고 전투하는 교회, 공사 중인 교회와는 비교할 수 없이 영광스러운 천상의 교회가 나옵니다. 그것이 바로 하늘에서 내려오는 거룩한 성 새 예루살렘입니다(계 21:2). 교회의 장래의 영광은 "신부가 남편을 위하여 단장한 것 같더라."라고 표현됩니다. 신부는 성령에 의해서 성부 하나님으로부터 태어난 그리스도의 교회입니다.

이제 하나님과 그분의 백성의 교제는 더 이상 눈물이나 사망이나 애통함이나 곡함이나 아픈 것으로 방해를 받지 않게 될 것입니다. "보좌에 앉으신 이가 이르시되 보라, 내가 만물을 새롭게 하노라"(계 21:5)는 말씀처럼 다시는 망가질 수 없고, 파괴될 수 없고, 손상될 수 없는 새로운 세상입니다. 그리스도께서 십자가에서 죽으심으로 말미암아 하나님께서 이루신 구원이 완성되고, 승리한 교회, 천상의 교회가 됩니다. 더 이상의 싸움은 없습니다.

이 성은 영광으로 빛나는 성입니다. "하나님의 영광이 있어 그 성의 빛이 지극히 귀한 보석 같고 벽옥과 수정같이 맑더라"(계 21:11).

144규빗(약 65미터) 두께의 성벽이라는 말은 그 성이 얼마나 안전한지를 보여 줍니다(계 21:17). 만리장성의 가장 두꺼운 부분이 약 7미터라고 합니다. 누가 65미터나 되는 성벽을 뚫고 들어올 수 있겠습니까?

과거의 예루살렘이 성전으로 영광을 얻었다면 새 예루살렘은 전능하신 하나님과 어린 양의 직접적인 임재로 영광을 누립니다. "성 안에서 내가 성전을 보지 못하였으니 이는 주 하나님 곧 전능하신 이와 및 어린 양이 그 성전이심이라"(계 21:22).

더 이상 해와 달이 필요 없습니다. "그 성은 해나 달의 비침이 쓸데없으니 이는 하나님의 영광이 비치고 어린 양이 그 등불이 되심이라"(계 21:23).

이것이 천상의 교회, 승리한 교회의 아름다움입니다. 그리스도와 한 몸 된 교회의 아름다움이요, 곧 그리스도의 영광입니다. 이것은 오늘 우리가 경험하고 살아가는 교회와 다른 교회가 아닙니다. 언젠가 우리는 이 영광을 보고 놀랄 것입니다. 이토록 아름다운 교회를 전에는 왜 보지 못했는지, 왜 더 풍성하게 누리지 못했는지, 왜 더 사랑하지 못했는지 생각하게 될 것입니다.

교회 중심의 삶

교회는 하나님의 자녀들이 하나님과 함께 누리는, 살아 있는 교제입니다. 교회를 한자로 표기할 때 가르칠 '교'(敎), 모일 '회'(會)로 씁니다. 물론 교회에서는 가르침이 중요합니다. 그럼에도 불구하고 이 번역에는 유교적 영향이 있어 보입니다. 교회의 본질은 사귐에 있습니다. 그래서 사귈 '교'(交), 모일 '회'(會), 즉 사귐이 있는 모임이 교회입니다. 이것도 교회의 본질을 잘 보여 주는 한자 번역입니다.

또한 교회는 하나님의 영광과 선하심이 세상에 구현되는 그리스도의 몸입니다. 그리스도께서 실제로 그 안에 머무시고, 성령께서 임재하시고, 성부 하나님께서 함께하시는 곳입니다. 몇 명이든 상관없이 그리스도인이 함께 예배하는 곳이라면 어디나 하나님의 임재와 영광과 선하심에 대한 가시적인 증거가 존재합니다. 그러므로 신자들은 모이고 헤어질 때마다 이것을 기억해야 합니다.

교회에서 그리스도의 영광과 아름다움을 보십시오. 이것을 보지 못하면 그리스도를 보지 못하는 것입니다.

하나님은 우리를 홀로 살도록 부르지 않으셨습니다. 주님은 "내 아버지 (하나님)의 뜻대로 행하는 자들이 내 형제요, 자매요, 어머니라"고 말씀하셨습니다(마 12:50; 막 3:35). 신자는 하나님의 권속이 되었고, 가족이 되었고, 함께 교제하고, 함께 짐을 지도록 부름받았습니다. 이것이 교회입니다.

그리스도께 속했다는 말은 그리스도께 속한 다른 사람과 서로 속했다는 말이기도 합니다. 지면에 잔뜩 흩어져 있는 마른 뼈 조각들이 아니라 성령의 능력으로 서로 연합되고, 결합되고, 결속된 그리스도의 몸입니다. 그래서 형제를 사랑하고 용서해야 합니다. 형제에게 원한을 품고 용서하지 않은 채 시간을 보낸다면 그것은 결속을 깨고, 그리스도의 몸을 찢는 것입니다. 교회를 사랑하면 그리스도의 몸을 허무는 모든 행위를 그치게 됩니다. 그래서 교회는 공사 중인 부족한 사람들의 모임임에도 불구하고 서로 용서하고 용서받으며 사랑함으로써 무너지지 않고 세워집니다.

새끼손가락이나 발가락이 썩어 가는 것을 보면서 수수방관할 사람은 없습니다. 아무리 작은 지체의 문제라도 그것은 온몸의 문제이고 온몸의 지체가 상관해야 할 문제입니다(고전 12:26). 고쳐야 하고, 서로 책임을 져야 합니다. 때로는 몸의 건강을 위해 잘라 내야 할 때도 있습니다(고전 5:2).

개인적이고 이기적인 자신의 성향을 그리스도께 복종시켜야 합니다. 당신의 삶이 교회 중심이 되지 않으면 제대로 신앙생활할 수 없습니다. 보통 개혁주의의 생활 원리를 말할 때 "하나님 중심, 성경 중심, 교회 중심"이라고 말합니다.

이것은 세 개의 중심이라기보다 하나의 중심에서 퍼져 나가는 세 개의 동심원으로 이해해야 합니다. 하나님 중심이라면 그것은 곧 성경 중심을 의미하며, 성경 중심은 또한 교회 중심이라는 것을 의미합니다. 하나님과 성경 중심의 삶은 언제나 교회 중심의 삶이어야 합니다.

"교회는 기독교의 최후 변증이다"

20세기 후반, 프랜시스 쉐퍼(Francis Schaeffer)는 "교회는 기독교의 최후 변증"이라고 말했습니다.

복음은 말로 전해야 하지만 하나님께서는 온 세상이 살아 계시는 그리스도의 영광과 아름다움을 보도록 그분의 백성을 부르셨습니다. 그것이 바로 교회입니다. 세상에 그리스도를 보여 주는 수단이 교회입니다. 그래서 교회는 눈으로 보는 복음, 보이는 복음입니다.

조나단 에드워즈는 교회의 아름다움과 영광을 무수한 물방울들이 태양 빛을 받아서 만들어 내는 무지개에 비유했습니다.[2] 햇빛이 물방울의 크기와 상관없이 모든 물방울에 비치는 것처럼 그리스도의 사랑은 하나님의 자녀 한 사람 한 사람 모두에게 미치고, 결국 물방울 하나하나의 아름다움보다 그 물방울들이 하나로 결합되어 드러내는 무지개의 아름다움이 비교할 수 없이 더 크게 드러난다는 것입니다.

이런 점에서 교회가 신자 개인으로서가 아니라 집단적으로 함께 세상에 빛을 비출 때 특별한 신적 아름다움을 드러내게 됩니다. 그래서 그는 개별 신자가 함께 모인 교회는 천상의 빛을 받아 반영하는 미술품 전시회라고 말했습니다. 이것이 신자들이 살면서 포기할 수 없는 교회에 대한 이상이고, 이것을 알기에 신자들은 그리스도를 사랑하듯 그리스도의 몸인 교회를 사랑하는 것입니다.

우리는 사도행전에서 하나님의 교회가 영광스러운 시기를 보냈을 때 하나님께서 그 교회를 통해서 하셨던 영광스러운 일들을 봅니다. 심지어 만물을 충만하게 하시는 주님 자신도 교회로 말미암아 만족을 얻으시고, 기쁨을 얻으시고, 충만하게 되신다고 말씀합니다(엡 1:23).

그리스도와 교회의 관계는 신랑과 신부의 관계처럼, 범죄하기 전에 부부가 되었던 아담과 하와처럼 서로 끝없이 기쁨을 주고받는 관계입니다. 이 비밀, 그리스도와 교회의 비밀을 아는 참된 신자는 교회를 사랑합니다. 그는 "주님, 교회를 세워 주시옵소서."라고 기도합니다.

그리스도를 사랑하는 것은 그리스도의 몸인 교회를 사랑하는 것과 분리될 수 없습니다. 당신이 하나님의 은혜를 경험했다면 이것을 기억하십시오. 당신은 교회를 사랑하는 것 이상으로 그리스도를 사랑할 수 없습니다. 일평생 교회를 사랑하십시오. 그것이 그리스도를 사랑하는 것입니다.

1. 참 신자의 삶은 '교회 중심'적입니다. 당신에게 교회는 어떤 의미를 지닙니까? 당신이 속한 학교나 직장, 동창회, 기타 조직이나 사교 모임과 어떻게 구별됩니까?

2. 그리스도를 사랑하는 것과 그리스도의 몸인 교회를 사랑하는 것이 분리될 수 있습니까? 그리스도는 사랑하지만 교회는 사랑하지 않는 것이 가능합니까? 저자는 이 두 가지는 분리될 수 없다고 주장합니다. 그렇게 주장하는 근거는 무엇입니까?

3. 저자는 교회가 교회다워지려면 그리스도와의 연결과 지체들 상호 간의 결속이 필요하다고 말합니다. 참 신앙은 그리스도와 깊은 연합을 경험하고 추구하며 신자 상호 간의 사랑을 추구하는 것이므로, 거듭난 신자는 이것을 위해 자기를 부인하고 자기 십자가를 감당할 것입니다.
교회가 영광스럽게 세워지도록 당신이 할 수 있는 일, 그리고 해야 하는 일은 무엇입니까?

14. 실천하는 믿음인가, 말만의 믿음인가?

한 번 빛을 받고 하늘의 은사를 맛보고 성령에 참여한 바 되고 하나님의 선한 말씀과 내세의 능력을 맛보고도 타락한 자들은 다시 새롭게 하여 회개하게 할 수 없나니 이는 그들이 하나님의 아들을 다시 십자가에 못 박아 드러내 놓고 욕되게 함이라. 땅이 그 위에 자주 내리는 비를 흡수하여 밭 가는 자들이 쓰기에 합당한 채소를 내면 하나님께 복을 받고 만일 가시와 엉겅퀴를 내면 버림을 당하고 저주함에 가까워 그 마지막은 불사름이 되리라. 사랑하는 자들아 우리가 이같이 말하나 너희에게는 이보다 더 좋은 것 곧 구원에 속한 것이 있음을 확신하노라. 하나님은 불의하지 아니하사 너희 행위와 그의 이름을 위하여 나타낸 사랑으로 이미 성도를 섬긴 것과 이제도 섬기고 있는 것을 잊어버리지 아니하시느니라.

히브리서 6:4-10

단도직입적으로 묻겠습니다. 당신은 열매를 맺고 사십니까? 당신의 삶에 열매가 있습니까? 당신의 삶 속에 그리스도인이 믿음으로만 맺을 수 있는 열매가 있습니까? 어떤 사람을 그리스도인이라고 여길 수 있는 결정적인 근거는 그가 하는 말이 아니라 그가 삶에서 맺는 열매입니다. 그 어떤 미사여구로 자신의 신앙을 고백하고, 감동적인 간증을 이야기한다 할지라도 그 사람이 삶 속에서 맺는 열매를 통해 우리는 그의 신앙의 진정성을 확인할 수 있는 것입니다.

열매를 맺으며 사십니까?

오늘날 한국 교회의 총체적인 문제는 신자들의 삶의 거룩에 구멍이 뚫렸다는 것입니다. 정통 교리를 믿는다고 말하고, 성경의 진리를 수호한다고 주장하며, 자신들이 진리를 가장 잘 분별한다고 믿는 사람이 많습니다. 하지만 교단을 대표하는 대형 교회의 유명 목사들이 거짓과 부정, 돈과 명

예와 권력, 그리고 음란에 붙잡혀 넘어지는 일이 줄을 잇습니다. 이것은 단지 소수의 유명 목사들만의 문제가 아닐 것입니다. 교인들의 삶도 사실상 믿지 않는 사람들의 삶과 크게 구별되지 않습니다. 교회에서는 장로이고 집사지만, 직장에서는 부하들에게 술을 강요하거나 성희롱적 언사를 내뿜는 사람들이 적지 않습니다. 21세기 초의 한국 교회는 총체적 난맥상을 보여 주고 있습니다. 이 구멍이 너무나 커서 어디서부터 메워야 할지 모를 지경입니다. 행동과 실천, 즉 열매 없는 신앙이 온 천하에 드러나게 되었고, 교회는 수욕을 당하고 있습니다. 물론 참된 하나님의 자녀들도 넘어질 수 있고, 죄를 지을 수 있으며, 일시적으로 타락하기도 합니다. 그러나 오늘날 한국 교회에서 벌어지는 현상은 단순히 믿는 자들도 넘어질 수 있다는 설명만으로 넘어갈 수 있는 수준이 아닙니다.

열매 없는 교회의 현실

탐욕은 고대로부터 지금까지 보편적으로 인정되는 죄, 혹은 악덕입니다. 십계명은 열 번째 계명으로 탐욕의 문제를 다룹니다.

오늘날 교회 안의 물신 숭배는 심각합니다. 그리스도인이라고 자처하는 사람들의 윤리적 삶이 세상에서 하나님을 알지 못하는 사람들의 삶과 별 차이가 없는 것 같습니다. 그들 안에 있는 탐욕은 오늘날 현대인들의 삶을 이끌어 가는 동력이 되었습니다. 심지어 탐욕을 충족시켜 주는 하나님을 가르치는 '번영 신학'이 많은 교회의 강단을 지배하는 신학이 되고 말았습니다. 번영 신학의 추종자들은 기독교인이라는 무늬를 갖고 있지만, 사실은 자신의 탐욕을 충족시키기 위해 하나님을 이용하는 거짓 신앙의 자리에서 살아가고 있습니다.

이런 풍토에서 단순히 "도덕성을 회복하자"는 식의 구호로 교회가 회복될 수는 없습니다. 왜냐하면 이것은 도덕의 문제가 아니기 때문입니다. 이것은 영적인 문제이며, 이 영적인 문제의 핵심에는 '참 신앙과 거짓 신앙'이라는 문제가 놓여 있습니다. 오늘날 교회 안에 스스로 믿는다고 생각하지만 실제로는 믿지 않는 사람이 너무나 많고, 믿지 않는 목사 또한 너무 많기 때문에 일어나는 문제입니다. 단정적으로 "죄를 지으면 안 믿는 사람이다."라는 말이 아닙니다. 거듭 말하지만 믿는 사람도 넘어집니다. 저는 오늘날 교회 안에서 소위 신앙이 좋다, 영향력을 발휘한다는 사람들의 삶에서 그 어떤 열매도, 삶의 증거도 볼 수 없는 경우를 말하는 것입니다. 신자가 아닌 종교인들, 명목상의 신자들이 너무도 많이 자리를 차지하고 있는 형국입니다.

오늘날 많은 교회가 거짓된 메시지를 전하면서도 양적으로 성장할 수 있는 이유는 무엇입니까? 분명히 그런 교회의 성장은 성령의 역사가 아니며 말씀의 부흥도 아닙니다. 그것은 강단에서 사람들이 듣고 싶어 하는 이야기를 들려주기 때문입니다. 소위 시장 친화적(market-friendly) 교회가 된 것입니다. 이런 타락상은 한국 교회의 가슴 아픈 단면입니다.

참된 신앙은 반드시 삶의 열매를 맺습니다. 이 성경적인 명제 앞에서 우리는 우리 자신의 신앙을 점검해 보아야 합니다.

열매는 믿음의 표지다

조나단 에드워즈는 『신앙감정론』에서 실천의 문제를 다루면서 "열매의 문제는 참된 믿음에 대한 다른 모든 표지를 확증하고 으뜸이 되는, 표지 중의 표지"라고 강조하여 말합니다.[1] 왜냐하면 조나단 에드워즈가 앞에서 말했던 참된 신앙의 모든 믿을 만한 증거들은 다 실천의 열매를 통해 외적으로 드러나기 때문입니다.

이 열매는 두 가지로 나누어 설명할 수 있습니다. 첫 번째는 이웃과 교회 안의 형제들 앞에서 믿음의 신실성을 입증해 주는 근거로서의 열매입니다. 두 번째는 자기 양심에 자신이 진짜 하나님의 자녀임을 확인시켜 주는 증거로서의 열매입니다.

참된 믿음의 증거

우리는 다른 사람을 판단하도록 부름받지 않았습니다. '저 사람은 참된 신자일까, 아니면 거짓 신자일까?' 묻고 분별하는 것이 우리에게 유익을 주는 상황은 오직 그 사람을 사랑하고 그 사람을 위해서 기도할 수 있는 경우입니다. 그러나 주님께서 분별을 요구하신 경우가 있습니다. 주님은 산상설교에서 거짓 선지자들을 분별할 것을 명하셨습니다.

거짓 선지자들을 삼가라. 양의 옷을 입고 너희에게 나아오나 속에는 노략질하는 이리라. 그들의 열매로 그들을 알지니 가시나무에서 포도를, 또는 엉겅퀴에서 무화과를 따겠느냐? 이와 같이 좋은 나무마다 아름다운 열매를 맺고 못된 나무가 나쁜 열매를 맺나니 좋은 나무가 나쁜 열매를 맺을 수 없고 못된 나무가 아름다운 열매를 맺을 수 없느니라. 아름다운 열매를 맺지 아니하는 나무마다 찍혀 불에 던져지느니라. 이러므로 그들의 열매로 그들을 알리라(마 7:15-20).

거짓 선지자들을 어떤 기준으로 분별하라고 말씀하십니까? "그들의 열매로" 분별하라고 하셨습니다(마 7:16, 20). 열매는 겉으로 드러나는 증거입니다. 주님은 거짓 선지자들이 무슨 말을 하는지 보고 그 말로 그들을 분별하라고 말씀하시지 않습니다. 그들이 삶 속에서 맺는 열매로 분별하라고 하십니다. 우리는 이미 앞에서 주님께서 신자들이 착한 행실로 세상에 빛을 비추어야 한다고 말씀하신 것을 기억할 필요가 있습니다(마 5:16).

사람이 오직 믿음으로 의롭다 함을 받는다는 이신칭의 교리는 종종 값싼 은혜의 교리로 오해를 받곤 합니다. 우리는 행위로 구원받지 않고 불경건한 자를 아무 공로 없이 의롭다 하시는 하나님의 거저 주시는 은혜로 구원받습니다. 그러나 성경이 행실의 문제를 어떻게 다루는지도 주목해야 합니다. 주님께서는 "너희 빛이 사람 앞에 비치게 하여 그들로 너희 착한 행실을 보고 하늘에 계신 너희 아버지께 영광을 돌리게 하라"(마 5:16)고 하셨습니다.

이 점에서 오늘날의 한국 교회는 크게 실패하고 있는 것 같습니다. 이기적이고, 자신의 사사로운 이익만을 추구하고, 예배당을 성처럼 짓기 원하고, 더 커지기 원하고, 권력을 더 가지기 원하고, 세상 권력에 편승하기 원하는 신자들과 교회들이 많습니다. 날마다 자기를 부인하고, 자기 십자가를 지고 주님을 따라가는 신자와 교회의 모습이 낯설기만 합니다.

히브리서 6장 4-6절은 해석하기 어려운 난해 구절로 알려져 있습니다. 하지만 그 내용은 오히려 분명합니다. 히브리서는 배교자가 많이 일어나던 1세기 후반 유대인 기독교 공동체를 향해 기록된 편지입니다. 그래서 유대인들이 알아들을 수 있는 구약의 이야기가 가득합니다. 교회는 외부의 핍박이 심해지자 신앙을 버리고, 변절하고, 배교하는 사람들이 많아졌습니다. 다시 유대교로 돌아가 버린 것입니다. 히브리서는 믿음을 지키고 남아 있는 신자들이 배교자들로 인하여 믿음이 흔들리지 않도록 격려하고 소망을 주기 위한 목적으로 쓰였습니다.

한 번 빛을 받고 하늘의 은사를 맛보고 성령에 참여한 바 되고 하나님의 선한 말씀과 내세의 능력을 맛보고도 타락한 자들은 다시 새롭게 하여 회개하게 할 수 없나니 이는 그들이 하나님의 아들을 다시 십자가에 못 박아 드러내 놓고 욕되게 함이라(히 6:4-6).

이 본문이 가리키는 사람들은 이미 구원을 받았다가 신앙을 버림으로써 받은 구원이 취소된 사람들이 아닙니다. 물론 이들은 공적으로 사람들 앞에서 회개했고, 세례를 받았으며, 성찬에도 참여했던 사람들입니다. 그들은 교회의 모든 은혜의 자리에 머물러 있었습니다. 회중 앞에서 성령을 받은 사람처럼, 성령이 충만한 사람처럼 행동했습니다. 또한 말씀 앞에서 반응하던 사람들이었습니다. 예배를 드릴 때 눈물도 흘렸을 것입니다. 어쩌면 온 교회가 인정할 만한 신앙을 가진 사람들이었을지 모릅니다. 그런데 어느 날 그들이 배교를 하게 된 것입니다. 히브리서 기자는 지금 그런 사람들의 문제를 설명하고 있습니다. '한 번 빛을 받았다'는 말은 초대교회에서 회심과 세례를 의미하는 관용적 표현이었습니다. 그리고 '하늘의 은사를 맛보았다'는 말은 성찬에 참여했다는 것으로 좁게 이해하거나, 빛을 받고 하늘의 은사를 맛보았다는 표현을 함께 묶어 그들이 명백한 회심의 증거를 보인 사람들이었다는 말로 이해할 수 있습니다.

그들은 신앙을 고백한 사람들이었습니다. "성령에 참여한 바 되고"라는 표현대로 성령을 받은 사람으로도 간주되었을 것입니다. 또한 "하나님의 선한 말씀과 내세의 능력을 맛보고"라는 표현대로, 그들은 말씀을 통해 은혜를 많이 받았습니다. 그들 중에는 분명히 지도자들도 있었을 것입니다. 그런데 그런 사람들이 배교를 하고 변절을 한 것입니다. 그렇다면 여전히 교회 안에 신앙을 지키고 남아 있는 사람들의 마음이 얼마나 흔들렸겠습니까? 떠난 자들에게는 신자 됨의 증거가 많이 있었습니다. 그런데 정작 가장 중요한 열매(실천), 즉 겉으로 드러나는 외적 행위에서 그들은 결정적으로 그리스도를 부인함으로써 그동안 그들이 보여 준 신앙의 모습은 사실상 거짓이었다는 사실을 드러냈습니다. 믿음이 있고, 믿음이 좋은 사람이라고 여겨졌지만 실상 그들은 믿음이 없는 자들이었습니다. 히브리서 기자는 그들이 믿은 적이 없고, 회심한 적이 없고, 칭의를 받은 적이 없으며, 성령을 받은 적도 없고, 하나님의 구원에 들어온 적도 없는 사람이라고 말합니다. 왜냐하면 그들에게 열매가 없기 때문입니다.

그들은 자신들의 배교로 하나님의 아들을 다시 십자가에 못 박아 드러내 놓고 욕되게 했습니다. 그래서 이 타락한 자들은 다시 새롭게 하여 회개하게 할 수 없다고 말씀합니다.

이 말씀 때문에 두려워하는 사람들이 많습니다. 이 말씀을 보고 '내가 회개할 수 없는 일을 하는 것은 아닌가? 성령을 훼방한 건 아닌가?' 생각하는 것입니다. 그러나 이 말씀을 두려워하는 심령을 가진 사람이라면 이미 회개의 은혜 가운데로 인도함을 받는 사람입니다. 이런 말씀을 보아도 전혀 두려워하지 않고 오히려 비웃고 조롱하는 사람이 문제입니다. 그런 사람은 회개할 수 없습니다. 배교를 하며 십자가에 그리스도를 다시 못 박고 있기 때문입니다.

땅이 그 위에 자주 내리는 비를 흡수하여 밭 가는 자들이 쓰기에 합당한 채소를 내면 하나님께 복을 받고 만일 가시와 엉겅퀴를 내면 버림을 당하고 저주함에 가까워 그 마지막은 불사름이 되리라. 사랑하는 자들아 우리가 이같이 말하나 너희에게는 이보다 더 좋은 것 곧 구원에 속한 것이 있음을 확신하노라. 하나님은 불의하지 아니하사 너희 행위와 그의 이름을 위하여 나타낸 사랑으로 이미 성도를 섬긴 것과 이제도 섬기고 있는 것을 잊어버리지 아니하시느니라(히 6:7-10).

이어지는 본문은 열매를 말하고 있습니다. 농부가 바라는 합당한 채소를 내느냐, 가시와 엉겅퀴를 내느냐의 문제입니다. 비가 내렸습니다. 농부가 많은 수고를 했습니다. 그런데도 가시와 엉겅퀴를 낸다면 그것은 합당한 열매가 아닌 것입니다.

배교한 사람들이 그동안 말하고, 행동하고, 보여 주었던 신앙적인 모습이 분명히 있었지만 그들은 열매를 맺지 못하는 사람들이었습니다. 교회에서 함께 신앙생활하고 봉사하며 모든 은혜의 자리에 참석했지만 그들은 결국 열매로 자신들의 정체를 드러낸 것입니다.

"사랑하는 자들아" 이것은 유대인 기독교 공동체 안에 남아 있는 신자들에게 하는 말입니다. "너희에게는 이보다 더 좋은 것 곧 구원에 속한 것이 있음을 확신하노라." 여기서 말하는 구원에 속한 증거가 무엇입니까? "너희 행위와 그의 이름을 위하여 나타낸 사랑으로 이미 성도를 섬긴 것과 이제도 섬기고 있는 것", 즉 행위의 열매입니다. 참된 하나님의 자녀들에게는 행위의 실천이 있고 열매가 있습니다. 여기서는 특별히 사랑으로 형제를 섬기는 것을 지적하고 있습니다.

우리가 복음의 진리를 가지고 있다거나 그것을 수호하는 것이 무슨 의미가 있습니까? 만일 우리가 진리 안에서 행하고 있지 않다면 그 모든 것은 아무 소용이 없습니다. 이 말은 우리가 행함으로 구원을 얻는다는 말이 아닙니다. 구원 얻는 참된 믿음은 행동하는 믿음이라는 말입니다.

이와 같이 행함이 없는 믿음은 그 자체가 죽은 것이라. 어떤 사람은 말하기를 너는 믿음이 있고 나는 행함이 있으니 행함이 없는 네 믿음을 내게 보이라. 나는 행함으로 내 믿음을 네게 보이리라 하리라. 네가 하나님은 한 분이신 줄을 믿느냐? 잘하는도다. 귀신들도 믿고 떠느니라. 아아 허탄한 사람아 행함이 없는 믿음이 헛것인 줄을 알고자 하느냐? 우리 조상 아브라함이 그 아들 이삭을 제단에 바칠 때에 행함으로 의롭다 하심을 받은 것이 아니냐? 네가 보거니와 믿음이 그의 행함과 함께 일하고 행함으로 믿음이 온전하게 되었느니라. 이에 성경에 이른 바 아브라함이 하나님을 믿으니 이것을 의로 여기셨다는 말씀이 이루어졌고 그는 하나님의 벗이라 칭함을 받았나니 이로 보건대 사람이 행함으로 의롭다 하심을 받고 믿음으로만은 아니니라(약 2:17-24).

야고보서는 행함으로 의롭다 함을 받는다고 말함으로써 로마서가 말한 이신칭의 교리를 부정하지 않습니다. '믿음으로 의롭다 함을 받는다'는 이신칭의 교리의 의미가 무엇인지, 그리고 그 이신칭의의 은혜가 어떻게 참된 실천의 열매를 맺는지 설명합니다. 구원 얻는 믿음은 열매 없는 믿음이 아니라는 히브리서 기자와 똑같은 얘기를 하는 것입니다. 또한 이것은 로마서에서 바울 사도가 믿음의 순종, 즉 믿음이 낳는 순종을 가르친 것(롬 1:5; 16:26)과 같은 맥락의 말씀입니다. 참된 믿음은 반드시 행함이 있고, 그 행함이 믿음의 참됨을 증명합니다. 신앙을 고백하는 사람에게 행위의 실천(열매)보다 더 신앙의 참됨을 입증할 수 있는 증거는 없습니다.

자기 양심의 증거

두 번째로 생각해야 하는 것은 이 실천의 열매가 자기 양심의 증거가 된다는 것입니다. 이것은 그리스도인의 확신과 연관된 주제입니다.

만물보다 거짓되고 심히 부패한 것은 마음이라. 누가 능히 이를 알리요마는(렘 17:9).

범죄한 인간의 마음은 놀랍도록 기만적입니다. 모든 형태의 위선이 마음에서 나옵니다. 자기 자신이 의식하고 있는 위선보다 무서운 것은 스스로가 진실하다고 확신하며 행하는 위선입니다. 이것은 인격 자체가 거짓이 되어 버린 무서운 자기기만입니다. 그러므로 우리가 신앙생활을 할 때 가장 주의해야 하는 것은 자기기만입니다. 그러나 하나님은 심장을 살피시며, 폐부를 시험하시고, 각각 그 행위와 그의 행실대로 보응하십니다(렘 17:10). 예수님도 속지 않으시고 그들의 중심을 꿰뚫어 보셨기 때문에 바리새인들을 향하여 회칠한 무덤이라고 말씀하셨습니다(마 23:27). 야고보서도 다음과 같이 기록합니다.

누구든지 스스로 경건하다 생각하며 자기 혀를 재갈 물리지 아니하고 자기 마음을 속이면 이 사람의 경건은 헛것이라. 하나님 아버지 앞에서 정결하고 더러움이 없는 경건은 곧 고아와 과부를 그 환난 중에 돌보고 또 자기를 지켜 세속에 물들지 아니하는 그것이니라(약 1:26-27).

고아와 과부는 의지할 데 없고 힘든 사람들을 대표합니다. 그런 사람들을 돌보고, 그런 사람들을 긍휼히 여기고, 그 사람들에게 자기가 가진 것을 떼어서 줄 수 없다면 어떻게 경건을 증명할 수 있냐고 도전합니다. 이 부분은 오늘날 우리 한국 교회가 매우 가볍게 여기는 부분이 아닌가 싶습니다. 성경은 이것이 신앙의 외적, 혹은 주변적인 부분이 아니라 본질이라고 얘기하고 있기 때문입니다.

만일 당신이 참된 믿음에서 우러나오는 사랑으로 형제와 이웃을 섬긴다면 다음과 같이 고백하게 될 것입니다. "내가 어떻게 이런 일을 행할 수 있었을까? 하나님께서 그런 마음을 주시지 않았다면 할 수 없었을 거야. 내가 이렇게 행하는 것을 보면, 하나님께서 내게 은혜를 주신 것이 분명해."

이와 같이 행위와 실천의 열매는 신자 자신에게 확신을 줍니다. 순종하며 실천의 열매를 맺지 않는다면 이런 확신을 경험하거나 가질 수 없을 것입니다.

매일 하나님의 말씀을 읽고, 묵상하고, 순종할 때 확신이 생깁니다. 내 마음대로 사는데도 불구하고 확신이 있다면 그것은 거짓 확신입니다. 하나님의 말씀 앞에서 씨름하고, 그 말씀에 순종하고, 그 말씀을 따라 기도하고, 그 말씀에 순종하지 못하는 것을 회개하고, 그렇게 자신을 살피며 모든 영광을 하나님께 돌릴 때 그 심령에 성령으로 말미암은 귀한 확신이 다시 회복되고 충만해집니다. 그러므로 행위의 열매는 참된 신자들에게 중요한 신앙의 증거입니다.

마음의 변화

신자는 중생한 사람입니다. 중생(거듭남)은 사람의 심령 안에 행하시는 성령님의 은밀한 역사입니다. 중생의 역사는 당장 겉으로 확연하게 드러나지 않습니다. 중생의 가장 즉각적이고 직접적인 열매는 믿음입니다. 성령 하나님께서 그 영혼에 생명의 씨를 심어 살리셨기에 그 영혼이 믿음으로 그리스도를 볼 수 있고 영접할 수 있게 되는 것입니다.

예레미야 선지자는 그리스도의 새 언약을 통하여 신자들에게 주어질 중생의 역사를 이렇게 설명했습니다.

그러나 그날 후에 내가 이스라엘 집과 맺을 언약은 이러하니 곧 내가 나의 법을 그들의 속에 두며 그들의 마음에 기록하여 나는 그들의 하나님이 되고 그들은 내 백성이 될 것이라. 여호와의 말씀이니라(렘 31:33).

여기서 중요한 단어는 "마음"입니다. 하나님께서는 십계명처럼 돌판에 율법을 기록하여 주지 않으시고 마음에 기록해 주겠다고 말씀하십니다. 마음이 하나님의 법을 지키고 싶게 만드시겠다는 것이고, 하나님의 법을 지키고 싶은 새 마음을 주시겠다는 것입니다. 이것이 하나님께서 중생을 통해 우리 안에 행하시는 일입니다.

내가 그들에게 복을 주기 위하여 그들을 떠나지 아니하리라 하는 영원한 언약을 그들에게 세우고 나를 경외함을 그들의 마음에 두어 나를 떠나지 않게 하고(렘 32:40).

같은 맥락에서 예레미야 선지자는 또 이렇게 말합니다. 여기에도 "마음"이라는 단어가 나옵니다. 그들의 마음에 "나를 경외함을" 두시겠다고 합니다. 하나님을 예배하고 싶은 마음, 하나님을 사랑하고 싶은 마음, 하나님께 순종하고 싶은 마음, 하나님을 두려워하는 마음을 주시겠다는 것입니다. 그러면 하나님을 싫어하고 하나님께 분노하던 죄인이 다시는 선하신 하나님을 떠나지 않게 될 것입니다.

이스라엘의 역사는 늘 하나님을 피하여 도망간 백성들의 이야기로 가득합니다. 그러나 하나님께서 그 마음에 하나님 경외함을 주신 사람들, 즉 중생으로 새 마음을 받은 사람들은 다시는 하나님을 떠나지 않습니다. 하나님을 사랑하기 때문입니다.

예수께서 대답하여 이르시되 사람이 나를 사랑하면 내 말을 지키리니 내 아버지께서 그를 사랑하실 것이요 우리가 그에게 가서 거처를 그와 함께 하리라. 나를 사랑하지 아니하는 자는 내 말을 지키지 아니하나니 너희가 듣는 말은 내 말이 아니요 나를 보내신 아버지의 말씀이니라(요 14:23-24).

사랑하면 사랑하는 사람의 말이 듣고 싶어집니다. 반대로 싫어하는 사람의 말은 듣고 싶지 않은 것이 사람의 보편적인 마음입니다. 이 구절에서 주님은 그것을 말씀하십니다. 중생은 하나님에 대한 사랑을 심어 주어서 하나님께 순종하고 싶게 만든다는 것입니다.

또 새 영을 너희 속에 두고 새 마음을 너희에게 주되 너희 육신에서 굳은 마음을 제거하고 부드러운 마음을 줄 것이며 또 내 영을 너희 속에 두어 너희로 내 율례를 행하게 하리니 너희가 내 규례를 지켜 행할지라(겔 36:26-27).

이것은 새 언약에 대한 에스겔 선지자의 예언입니다. 여기서도 "마음"이라는 단어를 주목해야 합니다. 중생하기 전에 우리가 가지는 마음은 굳은 마음입니다. 내 고집대로, 내 마음대로 하고 싶은 마음입니다. 죄인은 하나님을 싫어하고 하나님께 분노합니다. 그러나 하나님께서 새 마음을 주시고, 부드러운 마음을 주신다고 말씀합니다. 그것은 주님을 사랑하는 마음입니다.

그런 마음을 주시는 이유가 무엇입니까? 중생의 목적이 무엇입니까? "내(하나님의) 율례를 행하게" 하시기 위해서입니다. 하나님의 말씀대로 순종하게 하시기 위해서입니다.

중생한 사람, 거듭난 사람, 하나님 자녀의 특징은 하나님의 말씀대로 살고 싶어 하는 것입니다. 새 마음으로 하나님을 사랑하기 때문입니다. 인생을 자기 뜻대로 살고 싶어 하는 사람은 중생하지 않은 것입니다. 하나님을 사랑하지 않는 자는 하나님의 자녀가 아니며, 하나님의 뜻에 순종하여 살지 않습니다. 하나님의 자녀는 날마다 쓰러지고, 넘어지고, 실패할지라도 주님 뜻대로 살고 싶어 하고, 주님의 뜻이 이루어지기를 원합니다. 새 마음이 이기적인 본성을 따라 살려는 욕구를 놓아 두지 않습니다. 거듭난 자녀가 하나님께 드리는 순종은 억지로 하는 순종과 다릅니다. 그의 순종은 못된 주인을 섬기는 종의 마지못한 의무가 아닙니다.

물론 신자의 삶에는 의무가 있고, 그것이 언제나 즐겁기만 한 것은 아닙니다. 또한 믿는 사람의 마음, 중생한 사람의 마음에서도 영적 전쟁이 일어납니다. 이 땅을 사는 동안 여전히 우리의 죄성이 남아 있기 때문입니다. 우리는 믿음으로 이 싸움을 잘 감당하고 살아야 합니다. 하지만 이 싸움으로 우리가 구원을 받는 것은 아닙니다. 주님이 이미 싸우셨고, 다 이기셨습니다. 믿는 자는 그리스도 안에서 이미 구원을 받은 사람입니다.

하나님이 심판하시는 기준

질문을 하나 하겠습니다. 하나님께서 우리를 심판하시는 기준은 믿음입니까, 행위입니까? 이 질문에 대한 답은 단순하지 않습니다. 물론 우리는 '믿음으로 심판하신다'는 것을 압니다.

그를 믿는 자는 심판을 받지 아니하는 것이요 믿지 아니하는 자는 하나님의 독생자의 이름을 믿지 아니하므로 벌써 심판을 받은 것이니라(요 3:18).

이 구절에서 보듯, 하나님께서 심판하시는 기준은 믿음입니다. 행위로 구원을 얻을 자는 하나도 없습니다. 그런데 우리를 조금 불편하게 하는 말씀도 있습니다.

> 이는 우리가 다 반드시 그리스도의 심판대 앞에 나타나게 되어 각각 선악 간에 그 몸으로 행한 것을 따라 받으려 함이라(고후 5:10).
> 인자가 아버지의 영광으로 그 천사들과 함께 오리니 그때에 각 사람이 행한 대로 갚으리라(마 16:27).
> 보라 내가 속히 오리니 내가 줄 상이 내게 있어 각 사람에게 그가 행한 대로 갚아 주리라(계 22:12).

이 구절들은 하나같이 하나님께서 각 사람이 행한 대로 심판하신다고 말씀합니다. 심판과 관련하여 행함을 강조하는 말씀들입니다. 그렇다면 하나님의 심판의 기준은 무엇입니까? 믿음입니까, 행위입니까?

야고보서에서 아브라함이 행위로 의롭다 함을 얻었다고 말한 의미를 생각해 보십시오. 참된 믿음은 반드시 행위의 열매를 맺습니다. 여기에 예외는 없습니다.

행위로 심판하신다는 모든 말씀은 틀린 것이 아닙니다. 그러나 하나님께서 마지막 날에 인정해 주시는 모든 행위는 반드시 믿음으로부터 발생한 행위여야 합니다. 믿음의 순종, 믿음이 낳은 행위만이 하나님께서 마지막 날에 알아주시는 수고가 될 것입니다.

내 아버지, 내 구주 예수 그리스도를 믿는 믿음이 우리 안에 행위를 만들어 냅니다. 고아와 과부를 돌보는 참된 경건, 더 이상 이기적으로 살지 않게 만드는 힘, 탐욕을 추구하고 살지 않게 하는 능력은 모두 믿음에서 나오는 열매입니다. 이런 것을 만들어 낼 수 없다면 그것은 참된 믿음이 아닙니다. 주님께서는 이렇게 말씀하셨습니다.

> 나더러 주여 주여 하는 자마다 다 천국에 들어갈 것이 아니요 다만 하늘에 계신 내 아버지의 뜻대로 행하는 자라야 들어가리라(마 7:21).

"주여 주여 하는 자"는 자신의 신앙을 말로 드러내는 사람입니다. 주님은 말이 아니라 행위, 즉 "하늘에 계신 내 아버지의 뜻대로 행하는 자"가 천국에 들어간다고 말씀하십니다. 선한 행위, 오직 "내 아버지의 뜻대로 행하는" 것만 하나님께서 인정해 주신다는 것입니다. 이어지는 구절은 다음과 같습니다.

> 그날에 많은 사람이 나더러 이르되 주여 주여 우리가 주의 이름으로 선지자 노릇하며 주의 이름으로 귀신을 쫓아내며 주의 이름으로 많은 권능을 행하지 아니하였나이까 하리니 그때에 내가 그들에게 밝히 말하되 내가 너희를 도무지 알지 못하니 불법을 행하는 자들아 내게서 떠나가라 하리라(마 7:22-23).

주의 이름으로 선지자 노릇하고, 귀신을 쫓고, 주의 이름으로 말씀을 전했지만, 주님은 그들의 모든 종교적인 행위와 섬김과 봉사를 불법이라고 판단하십니다.

아무리 멋지게 잘 지은 건축물이라도 사용하기 전에는 준공검사를 마쳐야 합니다. 배관이나 전기 등 모든 자재를 규정대로 사용했는지 검사를 합니다. 만일 규정을 지키지 않았다면 불법 건축물이 됩니다. 심한 경우에는 헐고 다시 지어야 합니다. 그런 것은 아무리 외관이 멋있어도 불법 건축물일 뿐입니다. 1등으로 경주를 마쳤어도 규칙을 어겼다면 실격을 하는 것과 마찬가지입니다. '하늘에 계신 내 아버지의 뜻대로 행하는 자가 아니면' 그 모든 행위가 불법으로 규정될 뿐입니다. 다 허물어야 합니다. 아무리 열심히 했고, 아무리 멋있어도 허물어져야 합니다. 하나님이 정해 주신 원리는 믿음의 순종이고 믿음이 만들어 내는 행위의 열매입니다. 하나님을 사랑하기 때문에 그 모든 계명에 순종하는 것입니다. 그렇지 않은 것을 하나님은 불법이라고 규정하십니다. 비가 내리고, 창수가 나고 바람이 불어도 흔들리지 않는 집은 오직 반석 위에 지은 집입니다. 그 반석은 바로 말씀과 순종입니다.

율법주의가 아니다

이와 같이 행위와 실천을 강조하면 어떤 사람들은 율법주의로 돌아가자는 것이냐고 묻습니다. 그러나 이것은 율법주의가 아닙니다. 행위로 구원을 얻거나 행위로 하나님의 은혜와 사랑을 받아 내자는 것이 아닙니다. 중생을 통하여 기쁨으로 율법을 지킬 수 있는 마음과 능력을 받은 신자는 율법에서 하나님의 기뻐하시고 온전하신 뜻을 발견하게 되고, 그 하나님의 뜻을 행하는 삶을 살아야 한다는 것은 지극히 복음적인 가르침입니다. 하나님이 거저 주시는 큰 은혜를 경험하고 하나님의 자녀가 된 믿음의 사람은 자기 욕심을 추구하고 자신의 이기적 욕망을 채우기 위해서 살지 않습니다. 믿음이 아무리 작을지라도 그 믿음이 그 사람 안에서 역사하여 하나님의 뜻을 따라 살게 만듭니다. 그러므로 하나님의 모든 자녀는 자신들의 믿음을 말로 증거할 뿐 아니라 행동과 실천으로 증명하도록 부르심을 받은 사람이라는 사실을 진지하게 생각해야 합니다. 우리는 행위가 아니라 믿음으로 의롭다 함을 받습니다. 그러나 믿음으로 의롭다 함을 받은 사람이 진짜 믿음으로 의롭다 함을 받은 사람인지는 그의 행위와 실천의 열매, 즉 삶으로 증명됩니다. 하나님께 거저 받은 은혜에 대한 감사, 선하신 하나님에 대한 신뢰, 하늘 아버지께서 자기 인생을 책임져 주신다는 신뢰, 그 참된 신뢰로부터 삶이 변합니다. 주님의 말씀을 기억하십시오.

나더러 주여 주여 하는 자마다 다 천국에 들어갈 것이 아니요 다만 하늘에 계신 내 아버지의 뜻대로 하는 자라야 들어가리라(마 7:21).

믿음의 실천

이와 같이 성경은 행위와 실천의 문제를 결코 가볍게 다루지 않습니다. 은혜를 얻기 위해서 행하는 것이 아닙니다. 무한한 은혜를 받았기 때문에 행동하고, 순종하고, 하나님의 뜻을 실천하며 열매를 맺으려고 애쓰는 것입니다. 실천의 문제를 결코 가볍게 생각하지 마십시오. 참된 믿음을 가진 신자의 믿음은 삶의 열매로 맺어집니다. 아무것도 하지 않고 여전히 이기적으로 살면서 하나님의 영광이나 이웃을 사랑하려는 선을 행하지 않아도 저절로 열매가 맺어지는 것이 아닙니다. 믿는 사람은 '내가 누구를 도와야 할까? 주님의 말씀을 따라서 믿음으로 살아갈 수 있는 길이 무엇일까?' 생각하며 찾아보게 됩니다.

바울 사도는 "먹든지 마시든지 무엇을 하든지 다 하나님의 영광을 위하여 하라"(고전 10:31)고 말했고, "믿음을 따라 하지 아니하는 것은 다 죄"라고 했습니다(롬 14:23). 신자는 모든 일을 믿음으로 행하는 사람입니다. 믿음으로 하지 않는 설교, 믿음으로 하지 않는 목회, 믿음으로 하지 않는 전도, 믿음으로 하지 않는 봉사는 모두 죄입니다. 믿음으로 하는 것만 자신의 영광과 자기 의가 되지 않기 때문입니다. 믿음으로 행한 것만이 하나님께서 알아주시는 선행입니다. 존 그레샴 메이천(John Gresham Machen)은 믿음으로 행하는 것의 본질을 다음과 같이 설명했습니다.

> 엄격하게 말해서 참된 믿음은 아무것도 행하지 않는 것이다. 그것은 주는 것이 아니라 받는 것이다. 그러므로 어떤 사람이 우리는 믿음으로 어떤 일을 한다고 말할 때 그것은 우리가 아무것도 하지 않는다는 것, 적어도 우리는 우리 스스로의 힘으로 아무것도 하지 않는다는 것을 다르게 표현하는 것이다. 엄밀히 말해서 아무것도 하지 않는 것이 바로 믿음의 본질에 속하는 것이다. 그러므로 믿음이 사랑으로 말미암아 역사한다고 말하는 것은 우리 스스로가 어떤 일을 하는 대신 믿음을 통해 다른 분이 우리를 도와주시도록 한다는 말이다. 우리가 하나님을 기쁘시게 할 어떤 일을 할 수 있기 전에 믿음으로 말미암아 처음부터 우리의 삶에 들어오고, 그다음에 우리가 시작할 수 있도록 전투에서 우리를 강하게 하고 지원하는 그 힘은 하나님의 성령의 능력이다.[21]

참된 믿음은 "나는 포도나무요 너희는 가지라. 그가 내 안에, 내가 그 안에 거하면 사람이 열매를 많이 맺나니 나를 떠나서는 너희가 아무것도 할 수 없음이라"(요 15:5)는 말씀대로 예수님께 붙어 있는 것입니다.

가지가 열매를 맺기 위해 노력하고, 안간힘을 써서 열매가 맺히는 것이 아닙니다. 가지는 그저 나무에 붙어 있으면 됩니다. 이렇게 믿음으로 행할 때 그 행위가 자기의 의가 되지 않고 하나님께 모든 영광을 돌리는 행위가 되고, 그것이 마지막 날에 하나님께서 인정해 주시는 열매가 됩니다.

　이것은 율법주의가 아닙니다. 온전하고 복된 믿음의 교리입니다. 신자의 행위는 늘 부족하지만 그럼에도 불구하고 행위의 실천인 열매로 그 믿음을 입증합니다.

> 육신을 따르지 않고 그 영을 따라 행하는 우리에게 율법의 요구가 이루어지게 하려 하심이니라(롬 8:4).

　얼마나 복된 말씀입니까? 율법의 요구는 '완전'입니다. "누구든지 온 율법을 지키다가 그 하나를 범하면 모두 범한 자가 되나니"(약 2:10)라는 말씀처럼 하나님은 완전을 요구하십니다.

　우리 가운데 그럴 수 있는 사람은 아무도 없습니다. 그런데 그리스도로 말미암아, 그리스도의 온전한 순종으로 말미암아 완전을 요구하는 율법의 요구가 육신의 행위를 따르지 아니하고 성령을 따라 행하는 우리에게 다 이루어졌다고 말씀합니다. 신자가 믿음으로 하는 모든 행위는 그리스도 안에서 행하는 것이기에 아무리 부족하고 연약한 것이라도 하나님께서 율법의 기준에 부합한 것으로 여겨 주시고 기쁘게 용납하신다는 것입니다. 이것이 하나님께서 받으시는 열매입니다. 오직 그리스도 안에서, 오직 그리스도를 믿는 자들에게만 주시는 열매입니다.

유일하고 참된 만족

　우리의 소망은 오직 그리스도께 있습니다. 그리스도만이 처음부터 끝까지, 영원에서 영원까지 우리의 소망이 되십니다. 그리스도 안에서 우리가 믿음으로 행하는 모든 부족한 행위가 온전함을 입게 되고 하나님께서 인정하시는 행위의 열매가 됩니다. 오직 그리스도 안에서, 오직 그리스도를 믿는 자들에게 주어지는 은혜입니다.

그러므로 참으로 그리스도 안에 있는 성도라면 더욱 열심을 다해 선한 일을 감당하고자 애써야 합니다. 또한 그 모든 것이 그리스도로부터 흘러나온 것임을 인정하고, 모든 영광을 하나님께 돌려야 합니다. 그리스도 안에 있는 신자들은 넘어질 때마다 이토록 보배로운 믿음을 값싸게 여기고 믿음의 열매를 드러내지 못한 것을 회개하게 됩니다.

오늘날의 교회는 실천의 문제, 행위의 문제, 열매의 문제를 너무 가볍게 생각하고 살아가는 경향이 있습니다. 주님은 우리에게 소극적으로, 최소한으로 실천하며 살라고 말씀하시지 않았습니다.

19세기의 복음 전도자인 D. L. 무디(D. L. Moody)가 이런 말을 했습니다. "열 명 중의 한 사람은 성경을 읽을 것이다. 그리고 나머지 아홉 명은 그리스도인들을 읽을 것이다."

많은 사람이 그리스도인을 보고 하나님이 계신지, 그분이 사랑의 하나님인지, 지금도 살아서 역사하시는지 본다는 말입니다. 그렇기 때문에 "그들로 너희 착한 행실을 보고 하늘에 계신 너희 아버지께 영광을 돌리게 하라"(마 5:16)는 말씀은 너무 중요합니다. 오늘날 우리 한국 교회가 처한 현실에서 더욱 깊이 새겨야 할 말씀입니다.

당신이 열매 맺는 삶을 살 수 있도록 믿음을 구하십시오. 당신의 삶에서 믿음으로 말미암은 행위의 열매, 실천의 열매를 전혀 찾아볼 수 없다면 중생의 은혜를 주시기를 간구하십시오. 이보다 더 중요한 것은 없습니다. 당신이 얼마나 오래 교회 생활을 했는지, 당신이 교회에서 어떤 직분을 가진 사람인지는 중요하지 않습니다. 당신은 거듭나야 합니다.

그리스도만이 인간의 유일하고 참된 만족이 되십니다. 당신이 이 세상에서 모든 것을 얻고, 성취하고, 이룬다 할지라도 거듭남이 없으면 그것은 절대로 당신을 만족시킬 수 없고, 행복하게 할 수도 없습니다. 당신은 그 속에서 여전히 채워지지 않는 허무함과 비참함을 경험할 것입니다. 그리고 마지막 날 하나님의 심판대 앞에서 "내가 너희를 도무지 알지 못하니 불법을 행하는 자들아 내게서 떠나가라"(마 7:23)는 무서운 말씀을 듣게 될 것입니다.

당신이 삶의 의미를 찾고, 하나님의 형상답게 살아갈 수 있는 유일한 길은 지금 주님 앞에 나아가는 것이고, 중생의 은혜를 입는 것이며, 구원을 얻은 확신 가운데서 살아가는 것입니다. 이 일을 미루지 마십시오. 하나님께 구하십시오. 이 땅에서 우리는 중생의 은혜를 입어 자비하시고, 사랑이 많으시며, 베풀기를 한없이 기뻐하시는 하나님을 닮은 자녀들로 살아가면서, 우리를 통해 수많은 사람이 하나님께 영광을 돌리게 되는 복된 역사를 보게 될 것입니다.

18세기의 복음 전도자 존 웨슬리의 말입니다.

> 할 수 있는 모든 수단을 사용하여, 할 수 있는 모든 방식으로, 할 수 있는 모든 곳에서, 할 수 있는 모든 때에, 할 수 있는 모든 사람에게, 할 수 있는 모든 선을 행하십시오.[31]

1. 성경이 가르치는 믿음의 열매는 신앙고백이나 세례와 성찬 참여, 성경과 신학 지식 같은 외면적 표지가 아니라 행위의 실천입니다. 당신에게는 믿음이 만들어 내는 행위와 실천의 열매가 있습니까? 그것은 무엇입니까?

2. 저자는 행위와 실천의 열매가 신자에게 확신을 준다고 말합니다. 당신은 외면적 표지가 아닌 행위와 실천의 열매를 통하여 믿음의 확신을 누린 경험이 있습니까?

3. 하나님의 마지막 심판의 기준은 우리의 믿음입니까, 행위입니까? 성경에서 행위로 심판하신다는 말씀이 어떻게 이신칭의 복음과 상충되지 않고 조화를 이루는지 설명해 보십시오.

4. 어떻게 해야 율법주의의 함정에 빠지지 않는 동시에 참 믿음의 행위와 실천의 열매를 나타낼 수 있습니까?

15. 끝까지 인내하는가, 한철 신앙인가?

우리가 간절히 원하는 것은 너희 각 사람이 동일한 부지런함을 나타내어 끝까지 소망의 풍성함에 이르러 게으르지 아니하고 믿음과 오래 참음으로 말미암아 약속들을 기업으로 받는 자들을 본받는 자 되게 하려는 것이니라.

히브리서 6:11-12

앞에서 참된 신앙의 증거는 믿는다고 고백하는 말이 아니라 행위와 실천의 열매라는 사실을 살펴보았습니다. 교회 안에는 믿는다고 말하는 사람이 가득합니다. 그러나 참된 신앙은 입으로 하는 말에 있지 않고 행위와 실천의 열매로 증명됩니다.

인내하십니까?

신앙의 많은 증거를 가지고 있었지만 배교를 하고 교회를 떠난 사람들은 가시와 엉겅퀴만 맺는 사람들, 어떤 행위와 실천의 열매도 맺지 못하는 거짓 신자들이었습니다. 그들의 많은 종교적 활동에도 불구하고 참된 열매를 내지 못함으로써 자신들의 신앙이 거짓이었음을 입증한 것입니다. 사실 우리는 이 부분에서 많이 속습니다. 겉으로 드러나는 종교적 열심과 양상을 열매로 착각하여 그 사람의 신앙을 판단하다가 그 사람이 넘어질 때 시험을 받는 것입니다. 거듭 말하지만 히브리서가 기록될 당시는 교회를 향한 핍박 때문에 기독교 신앙을 버리고 다시 유대교로 돌아가는 사람이 많았습니다. 배교자들 중에는 지도자들도 있었습니다. 말씀을 가르치던 사람들이 어느 날 배교를 할 때, 교회는 적잖은 타격을 입을 것입니다. 히브리서의 수신자들은 그런 고민 가운데 있던 사람들이었습니다. 히브리서 기자는 그 배교자들에게 "이보다 더 좋은 것 곧 구원에 속한 것"이 있어야 한다면서, 그것은 그리스도의 이름을 위하여 나타낸 사랑으로 성도를 섬기는 것이라고 말합니다(히 6:9-10). 세례도 받고, 공개적으로 신앙고백도 하고, 성찬에도 참여하고, 말씀의 은혜도 받는 것 같았지만 결국 그들은 구원받은 적이 없고, 믿은 적도 없으며, 회심한 적도 없었다는 것입니다.

한철 신앙

구약시대에 시내산에서 불 가운데 말씀하시는 하나님의 음성을 들었던 사람들을 떠올려 보십시오(신 4:33). 이스라엘 백성들이 애굽에서 나와 시내산에서 하나님을 만납니다. 그곳에서 하나님은 십계명을 주셨습니다. 하나님께서는 직접 자신의 음성으로 백성들에게 십계명을 말씀하여 주셨습니다. 하나님의 음성을 직접 들은 백성들은 두려워서 견딜 수 없었습니다. 하나님께서 직접 말씀하시지 말고 모세에게만 말씀하셔서 모세가 자신들에게 전달해 주기를 원했습니다(출 20:18-21). 그래서 모세가 산으로 올라갔습니다. 그때로부터 약 39년 후에 모세가 당시를 회상하면서 이렇게 말합니다. "어떤 국민이 불 가운데에서 말씀하시는 하나님의 음성을 너처럼 듣고 생존하였느냐"(신 4:33). 불 가운데에서 말씀하시는 하나님의 음성을 듣고도 살아난 사람들은 이스라엘 백성들밖에 없다는 겁니다. 그들은 그런 은혜를 받은 사람들이었습니다.

그렇다면 그 사람들이 다 구원을 받았습니까? 아닙니다. 하나님이 불 가운데서 말씀하시는 것을 듣고, 하나님을 놀랍게 경험했지만 그들이 돌아서서 금송아지를 만들어 섬기는 데는 많은 시간이 필요하지 않았습니다. 뿐만 아니라 그들은 입만 열면 불평을 했습니다. 결국 그들 다수는 하나님의 안식에 들어갈 수 없었습니다. 범죄함으로, 불순종으로, 믿지 아니함으로 그들 대다수가 광야에서 죽었습니다.

'한철 신앙'은 아무리 뜨겁고 종교적 향기를 내는 것처럼 보여도 참된 신앙이 아닙니다. 참된 신앙은 열매를 맺을 뿐 아니라 인내로 자기를 증명합니다. 끝을 봐야 그 참됨을 확실히 알 수 있습니다.

많은 사람이 어린 시절 교회의 주일학교를 다녀 본 경험이 있습니다. 중고등학교 시절에 많은 청소년이 교회에서 예배도 드리고, 수련회도 갑니다. 하지만 그들 중 지금까지 하나님을 신실하게 섬기고 있는 사람이 몇이나 될까요? 한때 한철이 아니라 "끝까지 소망의 풍성함에 이르러" "믿음과 오래 참음으로" 열매를 맺는 것은 매우 중요합니다(히 6:11-12). 열매를 맺되 끝까지 맺어야 합니다. 참된 믿음은 그렇게 하도록 역사하는 믿음입니다(빌 1:6).

참된 신앙은 인내한다.

우리는 많이 속습니다. 유명한 목사님이 불미스러운 일에 연루된 것을 알게 되면 '그런 분이 어떻게 넘어질 수 있을까? 설교도 잘하시고, 훌륭한 분이었는데.'라고 생각합니다. 성경은 "끝까지 소망의 풍성함에 이르러"(히 6:11)라고 분명하게 얘기합니다. 히브리서에는 "끝까지"라는 말이 많이 나옵니다. 참된 신앙은 한때 뜨거운 것이나 과거에 어떤 일을 한 것으로 설명될 수 없습니다. 한때 뜨거웠는데 어려움이 오니까 교회를 떠나 버리는 것은 참 신앙이 아닙니다. 인내가 참된 신앙의 본질이라는 것은 성경 전체가 보여 주는 중요한 명제입니다. "믿음과 오래 참음으로"(히 6:12)는 사실상 동의어 반복이라고 해도 될 만큼 믿음과 오래 참음은 같은 성질에 속하는 단어입니다. 즉 인내하지 않는 신앙은 신앙이 아닙니다. 그것은 거짓 신앙입니다.

끝까지 붙잡는 믿음

성경이 인내와 믿음을 동의어 반복처럼 사용하는 경우는 히브리서 3장 6절에서도 볼 수 있습니다.

> 그리스도는 하나님의 집을 맡은 아들로서 그와 같이 하셨으니 우리가 소망의 확신과 자랑을 끝까지 굳게 잡고 있으면 우리는 그의 집이라.

이 말씀을 보면, 마치 구원이 인내라는 조건으로 성취되는 것처럼 보입니다. "끝까지 굳게 잡고 있으면"이라는 말은 인내를 말합니다. 우리가 소망의 확신과 자랑을 끝까지 굳게 잡고 있으면 우리는 그의 집이고, 그의 자녀이고, 그의 백성이라는 얘기입니다. 반대로 끝까지 굳게 잡고 있지 못하면 그의 집, 그의 백성이 될 수 없고, 하나님의 자녀가 아니라는 말로도 들립니다. 그러나 이 말씀은 인내의 행위에 구원이 달려 있다는 말이 아닙니다. 즉 "네가 끝까지 잡고 있으면 구원을 받을 거야."라는 말이 아니라 "네가 끝까지 잡고 있는지, 안 잡고 있는지를 보면 네가 진짜 하나님의 자녀인지 아닌지 알 수 있다"는 말입니다. 하나님의 자녀는 소망의 확신과 자랑을 끝까지 굳게 잡고 인내하는 사람입니다.

우리가 시작할 때에 확신한 것을 끝까지 견고히 잡고 있으면 그리스도와 함께 참여한 자가 되리라(히 3:14).

"시작할 때에 확신한 것"은 복음입니다. 이 말씀도 구원이 복음을 끝까지 붙잡는 조건으로 성취된다는 말씀이 아니라 참된 구원은 잃어버릴 수 없고 끝까지 복음을 붙들게 만든다는 말씀입니다.

조건적인 말처럼 들리지만 '믿음은 인내다.'라는 뜻입니다. 그래서 참된 구원은 절대로 잃어버릴 수 없습니다. 성경은 한 번 구원받은 사람은 영원히 구원받는다고 말씀합니다.

구원파를 비롯한 일부 이단은 이런 교리를 악용하기도 합니다. 구원받은 후에는 아무렇게나 살아도 괜찮다는 것입니다. 그러나 성경은 그렇게 말씀하지 않습니다. 한 번 구원받은 사람은 영원히 구원받지만 그 믿음은 끝까지 붙잡는 믿음입니다. 끝까지 붙잡음으로써 그 믿음이 진짜 믿음이라는 것을 입증하는 것입니다.

조나단 에드워즈는 다음과 같이 말했습니다.

우리는 인내로 구원받는다. 구원이 달려 있는 이 믿음 중에서 인내야말로 믿음을 구원에 합당하게 해 주는 기본 요소다. 인내 없이 죄인이 구원을 받는 것은 합당치 못하다. 비록 죄인이 그 첫 믿음의 행위로 말미암아 의롭다 하심을 받지만 그 칭의에서 의롭다 하심을 받을 때 하나님은 인내가 그 믿음 안에 암시되는 것을 보신 것이다.[1]

처음에 믿을 때 하나님은 믿음을 보고 우리를 의롭다 하십니다. 그리스도의 의로 말미암아 의롭다고 하시는 것입니다. 하나님께서는 우리를 의롭다고 하신 그 믿음이 끝까지 인내하게 될 믿음인 것을 아십니다. 조나단 에드워즈는 이것이 우리를 의롭다 하는 믿음이라고 설명하며 이렇게 말합니다.

> 하나님의 섭리에 의해 인내는 따라오게 되어 있기 때문이다. 그렇기에 인내는 처음 믿음에 포함되어 있는 속성으로 여기신다. 이러한 인내가 첫 믿음의 행위에 포함된 것으로 받아들여지는 것 없이 죄인이 처음 믿었을 때 의롭다 하심을 받는다고 말한다면 그것은 합당한 일이 아닐 것이다. 죄인이 믿음으로 끝까지 인내할 때까지 칭의는 보류되어야 정당할 것이다.[21]

초등학교에 입학한 아이를 보고 졸업식 때 받을 상을 미리 이야기하지 않습니다. 졸업할 때까지 지켜봅니다. 그러나 하나님은 미리 아시고, 미리 의롭다고 하십니다.

물론 우리는 중간에 넘어집니다. 그러나 하나님은 우리가 비록 넘어질지라도 끝까지 그 믿음을 붙잡을 것을 아십니다. "우리가 시작할 때에 확신한 것을 끝까지 견고히 잡고" 있을 것을 아시는 것입니다(히 3:14).

하나님은 그분의 택하신 자녀들이 "끝까지 소망의 풍성함에 이를" 것을 아십니다(히 6:11).

신자는 믿음으로 죽는다

신자가 믿음으로 산다는 것은 자명합니다. 신자는 믿음으로 구원을 얻고, 범사에 믿음으로 삽니다. 눈앞에 보이는 현실에 일희일비하지 않고 보이지 않는 하나님을 보고, 그 하나님께서 예수 그리스도 안에서 이루신 것을 믿고, 그리스도 안에서 우리에게 주실 영원한 기업을 이미 받은 것처럼 누립니다. 물론 신자도 세상에서 어려움을 겪습니다. 그러나 그것 때문에 신앙을 버리지 않습니다.

히브리서 기자는 하박국 선지자의 말씀을 인용하여 "나의 의인은 믿음으로 말미암아 살리라"(히 10:38)고 말했습니다. 또한 신자는 믿음으로 죽습니다. 시작만 믿음으로 하는 것이 아니라 끝도 믿음으로 마칩니다. "이 사람들은 다 믿음을 따라 죽었으며 약속을 받지 못하였으되 그것들을 멀리서 보고 환영하며 또 땅에서는 외국인과 나그네임을 증언하였으니"(히 11:13).

평생 신앙생활을 하다가 임종하는 순간에 하나님을 부인하고 죽은 사람의 이야기를 들은 적이 있습니까? 이것은 시험에 들 일이 아니라 슬프고 안타깝지만 분별해야 할 일입니다. 그분은 마지막에 신앙을 부인함으로써 자신이 평생 주님을 믿고 산 적이 없었다는 것을 보여 준 것입니다. 믿음으로 산 자는 믿음으로 죽습니다.

히브리서 13장은 특별히 하나님의 말씀으로 섬기고 인도했던 영적 지도자들에 대해 이야기합니다. "하나님의 말씀을 너희에게 일러 주고 너희를 인도하던 자들을 생각하며 그들의 행실의 결말을 주의하여 보고 그들의 믿음을 본받으라"(히 13:7).

한때 그들이 얼마나 탁월한 설교자였는지 보라고 말하지 않습니다. 한때 그들이 얼마나 큰 능력을 행했는지 보라고 말하는 것도 아닙니다. 적지 않은 지도자들의 배교로 인해 힘겨워하던 교회를 향하여 그 지도자들의 결말을 주의 깊게 보라고 말합니다. 그런 다음 그들의 믿음과 인내를 본받으라고 권고합니다. 이것은 그들이 믿음으로 죽는지 보라는 말씀입니다. 뿐만 아니라 그들의 인생 여정에서 맺은 열매도 보라고 말합니다.

많은 사람이 이 주의사항을 가볍게 여깁니다. 결말까지 볼 여유 없이 그저 자기가 좋아하는 지도자를 무분별하게 추종합니다. 그런 행동은 추종하는 사람 자신의 영혼에도 매우 위험하고 해로운 일이 될 수 있습니다.

그렇다면 "믿음으로 죽는다"는 말은 구체적으로 무슨 의미입니까? 이것은 하나님께서 모든 약속의 말씀을 신실하게 이루어 주실 것을 바라며 소망 가운데 죽는다는 말입니다.

> 이 사람들은 다 믿음을 따라 죽었으며 약속을 받지 못하였으되 그것들을 멀리서 보고 환영하며(히 11:13).

당신이 임종할 때 평생 기도해 온 기도제목들이 다 이루어질 것이라고 생각하십니까? 그렇지 않습니다. 절대로 그렇지 않을 것입니다. 그러면 우리는 좌절하고 낙심하며 하나님께 실망한 채 임종을 맞아야 할까요? 그것은 믿음으로 죽는 것이 아닙니다. 믿음으로 죽는 것은 하나님께서 약속하신 모든 것을 하나님의 때에 선하게 이루어 주실 것을 알고 믿으며 소망 가운데 죽는 것입니다.

일생을 살다 보면 시련이 많습니다. 짧은 시련도 있고 긴 시련도 있습니다. 끝이 보이지 않는 터널을 지나는 것 같을 때도 있습니다. 그렇게 해서 연단되고 견고해진 신앙이 가장 빛을 발하는 시간은 바로 죽음의 순간입니다.

아브라함이 하나님께 아들을 번제로 바치라는 명령을 받은 것은 그의 인생에서 믿음이 절정에 이른 때였습니다. 물론 그가 죽을 때에는 그의 믿음이 더욱 견고해졌을 것입니다.

우리의 믿음은 오랜 세월 동안 많은 시련을 통해 '하나님이 정말 계신가?' '하나님이 정말 내 말을 들어주시는가?' '나를 정말 사랑하시는가?' 의심하고 씨름하면서 견고해집니다. 이점에서 아무 생각도 없는 믿음은 참된 믿음이라고 할 수 없습니다. 하나님은 우리가 수없이 많은 질문을 던지지 않을 수 없는 상황으로 우리 삶을 이끌어 가십니다. 살면 살수록 질문이 더 많아집니다. 하나님께서는 그렇게 우리의 믿음을 견고하게 빚어 가십니다. 결국 신자의 참된 믿음은 임종하는 순간에 가장 멋지게 빛을 발하게 됩니다. 이것이 믿음으로 죽는 것입니다.

세상이 감당하지 못하는 사람들

인생을 사는 동안 많은 시련을 통해 연단된 믿음이 마지막으로 해내는 일이 바로 믿음으로 죽는 것입니다.

전날에 너희가 빛을 받은 후에 고난의 큰 싸움을 견디어 낸 것을 생각하라. 혹은 비방과 환난으로써 사람에게 구경거리가 되고 혹은 이런 형편에 있는 자들과 사귀는 자가 되었으니 너희가 갇힌 자를 동정하고 너희 소유를 빼앗기는 것도 기쁘게 당한 것은 더 낫고 영구한 소유가 있는 줄 앎이라(히 10:32-34).

"너희가 빛을 받은 후에"라고 말하는 것은 믿음으로 세례를 받아 신앙생활을 시작했다는 말입니다. 그러다가 고난의 큰 싸움을 만났습니다. 예수를 믿기 전에 당하던 고난이 아닙니다. 사는 게 힘든 고난이 아니라 예수를 믿는 믿음 때문에 당하는 고난이고 신앙의 싸움입니다. 그들은 비방과 환난, 사람들의 조롱을 받아야 했습니다. 그리고 하나의 공동체 교회를 이루게 되었습니다. 어떤 이들은 신앙으로 말미암아 감옥에 갇혔고, 또 어떤 이들은 소유를 빼앗겼습니다.

하지만 그들은 그 모든 것을 기쁨으로 감당했습니다. 초대교회를 향한 로마 황제들과 유대교에 의한 핍박이 매우 혹독하여 큰 싸움을 해야 했지만 그들은 견디고 인내했습니다. 그런 인내를 통해 믿음이 연단되었고, 그 믿음은 인생의 가장 어두운 시간, 죽음의 시간에 가장 찬연하게 빛을 발했습니다.

언젠가 우리 모두가 죽을 것입니다. 우리 인생에서 그보다 더 캄캄한 시간이 어디 있겠습니까?

그 캄캄한 임종의 시간에 '지금까지 가지고 있었던 믿음이 무슨 소용이야!'라고 절망하는 것이 아니라 참된 믿음이 칠흑 같은 그 순간을 밝게 비쳐 줄 것입니다. 이것이 믿음입니다.

히브리서 기자는 믿음의 선배들의 모범을 제시하며 다음과 같이 격려합니다.

또 어떤 이들은 더 좋은 부활을 얻고자 하여 심한 고문을 받되 구차히 풀려나기를 원하지 아니하였으며(히 11:35).

박해를 받았고 고문까지 받았습니다. 그런데도 제발 좀 살려 달라고 구차하게 행동하지 않았습니다.

또 어떤 이들은 조롱과 채찍질뿐 아니라 결박과 옥에 갇히는 시련도 받았으며 돌로 치는 것과 톱으로 켜는 것과 시험과 칼로 죽임을 당하고 양과 염소의 가죽을 입고 유리하여 궁핍과 환난과 학대를 받았으니(이런 사람은 세상이 감당하지 못하느니라) 그들이 광야와 산과 동굴과 토굴에 유리하였느니라(36-38절).

박해가 심했던 초대교회에서 믿음을 가지고 살았던 주의 백성들에게는 자기 집에서 편안히 임종을 맞는 것이 사치스러운 일이었을 것입니다. 너무나 많은 사람이 박해 때문에 사자의 밥이 되었고, 감옥에 가서 매를 맞아 죽기도 했기 때문입니다. 십자가형도 그 당시에는 종종 행해지던 형벌이었으니 그리 낯설지 않았을 것입니다. '아, 나도 십자가에서 죽게 되지 않을까?' 하는 두려움이 찾아왔을 것입니다. 그들에게 히브리서 기자가 주는 격려를 저는 이렇게 정리하고 싶습니다. "너희 믿음은 진짜 믿음이기에 그 믿음이 너희가 죽는 시간에도 너희를 놀랍도록 붙잡아 줄 거야. 그러니 아무것도 염려하지 마라."

이와 같이 참된 믿음은 모든 시련 가운데서 인내하는 믿음이고, 죽음의 순간에 가장 밝게 빛나는 믿음입니다.

소망이 인내를 만든다

인내하는 믿음의 내용을 좀 더 구체적으로 생각해 보겠습니다. 그들이 그와 같이 인내할 수 있었던 비결은 과연 무엇일까요?

우리가 간절히 원하는 것은 너희 각 사람이 동일한 부지런함을 나타내어 끝까지 소망의 풍성함에 이르러(히 6:11).

이것은 히브리서 기자가 믿음의 공동체를 향해 가진 목자의 심정이었습니다. 즉 우리를 향해 "너희가 소망이 가득 찬 사람, 소망이 충만한 사람, 소망으로 꽉 찬 사람이 되기를 원한다"고 말하는 것입니다.

에베소서를 쓸 때의 바울 사도도 같은 마음이었습니다.

너희 마음의 눈을 밝히사 그의 부르심의 소망이 무엇이며 성도 안에서 그 기업의 영광의 풍성함이 무엇이며 그의 힘의 위력으로 역사하심을 따라 믿는 우리에게 베푸신 능력의 지극히 크심이 어떠한 것을 너희로 알게 하시기를 구하노라(엡 1:18-19).

바울은 에베소교회 성도들이 자신들이 가진 소망이 무엇인지를 분명하게 알기 원했습니다. 하나님께서도 우리가 소망으로 가득 찬 사람이 되기를 원하십니다. 왜 소망이 가득 차야 할까요? 소망은 인내의 연료이기 때문입니다. '인내'라는 기관차는 '소망'이라는 연료를 태우며 갑니다. 우리는 소망으로 힘을 받아야 인내할 수 있습니다.

전날에 너희가 빛을 받은 후에 고난의 큰 싸움을 견디어 낸 것을 생각하라. … 너희가 갇힌 자를 동정하고 너희 소유를 빼앗기는 것도 기쁘게 당한 것은 더 낫고 영구한 소유가 있는 줄 앎이라(히 10:32-34).

히브리서 기자는 그들이 고난을 견뎌 낸 이유를 밝힙니다. 그들은 고난 중에도 믿음을 지켰습니다. 인내했습니다. 더 낫고 영구한 소유가 있다는 것을 알았기 때문입니다. 이것이 소망입니다. 히브리서 기자는 이어서 다음과 같이 격려합니다. "잠시 잠깐 후면 오실 이가 오시리니 지체하지 아니하시리라"(히 10:37). 그리스도의 재림이 신자의 소망이라는 것입니다.

그런 다음 믿음의 장인 11장을 시작합니다. 히브리서 11장은 믿음의 영웅들에 대한 이야기입니다. 사실 영웅이라는 말은 성경의 의도를 선명하게 드러내지 못하는 잘못된 표현입니다. 그들은 하나님으로부터 믿음을 선물 받은, 믿음을 가진 사람들이었습니다. 참된 신자들이었습니다. 그래서 히브리서 11장은 우리들의 이야기이기도 합니다. 구약성경을 통해서 알고 있는 한 사람 한 사람의 믿음의 이야기를 나열하면서 '믿음을 가진 사람은 이러하다'고 격려하는 것입니다.

10절에서는 아브라함에 대해 이야기합니다. "이는 그가 하나님이 계획하시고 지으실 터가 있는 성을 바랐음이라." 이것이 소망입니다. 모세도 하나님의 상 주심을 바라보았다고 말합니다. "그리스도를 위하여 받는 수모를 애굽의 모든 보화보다 더 큰 재물로 여겼으니 이는 상 주심을 바라봄이라"(26절). 모세도 소망으로 인내한 것입니다. 그에게는 애굽의 왕자라는 신분이 아무것도 아니었습니다. 하나님을 위해서 얼마든지 버릴 수 있었습니다. 그래서 주님은 돈과 하나님을 같이 섬길 수 없다고 말씀하셨습니다. 돈이 주인이 된 삶이든, 하나님이 주인이 되신 삶이든 둘 중 하나를 선택해야 합니다(눅 16:13). 믿음은 하나님을 따라가는 것입니다. 믿음의 삶은 돈을 추구하는 삶이 아닙니다.

그래서 히브리서 11장 1절은 믿음을 이렇게 정의했습니다.

믿음은 바라는 것들의 실상이요 보이지 않는 것들의 증거니

여기서 "바라는 것"은 '소망'을 말합니다. "믿음은 소망이다."라고 이야기하는 것입니다. 이것을 기억하고 베드로전서 1장 3절을 읽으면 이해가 쉽습니다.

우리 주 예수 그리스도의 아버지 하나님을 찬송하리로다. 그의 많으신 긍휼대로 예수 그리스도를 죽은 자 가운데서 부활하게 하심으로 말미암아 우리를 거듭나게 하사 산 소망이 있게 하시며

성령님께서 거듭난 사람들에게 믿음과 함께 산 소망을 주십니다. 성경은 믿음과 소망을 분리시키지 않습니다. 그래서 바울 사도는 다음과 같이 기록했습니다.

> 우리가 소망으로 구원을 얻었으매 보이는 소망이 소망이 아니니 보는 것을 누가 바라리요(롬 8:24).

이 구절은 믿음이 아닌 소망으로 구원받았다는 말로 오해하기 쉽습니다. 하지만 이 구절은 소망으로써(by hope) 구원을 얻었다는 뜻이 아닙니다. 소망 안에서(in hope) 구원받았다는 말입니다.

소망은 구원의 수단이 아니라 구원이 성취되는 과정, 혹은 환경입니다. 구원을 얻은 사람은 그 구원이 완성될 것을 바라보게 되어 있고, 소망하게 되어 있고, 그 소망 때문에 인내하며 두렵고 떨림으로 구원을 이루게 되어 있습니다(빌 2:12).

만일 당신에게 두렵고 떨림으로 구원을 이루어 가는 삶이 없고 이 세상과 세상의 가치들이 충만하다면 당신은 예수를 믿지 않는 것입니다.

믿는 사람은 근본적으로 하나님에 대한 인식, 하나님의 존재와 임재에 대한 생각을 떨쳐 낼 수 없습니다. 결혼한 사람이 항상 자기 배우자와 가족을 생각하는 것과 같습니다.

예수를 믿는 것도 마찬가지입니다. 참 신앙에는 소망이 있습니다.

> 너희의 믿음의 역사와 사랑의 수고와 우리 주 예수 그리스도에 대한 소망의 인내를 우리 하나님 아버지 앞에서 끊임없이 기억함이니(살전 1:3).

여기서 "역사"는 '행위'를 가리킵니다. 믿음이 만들어 내는 행위입니다. 또한 사랑이 만들어 내는 "수고"(섬김)가 있습니다. 하나님께서는 믿음이 만들어 내는 행위와 사랑의 수고만을 인정하십니다. 주의 이름으로 선지자 노릇하고, 주의 이름으로 귀신을 쫓아내고, 주의 이름으로 병을 낫게 해도 그것이 믿음에서 비롯된 것이 아니면 아무 소용이 없습니다. 믿음 없이 행한 것은 '자기 의'에 지나지 않기 때문입니다.

> 하나님은 불의하지 아니하사 너희 행위와 그의 이름을 위하여 나타낸 사랑으로 이미 성도를 섬긴 것과 이제도 섬기고 있는 것을 잊어버리지 아니하시느니라(히 6:10).

"믿음의 역사와 사랑의 수고"는 "그의 이름을 위하여 나타낸 사랑으로 이미 성도를 섬긴 것과 이제도 섬기고 있는 것"을 가리킵니다. "소망의 인내"는 소망이 만들어 내는 인내입니다. 소망이 없는 믿음은 참된 믿음이 아닙니다. 소망을 가진 믿음이 인내하는 믿음이고 참된 믿음입니다. 그래서 히브리서 기자는 믿음이 흔들리는 유대인 기독교 공동체를 향하여 "끝까지 소망의 풍성함에 이르기"를 간절히 원한다고 격려한 것입니다.

참된 성도의 소망

소망이 풍성해야 인내할 수 있다는 것을 아는 것만으로는 부족합니다. 소망의 내용이 무엇인지도 알아야 합니다. 소망의 풍성함에 이르는 것이 무엇을 의미하는지 알아야 합니다.

바울 사도는 종종 죽음을 사모하는 듯한 표현을 했습니다.

그러나 만일 육신으로 사는 이것이 내 일의 열매일진대 무엇을 택해야 할 는지 나는 알지 못하노라. 내가 그 둘 사이에 끼었으니 차라리 세상을 떠나서 그리스도와 함께 있는 것이 훨씬 더 좋은 일이라. 그렇게 하고 싶으나(빌 1:22-23).

참으로 우리가 여기 있어 탄식하며 하늘로부터 오는 우리 처소로 덧입기를 간절히 사모하노라(고후 5:2).

바울 사도가 갈망한 것은 죽음 자체가 아니었습니다. 그가 원한 것은 "그리스도와 함께 있는 것"이고, "하늘로부터 오는 우리 처소로 덧입는 것"이었습니다.

사실 죽음은 좋은 것이 아닙니다. 죄로 말미암은 결과이기 때문입니다. 그러나 죽음을 넘어서 그리스도와 함께 있고 싶어 하는 심정이 바울의 고백에 담겨 있습니다. 예수를 믿는 사람이 죽으면 죽는 즉시 그 영혼이 그리스도께로 가서 그리스도의 품에 안깁니다. 빌립보서 1장의 말씀은 다분히 이것을 의미한다고 볼 수 있습니다. 하지만 고린도후서의 말씀은 단지 죽음으로써 육체의 몸을 벗는 것이 아니라 부활의 몸, 영화로운 몸을 입는 것, 즉 우리 구원의 완성인 영화(glorification)를 가리키고 있습니다. 이것은 바울 사도가 죽음 자체를 갈망한 것처럼 보이는 이유를 설명해 줍니다. 영화로운 구원을 향한 소망을 그런 방식으로 피력한 것입니다.

조나단 에드워즈는 『신앙감정론』에서 다음과 같은 주의사항을 덧붙였습니다. "천국에 가고자 하는 갈망이나 죽고 싶은 갈망은 좀 더 거룩한 마음을 추구하는 갈망과 같이 참된 성도를 구분 짓는 특징이 될 수 없다."[3]

바울에게는 많은 고난이 있었습니다. 그러나 바울은 단지 이 세상을 사는 것이 힘들고, 귀찮고, 짜증나는 일이 많아서 죽고 싶어 한 것이 아닙니다. 그리스도와 함께 있고 싶어 하는 열망과 자신의 영화로운 구원이 완성되는 것, 그리고 죄로부터 완전히 자유해지는 것을 바랐습니다. 그리스도인에게는 이런 소망이 있습니다.

18세기 북미 인디언의 선교사로 섬기다 29세의 이른 나이에 주님의 품에 안긴 데이비드 브레이너드(David Brainerd, 1718-1747)는 다음과 같은 일기를 남겼습니다. 1742년 6월 12일 토요일의 일기입니다.

> 내가 간절히 바라는 것은 죽어서 그리스도와 함께하면서 그분의 영광을 보는 것이다. 오, 나의 약하고 지친 영혼이 내 아버지 집에 도착할 날을 갈망합니다.[4]

이것은 20대 청년이 쓴 일기입니다. 데이비드 브레이너드가 우울질의 성향을 가지고 있었기 때문이라고 생각하는 사람도 있지만, 브레이너드의 전기를 쓴 존 쏜버리(John Thornbury)는 이렇게 설명합니다. "그(데이비드 브레이너드)가 자주 죽고 싶다고 표현한 것은 단지 이생의 고난과 역경을 회피하고 싶어서 그런 것만은 아니다. 물론 그런 동기를 전혀 무시할 수 없지만 그에게는 천국에서의 최종적인 모습이 생애 최고의 목표였다. 왜냐하면 그것이 그에게 매달려 있는 죄의 굴레로부터 그를 궁극적으로 해방시켜 주는 것이었기 때문이다."[5]

조니 에릭슨 타다(Joni Eareckson Tada)를 아십니까? 그는 열일곱 살 때 다이빙을 하다가 목이 부러졌습니다. 지금까지 목 아랫부분은 움직이지 못하는 삶을 50년 넘게 살면서 책과 강연으로 많은 사람에게 영향을 주어 온 탁월한 연사요 작가입니다. 그가 이런 말을 합니다. "대부분의 사람들은 새로운 육체를 얻는 것이 내 관심사라고 생각하는 것 같습니다. 하지만 나는 죄의 흔적이 하나도 없는 의로움으로 옷 입게 될 날이 기다려져서 안달이 날 지경입니다. 나에게는 그것이 천국이 주는 가장 귀한 것이기 때문입니다."6) 단순히 불구의 몸을 벗고 싶다는 차원으로 천국을 바라는 것이 아닙니다. 그녀는 죄 없이 그리스도의 의로운 옷을 입게 되는 그날을 소망합니다.

바울이 "그뿐 아니라 또한 우리 곧 성령의 처음 익은 열매를 받은 우리까지도 속으로 탄식하여 양자 될 것 곧 우리 몸의 속량을 기다리느니라"(롬 8:23)고 탄식한 것도 같은 맥락입니다. 여기서 탄식하는 사람은 대단히 훌륭한 경지에 있는 신앙인이 아니라 모든 그리스도인입니다. 그리스도인에게는 탄식이 있습니다. 바로 몸의 속량, 그리스도 안에 있으므로 더 이상 죄의 노예는 아니지만 여전히 죄로 인하여 종종 넘어지는 몸을 가지고 살아가는 성도로서의 탄식입니다. 참된 성도는 영혼의 구원뿐 아니라 몸이 부활하여 영화로운 몸을 입게 될 날, 자신을 넘어뜨리고, 불행하게 하고, 비참하게 하는 모든 죄의 세력을 짓밟아 버릴 날을 탄식하며 소망합니다. 바울은 그것을 기다렸습니다. 더 이상 죄를 짓지 않는 거룩한 삶을 바라본 것입니다. 만일 신자가 죄를 지으면서도 '사는 게 다 그런 거 아냐?'라고 생각한다면 그것은 위험한 일이고 심각한 문제입니다. "아무 죄도 안 짓는 사람이 어디 있어?"라고 이야기한다면 하나님을 모르는 것입니다. 예수 믿는 사람은 죄 짓는 자신을 비참하게 느낍니다.

구약성경의 마지막 성경인 말라기는 주님이 오시는 날을 이렇게 멋지게 표현했습니다.

만군의 여호와가 이르노라. 보라 용광로 불 같은 날이 이르니 교만한 자와 악을 행하는 자는 다 지푸라기 같을 것이라. 그 이르는 날에 그들을 살라 그 뿌리와 가지를 남기지 아니할 것이로되 내 이름을 경외하는 너희에게는 공의로운 해가 떠올라서 치료하는 광선을 비추리니 너희가 나가서 외양간에서 나온 송아지같이 뛰리라. 또 너희가 악인을 밟을 것이니 그들이 내가 정한 날에 너희 발바닥 밑에 재와 같으리라. 만군의 여호와의 말이니라(말 4:1-3).

얼마나 놀라운 표현입니까? 그날에 우리는 모든 죄악을 짓밟아 버릴 것입니다. 외양간에서 나온 송아지가 뛰는 것 같은 기쁨으로 우리를 힘들고 비참하게 만들었던 모든 죄를 짓밟아 버리는 역사, 마귀를 짓밟아 버리는 역사를 보게 될 것입니다.

주님이 재림하시는 날, 죄는 종식되고, 성도들은 부활하여 영화로운 몸을 입고, 그리스도의 신부로 혼인잔치에 들어서게 될 것입니다.

로이드존스는 이런 성도의 소망에 대해 다음과 같이 도전합니다.

여러분이 천국에서 찾고자 하고 소망하는 것은 무엇입니까? 천국의 안식입니까? 고통과 고난에서 해방되는 것입니까? 여러분은 그 모든 것을 거기서 발견할 것입니다. 하지만 그것이 천국에서 기대할 수 있는 전부는 아닙니다. 우리가 기대하는 것은 바로 하나님의 얼굴입니다. 하나님의 임재 앞에서 그분의 얼굴을 보고, 또 보는 것입니다. 그것에 대한 갈망이 여러분에게 있습니까? 그런 것이 우리가 생각하는 천국입니까? 그것이 바로 우리가 가장 원하는 것입니까?[71]

이러한 질문에 당신은 무엇이라 대답하겠습니까? 조나단 에드워즈는 이렇게 대답합니다.

> 내가 열망하는 천국은 거룩함의 천국이다. 하나님과 함께하면서 하나님의 사랑 안에서 영원히 살며 그리스도와 거룩한 교제를 나누는 곳이다. 내 마음은 천국과 그곳에 있는 즐거움, 완전한 거룩함과 겸손, 그리고 사랑 가운데 살아가는 것에 대한 묵상으로 온통 사로잡혀 있다.[8]

이것이 성도의 소망입니다. 성령님께서 거듭난 자들에게 주신 산 소망입니다. 이 소망을 가지고 이 세상에서 인내하는 것입니다.

믿음의 선배들을 본받으라

히브리서 6장 12절은 "약속들을 기업으로 받는 자들을 본받는 자 되게 하려는 것이니라"고 말씀합니다. 이 구절은 믿음장으로 불리는 11장의 예고편과도 같습니다. 히브리서 11장뿐 아니라 창세기부터 계시록까지 성경은 믿음의 사람들의 이야기입니다. 그들은 다 하나님께서 약속하신 것을 유업으로 받은 사람들입니다. 그들을 본받기 위해서는 먼저 그들의 모범을 주의 깊게 보아야 합니다. 그리고 그들의 삶에서 믿음과 오래 참음이 무엇이었는지 배워야 합니다. 신앙생활을 하기 위해서 반드시 믿음의 사람들의 전기를 읽어야 하고, 그들이 쓴 경건 서적을 읽어야 하는 것은 아니지만, 그것들을 읽을 수 있다면 거기서 얻을 수 있는 유익은 말할 수 없이 클 것입니다. 그러므로 이런 책들을 읽는 데 시간과 돈을 아끼지 마십시오. 물론 우리는 성경만으로도 충분하다고 말할 수 있습니다. 성경에는 그런 믿음의 사람들의 이야기가 가득하기 때문입니다.

히브리서에서도 우리는 많은 교훈을 얻고 있습니다. 히브리서 6장 11절은 "동일한 부지런함을 나타내어"라고 이야기하고, 12절은 "게으르지 아니하고"라고 이야기합니다. "동일한 부지런함"이라고 얘기한 것은 공동체 안에서 교역자나 직분자들이 부지런하게 일하라는 말씀이 아닙니다. 모든 성도, 모든 하나님의 자녀가 똑같은 부지런함으로 믿음의 선배들로부터 믿음과 오래 참음(인내)을 배워야 한다는 말입니다. 예외가 없습니다. 그리고 "게으르지 아니하고"라고 강조한 것은 부지런하게 하라는 것입니다. 시간이 주어질 때나 한가할 때만 성경을 읽는 것이 아니라 부지런하게 매일매일 말씀을 읽고 경건한 하나님의 사람들의 이야기를 읽으라는 것입니다. 언제나 매일 우리는 부지런히 그 일에 힘써야 합니다.

청교도의 황태자라 불리는 존 오웬(John Owen)은 믿음의 가장 큰 적은 '게으름'이라고 말했습니다.[9] 마귀나 육체의 정욕이 아닌 게으름이 신앙의 가장 큰 적이라는 것입니다. 참으로 부인할 수 없는 정확한 지적이 아닐 수 없습니다.

신앙은 '게으름'이라는 환경 속에서 질식을 당하고 힘과 기쁨을 잃어버리게 됩니다. 세상일을 게으르게 한다는 것이 아닙니다. 열심히 일하고, 공부도 열심히 할 수 있습니다. 그러나 영적인 일에 부지런하지 않으면서도 구원의 확신을 가지기 원하고, 구원의 기쁨을 누리기 원하며, 소망의 풍성함에 이르기 원하는 것은 웃기는 이야기입니다. 그런 일은 절대로 일어나지 않습니다.

리처드 필립스(Richard D. Phillips)는 『히브리서 주석』에서 이렇게 말했습니다. "믿음에 있어서의 부지런함은 예수 그리스도 안에서 항상 늘어 가는 기쁨과 더불어 그리스도 안에서 우리가 가진 풍성함을 점점 더 많이 인식하고 소유하게 한다."[10] 이 말을 곰곰이 생각해 보십시오. 믿음에서의 부지런함은 영적 기쁨을 점점 증가시키고, 우리가 가진 풍성함을 점점 더 많이 인식하고 누리게 합니다.

참된 믿음은 인내하는 믿음입니다. 죽지 못해 사는 것을 인내라고 말하지 않습니다. 믿음은 인내 속에서 참된 기쁨을 알고 누리게 합니다. 성도의 소망은 하늘에 있습니다. 우리는 죽음 너머에서 하나님을 뵈올 것입니다. 하나님을 아버지로 만날 수 있는 사람도 있지만 심판자로 만날 사람도 있습니다. 아버지로 만나는 사람에게는 그 순간 소망이 실현될 것입니다. 그날에 성도는 부활의 영화로운 몸을 입고, 영원히 하나님을 대면하고, 충만한 기쁨과 행복으로 살 것입니다. 그들이 믿음 안에서 소망해 온 대로 말입니다.

우리를 사랑하는 사람들은 우리의 죽음을 슬퍼할 것입니다. 그러나 그 순간에 우리는 성대하고, 화려하고, 영광스러운 왕의 환영식에 참여하고 있을 것입니다. 천군과 천사들이 나팔을 불고 노래하며 우리를 환영할 것입니다. 우리는 영원토록 사랑하는 구주와 함께 하나님을 볼 것입니다. 이 세상에서는 감히 꿈도 꿀 수 없는 영광스러운 환영식을 경험하게 될 것입니다.

그렇기 때문에 히브리서 기자는 우리에게 다음과 같이 말합니다. "끝까지 소망의 풍성함에 이르러"(히 6:11). 그렇게 되기를 간절히 원하고, 동일한 부지런함을 나타내어 게으르지 말고, 믿음의 선배들로부터 믿음과 오래 참음을 배우라는 것입니다. 부지런히 그들의 믿음과 인내를 배우십시오. 당신이 그 소망의 풍성함에 이르기를 바랍니다.

1. 저자는 "참된 신앙은 한철의 뜨거움으로 증명될 수 없고, 끝까지 지속하는 인내로 증명된다"고 말합니다. 당신은 끝까지 믿음을 지키고 인내함으로써 참 신앙의 믿을 만한 표지를 보여 준 영적 선배를 알고 있습니까? 혹은 그 반대의 경우를 알고 있습니까?

2. 믿음의 눈으로 보는 미래는 소망으로 표현됩니다. 즉 참 신앙의 표지는 풍성한 소망으로 충만하고, 그 소망은 성도의 인내를 낳습니다. 성경의 모든 약속과 저자의 설명에 근거하여 당신의 믿음이 가진 소망이 무엇인지 깊이 생각해 보십시오.

3. 당신에게 죽음, 천국, 예수 그리스도의 재림은 어떤 의미와 소망을 줍니까?

4. 당신의 믿음이 풍성한 소망으로 가득 채워지고, 장차 영광의 주님을 만날 때까지 믿음의 인내로 참 믿음을 나타내도록 하나님의 은혜를 구하십시오.

16. 온전한 그리스도인을 향하여

나의 자녀들아 너희 속에 그리스도의 형상을 이루기까지 다시 너희를 위하여 해산하는 수고를 하노니

갈라디아서 4:19

이 장에서 이야기하려는 중요한 명제는 '참 신앙은 균형 있는 신앙이다.' 라는 것입니다. 이것은 참 신앙의 특징일 뿐 아니라 우리가 평생 신앙생활을 하는 동안에 이 균형을 유지하고 있는지 늘 자신을 살피며 가야 할 부분이기도 합니다.

그렇다면 한쪽으로 치우쳐 있는 신앙은 어떤 것일까요? 이것은 균형을 잃어버린 절름발이 같은 신앙입니다.

예를 들면 기도는 굉장히 많이 하는데 성경은 등한히 하는 경우, 교회의 지도자이지만 신앙이 매우 미숙한 경우, 하나님을 사랑한다고 말하지만 그분에 대한 경외함을 거의 찾아볼 수 없는 경우, 다른 사람들의 죄에는 민감하고 통렬하게 비판하면서 자신의 죄에는 애통함이 없는 경우, 사랑이 많은 것처럼 행동하지만 사랑하는 대상이 주변의 몇몇 사람으로 한정된 경우(이것은 사실상 사랑이 아닌 '당 짓기'에 가깝습니다) 등입니다.

이러한 불균형은 사실 우리 신앙 영역에 매우 많습니다. 이런 불균형을 볼 때 대부분의 정상적인 사람들은 뭔가 불편함을 느끼게 됩니다. 콕 집어서 얘기할 수는 없지만 뭔가 어색하고 이상하다고 생각합니다. 왜냐하면 그것은 참된 신앙의 아주 중요한 특성을 잃어버린 것이기 때문입니다.

단지 미숙해서 그럴 수도 있지만 이러한 신앙은 대체로 거짓 신앙일 가능성이 많습니다. 성화란 그 사람 안에 그리스도의 형상이 온전하게 이루어지는 전인적인 변화를 의미하기 때문입니다. 바울 사도는 이렇게 말합니다.

> 나의 자녀들아 너희 속에 그리스도의 형상을 이루기까지 다시 너희를 위하여 해산하는 수고를 하노니 (갈 4:19).
> 하나님이 미리 아신 자들을 또한 그 아들의 형상을 본받게 하기 위하여 미리 정하셨으니 이는 그로 많은 형제 중에서 맏아들이 되게 하려 하심이니라 (롬 8:29).

바울 사도는 하나님께서 죄인을 구원하셔서 이루시려는 바를 말하고 있습니다. 즉 하나님이 우리를 택하셨고, 예정하셨고, 우리를 믿음으로 의롭다 하셨고, 의롭다 하신 자들을 영화롭게 하셨다는 말입니다.

무엇을 위해서입니까? 우리가 그리스도를 본받게 하기 위해서입니다. 그리스도의 형상이 우리 안에 이루어지게 하기 위해서입니다.

왜 그래야 할까요? 죄 때문에 우리 안에 있는 하나님의 형상이 망가졌기 때문입니다. 그 결과 우리가 생각하고 추구하는 모든 것이 이기적이고 자기중심적이 되었습니다.

하나님께서 창조하신 사람은 하나님을 사랑하고, 그로 말미암아 모든 것이 채워져서 사람을 사랑하는 사람이지만, 죄로 말미암아 타락한 인간은 이 모든 것을 잃어버리게 된 것입니다.

그러므로 바울 사도가 바라는 목회의 열매는 신자들 속에 그리스도의 형상이 이루어지는 것이었습니다. 이것은 사실상 모든 목회자들이 신자들을 향하여 가져야 할 합당한 목표입니다. 모든 그리스도인에게는 자신을 향하여 이런 목표가 있어야 합니다.

균형 잡힌 신앙

그렇다면 그리스도의 형상을 이룬다는 것은 무슨 의미입니까? 사도 요한은 그리스도를 보았을 때 은혜와 진리가 충만하였다고 했습니다(요 1:14). 이것이 그리스도의 형상이 지닌 하나님의 속성입니다. 은혜와 진리의 완벽한 균형과 조화입니다.

은혜를 추구하는 사람은 대체로 진리 면에서 약할 수 있습니다. "감싸 안아 줘야지. 왜 자꾸 따집니까?"라고 말합니다. 그와 반대로 "이건 이거고, 저건 저겁니다."라고 시시비비를 정확하게 가리는 사람을 보면 은혜와 사랑이 부족하다는 생각이 듭니다. 그러나 하나님은 은혜와 진리 이 두 가지를 완벽하게 가지고 계십니다. 즉 그리스도 안에는 은혜와 진리가 충만합니다.

우리 안에 그리스도의 형상이 이루어진다는 것은 '조화'와 '균형'이 이루어지는 것입니다. 어느 한쪽으로 치우치지 않는 것입니다. 조화와 균형은 삼위 하나님 안에서 완벽하게 충만합니다. 하나님의 창조물 안에서도 그 조화와 균형은 아름답게 나타났습니다.

본래 하나님의 형상으로 지어진 인간은 조화와 균형을 볼 때 아름답다고 느끼며 그것을 편안하게 생각하게 되어 있습니다. 반대로 부조화와 불균형을 보면 불안하고 불편한 감정을 느끼게 됩니다.

죄는 하나님께서 창조하신 완벽한 세상의 질서와 조화를 깨뜨렸습니다. 구원은 죄로 말미암아 깨어진 균형과 깨어진 조화를 회복하는 것입니다. 그래서 하나님의 형상으로 지어진 온전한 인간이 되는 것입니다.

이 일은 성령으로 거듭나 예수 그리스도를 믿을 때 시작됩니다. 우리가 이 땅을 살아가면서 하나님의 은혜를 입고 열심을 다하여 주를 섬길 때 하나님께서 성화의 과정을 통해 우리 안에 그리스도의 형상을 온전하게 이루어 가시고, 우리는 그것에 보조를 맞추어 우리의 삶을 주께 드립니다.

그래서 신앙이 성숙해질수록 우리는 점점 더 온전한 균형을 가지게 됩니다. 만일 신앙이 좋다고 말하는데, 그 신앙이 심한 불균형과 부조화를 드러낸다면 문제가 있는 것입니다. 심한 불균형은 믿음이 연약한 것일 수 있지만, 거짓 신앙일 수도 있습니다. 이 땅을 살아가는 동안에는 완벽한 조화와 균형을 갖추는 것이 불가능하지만 참된 신앙 안에는 분명한 균형의 요소가 있고, 신앙이 성숙해지면서 점점 더 온전한 균형으로 가게 되기 때문입니다.

이런 점에서 우리는 자신의 신앙을 점검할 필요가 있습니다. 이 균형은 여러 면에서 다루어질 수 있지만 저는 가장 기본적이라고 할 수 있는 빛과 열의 균형을 다루려고 합니다. 다시 말해 지식과 열정의 균형입니다.

거짓 신앙의 두 가지 모습

신앙에서 지식과 열정이 불균형적으로 드러나는 거짓 신앙의 두 양태를 '빛'과 '열'로 설명할 수 있습니다. 빛은 환하게 비추는 것입니다. 열은 뜨겁게 덥혀 주는 것입니다. 빛과 열은 태양이 가진 두 기능입니다. 우리가 예수를 믿을 때 빛과 열, 즉 지식과 열정이 균형을 가지고 자라게 됩니다.

'빛'은 참된 지식, 복음의 참된 지식, 하나님을 아는 바른 지식을 말하고, '열'은 머리로만 이해하는 것이 아니라 그것이 우리의 삶을 움직이는 뜨거운 열정, 원리와 힘이 되는 것을 가리킵니다.

예수를 믿는 사람에게는 이 두 가지가 다 필요합니다. 그런데 거짓 신앙에는 언제나 하나만 있고 다른 하나는 없습니다. 극단적 부조화를 드러내는 것입니다.

잘못된 지식이 열심을 만날 때

첫 번째 거짓 신앙의 특징은 빛이 없는 열, 즉 지식이 없는 열심입니다. 이것은 잘못된 지식 위에 열심이 생기는 것입니다. 이것은 참으로 무섭습니다.

이 문제는 이미 5장에서 상세히 다루어진 주제입니다. 하나님에 대하여 열심은 있는데 올바른 지식이 없거나, 올바른 지식을 따른 것이 아니라면 거짓 신앙일 수 있습니다. 그리스도를 아는 지식이 없어서 유대인들은 자신들의 열심으로 그리스도를 죽였습니다.

갈라디아서에서 바울 사도는 거짓 교사들의 열심에 대해 말합니다.

그들이 너희에게 대하여 열심 내는 것은 좋은 뜻이 아니요 오직 너희를 이간시켜 너희로 그들에게 대하여 열심을 내게 하려 함이라(갈 4:17).

여기서 말하는 "그들"은 거짓 교사입니다. 바울 사도가 복음을 전했는데 그 복음 위에 자기들이 전하는 새로운 이야기를 더했습니다. 그들은 구원을 받기 위해서는 믿음만으로는 부족하고, 할례를 받아야 한다고 말했습니다. 이른바 행위의 복음을 전한 것입니다.

이 구절에는 실제적으로 매우 중요한 지적이 있습니다. 성경이 말하는 열심은 목사에 대한 열심이 아닙니다. 교회 조직에 대한 열심도 아닙니다. 물론 결과적으로 그렇게 될 수는 있습니다.

그러나 그 거짓 교사들이 갈라디아 교인들에게 열심을 낸 이유는 갈라디아 교인들의 마음을 사로잡아 자기들에게 잘하는, 자기들에게 열심을 내게 하려는 것이었습니다. 바울 사도는 이런 것이야말로 거짓 교사들의 특징이라고 지적하여 말합니다.

물론 그들의 본질적 문제는 그들이 잘못된 복음, '다른 복음'을 전했다는 것입니다(갈 1:8 참조). 그것은 복음이 아니었습니다. 예수 그리스도를 말하고, 십자가와 부활도 이야기하지만 그들이 전하는 것은 복음이 아니었습니다. 그들의 열심은 결국 하나님과 성도들의 관계를 이간질하고 모든 충성을 자기들에게로 향하게 하는 것이었습니다.

오늘날 한국 교회 안에서도 이런 일이 많이 일어나는 것을 봅니다. 말씀에 무지한 사람들이 이런 거짓 교사들의 농간에 넘어가 무익한 종교적 열심에 목숨을 겁니다.

열심은 언제나 그 방향과 근거가 중요합니다. 이것이 잘못되면 하나님의 나라를 세우려다가 도리어 허물어 버리는 결과를 초래하게 됩니다. 교회 안에서 열심히 신앙생활하는 사람이 오히려 교회를 허물 수 있습니다. 실제로 그런 일이 많이 일어납니다. 이것은 잘못된 신앙이 가져오는 비참한 결과입니다. 열심은 언제나 참된 지식과 함께 가야 합니다.

참된 지식이 냉랭함을 만날 때

그와 반대의 경우도 적지 않습니다. 참된 지식이 냉랭함을 만나는 경우입니다. 올바른 지식을 가지고 있고, 복음이 무엇인지도 바르게 배우고 깨달았습니다. 그런데 냉랭합니다. 열심이 없습니다. 주님께서는 라오디게 아교회를 향해 이렇게 경고하셨습니다.

> 무릇 내가 사랑하는 자를 책망하여 징계하노니 그러므로 네가 열심을 내라. 회개하라(계 3:19).

그들의 문제는 잘못된 지식에 있지 않았습니다. 그들의 신앙은 믿는 것인지, 믿지 않는 것인지 알 수 없을 만큼 미지근했습니다.

라오디게아교회는 분명히 골로새서를 읽었을 것입니다. 왜냐하면 골로새서가 라오디게아와 히에라볼리와 그 주변에 있는 지역 교회들에게 보내진 편지였기 때문입니다. 따라서 그들은 바울 사도가 골로새서에 쓴 대로 그리스도에 대한 분명한 지식을 가지고 있었을 것입니다. 하지만 그들은 냉랭했습니다.

주님은 열심을 내라고 명하십니다. 참된 신앙은 열심이라는 요소를 생략할 수 없기 때문입니다.

이 구절에 나온 "열심"은 앞에서 살펴본 두 구절, 로마서 10장 2절과 갈라디아서 4장 17절에서 유대인과 거짓 교사들의 "열심"을 말할 때와 다른 단어가 아닙니다. 우리말로도 똑같지만 그리스어로도 똑같습니다.

거듭 말하지만 라오디게아교회의 문제는 열심 없는 지식, 즉 불균형이었습니다.

물론 신앙의 이런 불균형을 무조건 거짓 신앙이라고 단정할 수는 없습니다. 왜냐하면 사랑하는 자들에게 주님이 책망하여 징계한다고 말씀하시기 때문입니다. 그들은 교회였습니다!

그렇다고 해서 그들의 열심 없음이 정당화되는 것은 아닙니다. 참된 주의 자녀라면 이 말씀을 읽을 때 '아, 내가 뜨거움이 없구나. 열심을 내야겠다. 주님, 용서해 주세요.'라고 회개하는 것이 마땅합니다.

이상은 우리가 평생 신앙생활하면서 주의해야 할 양 극단입니다.

참된 신앙은 빛과 열, 즉 참된 지식과 바른 열심의 균형을 가집니다. 우리가 이 세상을 사는 동안 완벽한 균형을 이루지는 못할지라도, 참된 신앙이라면 어느 정도 균형을 가질 것입니다.

성령님의 조명하심

조나단 에드워즈는 빛에 대해서 이렇게 설명했습니다.

> 신적이고 영적인 빛은 하나님의 말씀 안에 계시되어 있는 것들에 신적인 탁월함을 참되게 깨닫는 것이며, 이 때문에 생겨나는 것들에 대한 진리와 실재를 확인하는 것이다.[1]

그는 성경을 통해 하나님의 아름다우심과 탁월하심과 영광을 보는 것에 대해 말합니다. 성경의 내용이 참된 하나님의 말씀으로 보이기 시작하고, 그 속에서 하나님의 영광과 선하심과 아름다우심을 인식하기 시작하는 것입니다. 그것이 바로 빛이 비치는 것입니다.

중생하지 않은 자연인의 마음에는 하나님에 대한 적대감과 반감, 그리고 진리에 대한 편견이 본성적으로 자리하여 성경을 보려고 하지 않습니다. 말씀을 들으려고 하지도 않습니다.

그럼에도 불구하고 모든 자연인에게는 이성이 있기 때문에 진리의 지식이 들려질 때 그것을 어느 정도 지적인 수준에서 이해하거나 동의하는 데까지 나갈 수 있습니다. 성경은 이해되지 않는 수수께끼 모음집이 아니기 때문입니다.

성경은 사람과 사람이 말을 하듯이, 이해 가능한 말로 기록된 책입니다. 그래서 이성만으로도 어느 정도 이해할 수 있습니다.

하지만 한계가 있습니다. 성경에 대한 지식만으로 하나님의 영광을 보고, 기뻐하고, 감격하는 일은 일어나지 않습니다. 이것이 자연인의 한계입니다.

그렇다면 거듭나는 은혜를 입기 전까지는 성경을 읽거나, 공부하거나, 설교를 들을 필요가 없는 걸까요?

그렇지 않습니다. 하나님의 말씀을 옳게 분별하려면 성경을 공부해야 합니다.

잠언에서 누누이 말하듯 그 말씀이 우리의 인생을 생명으로 인도합니다. 세상에서 성공하는 것이 생명길이 아니라 성경이 생명길입니다. 성경이 인생의 첩경입니다. 어떤 길은 사람이 보기에 바르게 보이지만 사망의 길입니다(잠 14:12).

성경의 진리는 반이성적이지 않습니다. 하나님께서는 인간의 이성이 이해할 수 있는 방식으로 자신을 계시하셨습니다. 그래서 인간은 하나님의 말씀을 배울 수 있고 이해할 수 있습니다. 이것이 우리가 해야 하는 몫입니다.

그러나 이것이 끝이 아닙니다. 이 진리의 지식이 하나님의 말씀으로 들리고, 거기서 하나님의 영광을 보려면 성령님의 조명하시는 역사가 필요합니다.

말씀을 깨닫기 위해 애쓰고, 이해하고, 바르게 들으려 할 때 성령께서 그 말씀을 통해 우리에게 빛을 비춰 주시고(이것이 성령의 조명하심입니다), 그럴 때 우리는 그 진리를 통해 거듭나고, 심령이 뜨거워지고, 하나님을 보고, 하나님의 영광을 위해서 살아가게 됩니다.

조나단 에드워즈는 이렇게 말합니다.

> 하나님의 말씀은 우리 머리에 교리에 대한 개념을 심어 줄 수 있지만 우리 가슴에 교리가 신적으로 탁월하다는 감각을 주지는 못한다. … 교리나 명제 자체는 말씀으로 전달되지만 그 교리의 탁월함을 보는 것은 직접적으로 하나님의 성령으로 말미암는 것이다. … 예를 들면 '그리스도가 계시며 그분은 거룩하고 은혜로운 분이다.'라는 생각은 하나님의 말씀으로 지성에 전달된다. 그러나 그리스도의 거룩하심과 은혜로우심이 탁월하다고 깨닫는 감각은 직접적인 성령의 사역으로 말미암는다.[2]

복음이 무엇인지 바르게 알아야 합니다. 그러나 오직 성령께서 우리의 눈을 열어 주실 때 그 복음의 영광을 볼 수 있습니다. 이것은 우리가 설교를 들을 때 성령님의 도우심을 구해야 할 이유를 보여 줍니다. 성령님의 도우심이 없다면 설교자와 설교를 듣는 사람 모두 헛된 수고를 하는 것이기 때문입니다.

그래서 시편 기자는 "내 눈을 열어서 주의 율법에서 놀라운 것을 보게 하소서"(시 119:18)라고 기도했습니다. 고린도후서 4장 6절은 이러한 원리를 가장 잘 설명해 주는 말씀 중 하나입니다.

어두운 데에 빛이 비치라 말씀하셨던 그 하나님께서 예수 그리스도의 얼굴에 있는 하나님의 영광을 아는 빛을 우리 마음에 비추셨느니라.

"어두운 데에 빛이 비치라"는 말은 하나님께서 세상을 창조하실 때 발하셨던 능력의 말씀이었습니다.

이제는 하나님께서 구원하실 백성들에게 "빛이 있으라"고 말씀하심으로써 우리가 그 말씀의 능력을 통해 그리스도의 얼굴에 있는 하나님의 영광을 보게 됩니다. 이것이 중생이요 거듭남입니다.

> 우리는 우리를 전파하는 것이 아니라 오직 그리스도 예수의 주 되신 것과 또 예수를 위하여 우리가 너희의 종 된 것을 전파함이라(고후 4:5).

사도 바울은 복음을 전했습니다. 우리도 부모님이나 가족을 통해서, 그리고 교회에서 많은 선생님과 목사님들을 통해 말씀을 들었습니다.

그러나 말씀 자체로는 아무 일도 일어나지 않습니다. 성령께서 우리의 눈을 열어서 보게 하실 때, 우리는 그리스도 예수 안에 있는 하나님의 영광을 보고, 그 기이한 놀라움을 보게 됩니다. 그러므로 우리 모두에게는 성령님께서 신자의 마음에 성경의 진리를 비추어 주시는 '조명'(illumination)이 필요합니다.

성령의 이런 은혜를 입은 후에도 신자는 계속해서 성경을 통해 하나님과 복음을 아는 바른 지식을 추구하며 그 말씀 안에서 자라 가야 합니다. 성령님께서는 진리의 말씀을 사용하여 죄인의 심령을 거듭나게 하시고(벧전 1:23; 약 1:18), 바른 진리의 지식 위에서 하나님의 영광을 보게 하심으로써(고후 3:18) 죄인을 거룩하게 하시기 때문입니다(요 17:17).

그런 과정을 통해 우리 안에 그리스도의 형상이 균형 있고 온전하게 이루어집니다.

하나님의 열심

이제 '열심'에 대해 생각해 보겠습니다. 구약성경에는 "하나님의 열심"이라는 말이 나옵니다. "여호와의 열심이 이를 이루시리라"(사 9:7) 같은 표현입니다. 여기서 말하는 "열심"은 '질투'라는 말과 같은 단어입니다. 좀 특이하지 않습니까?

성경은 하나님의 이름을 질투라고 소개합니다. "여호와는 질투라 이름하는 질투의 하나님이니라"(출 34:14).

우리에게 '질투'라는 개념은 대개 부정적입니다. 구약성경에서도 그러합니다. 그러나 하나님께 이 '질투'라는 단어가 쓰일 때는 유일하게 긍정적인 의미로 사용됩니다. 질투는 긍정적 의미로 '맹렬한 보호'라는 사전적 의미를 가지고 있습니다. 불처럼 맹렬한 보호하심, 불타오르는 보호본능 같은 것입니다.

그렇다면 하나님이 질투하실 만큼 보호하시는 것이 무엇일까요? 그것은 바로 '언약'입니다. 사람의 결혼 관계(언약) 속에서 질투가 일어나는 것과 비슷합니다.

언약은 혼자 하는 것이 아닙니다. 언약 상대인 당사자가 있어야 합니다. 하나님과 그분의 백성 사이의 언약은 하나님께서 자기 백성들을 전적으로 사랑하시며 보호하시고, 하나님의 백성은 오직 하나님만을 사랑하고, 하나님께만 충성하며 복종하는 것을 내용으로 합니다.

이것은 고대 근동에서 큰 나라의 왕과 작은 나라의 왕 사이에 맺어지던 종주권 조약과 같습니다. 우리나라도 역사 속에서 다른 나라와 그런 관계를 맺을 때가 있었습니다. 하나님께서 자기 백성과 맺으신 관계가 그러합니다.

그분의 언약은 자기 백성을 향한 하나님의 사랑과 보호, 그리고 하나님을 향한 자기 백성의 사랑과 충성으로 이루어집니다.

이 언약을 하나님은 절대로 포기하지 않으십니다. 하나님은 신실하시기 때문입니다. 그래서 제임스 패커는 "하나님의 질투는 지극히 소중한 것을 지키려는 칭송받을 만한 열심이다."라고 말합니다.[31]

하나님께서 자신을 질투하는 하나님이라고 말씀하실 때에는 그분의 백성에게 완전하고 절대적인 충성을 요구하시는 경우입니다. 만일 그렇게 되지 못하면, 하나님께서는 어떤 대가를 지불하시더라도 반드시 그것을 되돌려 놓고야 마십니다.

이런 질투는 부부 관계에서도 나타날 수 있습니다. 가령 아내가 남편이 아닌 다른 남자에게 마음을 빼앗기고 있는데 그 남편이 아무것도 하지 않는다면 정상적인 부부라고 할 수 없을 것입니다. 마찬가지로 하나님의 질투는 자기 백성을 지키시는 열심입니다. 어떤 대가를 지불하더라도 하나님은 잘못된 언약 관계를 바로잡아 놓으십니다.

이러한 하나님의 열심은 열정적으로 자기 백성과 하나님의 관계를 보호하시는 하나님의 언약적 사랑인 헤세드와 깊이 연결되어 있습니다.

"여호와의 열심이 이루신다"(사 9:7, 37:32 참조)는 말씀은 자기 백성들을 향한 구원의 역사를 질투하시는 사랑으로 이루시겠다는 하나님의 자기맹세라고 할 수 있습니다. 그 일을 마칠 때까지 결코 쉬지 않으시는 하나님의 열심입니다.

성경은 이와 같이 하나님을 참되실 뿐 아니라 열심을 가지신 분으로 계시합니다. 하나님의 모든 뜻과 작정은 참된 진리이고, 그 뜻이 성취되기까지는 쉬지 않으십니다.

하나님의 열심은 며칠 뜨거웠다가 식는 열심이 아닙니다. 로마서 8장에 기록된 것처럼 우리를 그리스도 예수 안에 있는 하나님의 사랑에서 끊을 수 있는 것은 아무것도 없습니다(롬 8:29).

하나님은 자기 백성들을 집요하게 끝까지 사랑하셔서 그 영원한 언약으로 그들의 마음을 바꾸십니다. 이것이 하나님이 세우신 언약이고, 질투를 통해 지키시는 언약의 내용입니다. 우리가 성경에서 배우는 열심은 이와 같이 지속적이고, 포기하지 않고, 하나님의 뜻을 이루기까지 행하는 열심입니다.

룻의 남편이 된 보아스의 성품이 그것을 잘 보여 줍니다. 룻기 3장 18절에서 나오미는 "내 딸아 이 사건이 어떻게 될지 알기까지 앉아 있으라. 그 사람이 오늘 이 일을 성취하기 전에는 쉬지 아니하리라"고 이야기합니다. 보아스에 대한 칭찬입니다. 그 사람이 하나님을 닮은 사람이라는 말입니다. 보아스는 하나님께서 율법을 통해 주신 계명 앞에서 자신이 감당해야 할 몫을 회피하지 않고, 그 일을 이룰 때까지 쉬지 않는 사람이라고 말합니다.

바울 사도는 로마서에서 복음의 영광스러운 교리를 설명한 후 다음과 같이 권면합니다. "부지런하여 게으르지 말고 열심을 품고 주를 섬기라"(롬 12:11).

"열심을 품으라"는 말을 직역하면 "영혼이 불붙게 하라"는 말입니다. 칼빈은 이 구절을 다음과 같이 설명했습니다.

> 우리의 육신은 나귀같이 늘 게을러서 박차를 가할 필요가 있다. 오직 우리의 영이 활활 타올라야만 우리의 게으름을 고칠 수 있다. 그런 까닭에 선한 일을 하는 데 부지런하려면 하나님의 영이 우리 마음에 그런 열심을 불붙여 주셔야 한다. 여기서 어떤 사람들은 그런 열심은 성령이 주셔야 하는

> 데 왜 바울은 우리에게 이런 열심을 품으라고 권면하는가 반문한다. 나의 대답은 그런 열심이 하나님의 선물인 것은 사실이지만, 대체로 우리는 우리 자신의 잘못 때문에 성령을 질식시키거나 소멸시키려는 까닭에 자신의 나태함을 떨쳐 버리고 하나님에 의해 불붙여진 열심을 품는 것은 믿는 자들에게 주어진 본분이다.[4]

이 말에 동의하십니까? 이것은 중요한 문제입니다. 복음을 안다고 말하는 사람들이 그 증거를 어떻게 드러내야 합니까? 바로 이 심령의 불로 나타내야 합니다. 성령님께서 복음의 말씀으로 붙이신 불이 그들의 심령에 계속 타오르도록 복음을 견고히 붙잡고 하나님의 거룩한 뜻이 성취되기까지 쉬지 않고 주를 섬기는 것입니다.

이 불은 활활 타오를 때도 있지만 불씨만 남은 것처럼 약해질 때도 있을 것입니다. 우리의 게으름과 세상을 향한 욕구, 세상을 사랑하는 마음 등으로 사그라들기도 합니다.

이것을 알기 때문에 바울 사도는 "열심을 품고", 즉 '영혼이 불붙게 함으로' 주를 섬기라고 권면합니다. 그 열심의 대상은 하나님입니다. 또한 그 열심은 언약에 대한 충성입니다. 하나님께서 그러하시듯, 우리는 하나님에 대한 사랑과 충성과 복종에 열심을 내야 합니다.

사도 바울은 다음과 같이 권고합니다.

> 그러므로 형제들아 내가 하나님의 모든 자비하심으로 너희를 권하노니 너희 몸을 하나님이 기뻐하시는 거룩한 산 제물로 드리라 이는 너희가 드릴 영적 예배니라. 너희는 이 세대를 본받지 말고 오직 마음을 새롭게 함으로 변화를 받아 하나님의 선하시고 기뻐하시고 온전하신 뜻이 무엇인지 분별

하도록 하라. 내게 주신 은혜로 말미암아 너희 각 사람에게 말하노니 마땅히 생각할 그 이상의 생각을 품지 말고 오직 하나님께서 각 사람에게 나누어 주신 믿음의 분량대로 지혜롭게 생각하라(롬 12:1-3).

세상의 풍속을 본받으려고 하면 할수록 성령께서 우리 안에 붙여 주신 불은 꺼지게 되어 있습니다. 하나님의 백성, 참된 신자들에게는 "부지런하여 게으르지 말고 열심을 품고 주를 섬기는 열심"이 당연히 있어야 합니다. 복음을 아는 증거를 입으로만 말하지 말고 하나님의 거룩한 뜻이 이루어지기까지 그 일을 위해 살아감으로써 입증해야 합니다.

바울 사도가 이야기하는 열심은 단순히 예배 시간에 눈물을 쏟고, 땀을 내는 열심이 아닙니다. 주일에 뜨겁게 타올랐다가 월요일 아침에 식어 버리는 것도 아닙니다. 그것은 신자의 삶 전체를 끌고 가는 힘이며, 삶의 방향을 바꾸는 힘입니다. 어떤 어려움 속에서도 결코 꺼지지 않는 거룩한 불입니다.

바울 사도는 "내가 하나님의 열심으로 너희를 위하여 열심을 내노니 내가 너희를 정결한 처녀로 한 남편인 그리스도께 드리려고 중매함이로다"(고후 11:2)라고 말합니다. 그에게는 성도들을 향해 질투하시는 하나님의 열심이 있었습니다. 무엇이 이런 열심을 만들어 냅니까? 그것은 바로 구원 얻는 참된 믿음입니다. 그런 열심은 진리의 말씀 위에 세워집니다.

존 오웬은 이렇게 말합니다. "열심의 정도는 늘 하나님의 자녀들이 은혜의 수단을 사용하는 것에 좌우될 수 있다."[5] '열심의 정도'는 불이 붙는 정도입니다. 하나님께서 우리에게 주신 은혜의 수단은 하나님의 말씀인 성경과 기도, 그리고 성례입니다. 우리는 부지런히 이 은혜의 방편을 사용해야 합니다.

온전한 그리스도인이 되는 길

하나님께서는 우리 안에 그리스도의 형상이 온전히 이루어지기 바라시고 그 일을 열심으로 행하십니다. 우리가 지금까지 믿음을 잃지 않고 지내는 것은 하나님의 열심이 있었기 때문입니다. 이 기초 위에서 우리는 "항상 복종하여 두렵고 떨림으로 너희 구원을 이루라"(빌 2:12)는 명령을 받습니다. 주를 더 알기 원하고, 더 깊이 알기 원하고, 주님의 성품을 더 닮아가기 원하고 주님을 추구하라는 것입니다.

이와 같이 우리는 온전한 그리스도인이 되라는 부르심에 응답해야 합니다. 성경은 결코 지옥에 가지 않을 만큼만 적당히 믿으라고 말씀하지 않습니다. 그래서 저는 다음과 같이 두 가지 권면을 드립니다.

온전한 그리스도인

빛과 열을 균형 있게 추구하는 그리스도인이 되십시오. 요즘처럼 진리의 혼돈이 깊어지는 시대에는 진리의 말씀을 분별하기 위해 더욱 부지런히 말씀을 배우고 확신하는 자리로 나아가야 합니다(딤후 2:15, 3:14 참조).

인터넷에 올라오는 설교들 중에는 이단도 있고 위험한 내용을 담은 설교도 적지 않습니다. 그래서 분별이 필요합니다.

책도 마찬가지입니다. 유명 출판사에서 믿을 만하지 못한 책을 내는 경우가 적지 않습니다. 분별이 쉽지 않습니다. 그러므로 더더욱 진리의 말씀을 분별하기 위해 열심히 말씀을 배워야 합니다. 여기에 성령님의 조명하심이 없다면 그 말씀 안에서 하나님의 영광을 볼 수 없으므로 성령님의 도우심을 간구해야 합니다.

무엇보다 성경을 읽는 것이 중요합니다. 성경 읽기에 기초하여 개인적으로, 또는 그룹으로 부지런히 성경을 연구하십시오. 성경을 알아 가십시오. 진리의 말씀을 분별하십시오. 성경은 우리가 평생 공부하고 배울 하나님의 말씀입니다.

성경을 읽고, 이해하고, 공부하도록 돕는 자료가 많이 나와 있습니다. 좋은 스터디바이블도 도움이 될 것입니다. 성령님의 도우심 가운데 그 일을 지속하십시오.

그리고 그 진리의 말씀이 당신의 심령에 확신을 주고, 주의 모든 말씀이 성취되도록 열심을 품고 순종하며 살아가십시오.

20년, 30년 교회에 다녀도 여전히 초신자처럼 하나님을 알지 못하는 사람이 교회 안에 넘쳐납니다. 그런 자리에 서는 것을 두려워하십시오. 세월과 함께 기독교의 초보자를 벗어나십시오(히 5:12). 이것이 우리가 받은 영광스러운 부르심입니다.

온전한 그리스도인이 되고 우리 안에 그리스도의 형상이 이루어지는 것은 저절로 되는 일이 아닙니다. 예수를 믿고 세월이 흐르면 복음의 교리를 분명하게 알고, 단단한 말씀을 꼭꼭 씹으며, 그 말씀 속에서 깊은 은혜를 경험하는 자리로 나아가야 합니다. 모든 성도가 그 길을 걸어가야 합니다. 이를 위해 목사들은 해산하는 수고를 감당해야 합니다(갈 4:19). 이것이 우리가 받은 영광스러운 부르심입니다.

온전한 그리스도인이 되십시오. 한쪽으로 치우친 사람이 아니라 모든 면에서 온전함과 균형과 조화를 이룬 아름다운 그리스도인으로 자라 가십시오.

그것은 경건한 어른이 되는 길입니다. 10년 후, 20년 후에 당신으로 인하여 하나님의 교회가 경건한 어른들과 경건한 어른이 되고자 하는 젊은 이들로 채워지게 하십시오.

예수를 바라보라

지금까지 '참 신앙과 거짓 신앙'에 대한 여러 주제를 다루었습니다.

독자들 중에는 자신이 정말 구원받은 사람이 맞는지, 참 신앙을 가졌는지 생각하게 된 분도 있을 것입니다. 그런 고민을 붙잡고 있는 것만으로는 구원의 확신으로 나아가지 못합니다. 자기 자신을 열심히 살핀다고 해서 구원의 확신이 주어지는 것도 아닙니다. 마귀는 우리가 우리 자신에게만 집중하게 함으로써 우리에게서 구원의 확신과 즐거움을 빼앗아 갈 수 있습니다.

"믿음의 주요 또 온전케 하시는 이인 예수를 바라보자"(히 12:2)는 말씀에서 보듯이, 우리 안에서 믿음을 시작하신 분도 그리스도이고, 그 믿음을 온전케 하시는 분도 주님이십니다.

우리의 믿음은 시작부터 끝까지 다 주님께 달려 있습니다. 우리의 열심이 아닌 주님께 달려 있습니다.

그렇기 때문에 우리는 주님을 바라보아야 합니다. 성경이 말하는 복음의 내용 속에서 그리스도가 어떤 분이신지 보아야 합니다. 그럴 때 우리의 믿음이 자라나고, 믿음의 확신에 이르게 될 것입니다. "주의 영광을 보매 그와 같은 형상으로 변화하여"(고후 3:18) 가는 것입니다.

복음 안에서 그리스도를 바라보십시오. 매일 매 순간 그리스도께 나아가십시오. 은혜의 수단인 하나님의 말씀과 기도, 그리고 성찬과 교제를 통해 그리스도께 부지런히 나아가십시오.

말씀을 통하여 제시되는 선명한 기준을 가지고 자신의 영혼을 살필 때 주의할 점이 있습니다. 무엇보다 자기 행위에 의존하려는 유혹과 싸워야 합니다. 성경을 몇 장 읽고, 기도를 몇 시간 했다고 해서 확신을 얻는 것이 아닙니다.

복음 안에서 그리스도를 더 밝히 보고 그분이 자신에게 더 영광스럽고 아름다운 분으로 드러날 수 있도록 성령께서 눈을 열어 주시길 간구하십시오. 그리고 하나님께서 그리스도 안에서 우리에게 행하신 모든 일을 근거로 구원의 반석이신 그리스도께 나아가십시오.

우리 안에 그리스도의 형상이 이루어지려면 우리 자신이나 세상이 아닌 오직 그리스도를 바라보아야 합니다. 말씀 안에서 그분의 아름다우심과 그분의 신적인 영광을 봄으로써 영광에서 영광으로 변화하는 거룩한 변화가 필요합니다. 그렇게 우리는 경건한 어른이 되고, 온전한 그리스도인이 됩니다. 어느 날 하나님의 기쁘신 뜻을 따라 그리스도의 형상이 우리 안에 이루어지게 될 것입니다. 이것이 기독교의 도리입니다.

이 땅에 사는 동안 선하신 하나님을 바르게 알고, 사랑하고, 잘 믿는 것보다 중요한 일은 없습니다. 당신이 하나님께서 "주를 두려워하는 자를 위하여 쌓아 두신 은혜 곧 주께 피하는 자를 위하여 인생 앞에 베푸신 은혜"(시 31:19)를 누릴 수 있게 되기를 바랍니다.

1. 당신의 신앙에 불균형적인 요소가 있습니까? 그것은 무엇입니까?

2. 당신 자신의 신앙에서 발견하는 불균형 요소는 당신의 신앙이 온전함을 향해 성숙해져야 하는 참된 신앙임을 드러냅니까, 아니면 거짓 신앙임을 드러내는 것이라고 생각합니까? 그 대답의 근거를 성경적으로 설명해 보십시오.

3. 저자는 거짓 교사들의 열심이 어떻게 거짓 신앙이라고 말합니까? 그들의 열심은 무엇이 문제였습니까?

4. 성령님의 조명하심은 우리의 신앙이 균형을 가지고 온전한 그리스도인이 되게 하는 데 어떤 역할을 합니까?

5. 온전한 그리스도인이 되기 위하여 당신에게 필요한 것은 무엇입니까? 당신이 힘써야 할 경건의 훈련은 무엇입니까? 그 훈련이 당신을 온전한 그리스도인으로 자라게 하는 데 어떤 역할을 합니까?

마치는 글

참된 신앙의 회복을 구하며…

한 사람의 그리스도인으로서, 그리고 주님께서 맡겨 주신 양 무리를 목양하는 목회자로서 제가 늘 관심을 가져 온 주제는 하나님, 복음, 은혜, 신앙과 같은 근본적인 것입니다.

하나님에 대한 오해의 문제를 『우리가 하나님을 오해했다』(생명의말씀사, 2014)에서 다루었고, 복음에 대한 오해의 문제는 『율법과 복음』(두란노, 2018)에서 다루었으며, 은혜의 주제를 민감한 이슈인 돈과 관련해서 『은혜와 돈』(복있는사람, 2019)에서 다룬 바 있습니다.

이제 저는 『참 신앙과 거짓 신앙』을 통해서 제가 그동안 다루고 싶어 했던 남은 주제, 신앙에 대한 오해의 문제를 다룰 수 있게 된 것을 감사하게 생각합니다.

이 모든 주제는 동떨어진 별개의 주제들이 아닙니다. 모두가 하나로 연결된, 서로가 서로를 떠받쳐 주는 주제입니다. 하나가 무너지면 다른 것도 무너지게 되어 있고, 이 모두에 대하여 우리는 성경의 가르침을 따라 온전함에 이르러야 합니다.

저는 이 책에서 당신의 신앙은 과연 안전한지 묻고 싶었고, 당신 스스로 성경의 기준에 따라 자신의 신앙을 점검해 보기를 바랐습니다. 그리고 그 안전함이 우리 자신의 행위와 봉사와 헌신에 근거하지 않으며, 오직 성령님께서 우리 안에 이루어 놓으신 일에 근거한다는 것을 드러내고 싶었습니다. 거짓은 참으로 둔갑하여 많은 사람에게 환영을 받고, 참은 거짓처럼 보이고, 심지어 누추해 보이기까지 하는 현실에서, 눈으로 보는 것이 아니라 성경이 가르치는 분명한 기준을 따라 참과 거짓을 분별할 수 있도록 돕고 싶었습니다.

이 책을 읽으신 당신만이 이런 동기로 시작된 이 책의 성패를 가늠하는 증거가 될 것입니다.

우리는 우리가 살아가는 21세기 초 한국 교회가 한국 사회의 공공의 적처럼, 혹은 적폐처럼 여겨지는 현실에 놓여 있는 참담함을 부인하기 어렵습니다. 이를 염려하는 많은 분이 한국 교회의 윤리적 위기를 말씀하는 것을 듣습니다. 옳은 말씀입니다.

하지만 우리는 나타나는 증상을 진단함에 있어서, 그 증상이 일어나게 되는 원인을 살펴야 합니다. 제가 이 책에서 하고자 한 것은 바로 그 원인을 진단하는 문제였다는 것을 공감하실 것입니다.

오늘날 한국 교회의 윤리 부재 문제는 값싼 은혜의 복음으로 오해되는 '칭의'의 복음을 전했기 때문에 일어난 것이 아닙니다. 또한 지난 500여 년간 종교개혁자들에 의해서 회복된 칭의의 복음이 오해에서 비롯된 것이었거나 지난 수세기 동안 교회가 종교개혁자들을 오해한 결과, 행위를 강조하지 않았기 때문도 아닙니다.

우리에게 필요한 것은 값싼 은혜의 거짓 복음이 아니라 감당할 수 없는 '칭의의 은혜'의 복음을 회복하는 것이고, 그 복음이 모든 교회의 강단에서 다시 온전하고도 영광스럽게 회복되는 것입니다.

거짓 신앙은 결코 참된 신앙만이 가져올 수 있는 거룩한 열매를 맺지 못합니다. 참된 신앙만이 거룩한 감정과 거룩한 행동을 가져옵니다.

아무쪼록 물 타지 않은 참된 복음의 선포를 통해 참 신앙의 회복이 한국 교회 성도들 안에 깊고도 넓게 일어나게 되기를 구합니다.

주

시작하는 글 – 교회에서 무시되어 온 가장 중요한 주제

1) R. C. 스프로울, 조계광(역), 『구원의 확신』(생명의말씀사, 2012), pp.35-51.
2) 조나단 에드워즈, 정성욱(역), 『신앙감정론』(부흥과개혁사, 2005).
3) 샘 스톰즈, 『우리 세대를 위한 신앙감정론』(복있는사람, 2011), 제럴드 R. 맥더못, 『주만 바라볼지라』(기독교문서선교회, 1999), 이 외에 『신앙감정론』의 현대어 축약본으로 조나단 에드워즈, 『영적 감정을 분별하라』(생명의말씀사, 2013) 등이 있다.

1. 참 그리스도인과 거짓 그리스도인

1) 칼빈의 말을 정확하게 옮기면 이렇다. "믿음이 확실하고 분명해야 한다고 우리가 가르치는 것은 사실이지만 한 점도 의심이 없는 확실함이라든가, 근심 걱정에 의해서 조금도 공격을 당하지 않는 그런 확신은 상상할 수가 없다." 존 칼빈, 원광연(역), 『기독교강요』(CH북스 2015) 3.2.17

2. 거룩한 감정인가, 자의적 감상인가?

1) 조나단 에드워즈, 정성욱(역), 『신앙감정론』(부흥과개혁사, 2005), p.147.
2) 위의 책, p.220.
3) 위의 책, p.165.
4) 새찬송가 484장 '내 맘의 주여 소망되소서' 1절.
5) 새찬송가 85장 '구주를 생각만 해도' 1절, 4절.

3. 성령의 내주하심인가, 마귀의 미혹인가?

1) 조나단 에드워즈, 정성욱(역), 『신앙감정론』(부흥과개혁사, 2005), pp.342-343.

4. 하나님을 사랑하는가, 자신을 사랑하는가?

1) 가디너 스프링, 신현정(역), 『나는 진짜 구원받았나?』(생명의말씀사, 2016), p.62.
2) 이민섭, '당신은 사랑받기 위해 태어난 사람'.
3) 조나단 에드워즈, 정성욱(역), 『신앙감정론』(부흥과개혁사, 2005), p.359.
3) 위의 책, pp.365-368.

5. 지식 있는 열심인가, 맹목적인 열의인가?

1) 제임스 패커, 정옥배(역), 『하나님을 아는 지식』(IVP, 2008), p.39.
2) 위의 책, p.33.
3) 조나단 에드워즈, 정성욱(역), 『신앙감정론』(부흥과개혁사, 2005), p.383 재인용.

7. 은혜를 구하는가, 자기 영광을 구하는가?

1) John Calvin, *Institutes of the Christian Religion* & 2. ed. John T. McNeill, trans. Ford Lewis Battles, vol. 1, The Library of Christian Classics (Louisville, KY: Westminster John Knox Press, 2011), 35.
2) 조나단 에드워즈, 정성욱(역), 『신앙감정론』(부흥과개혁사, 2005), p.468.
3) 위의 책, p.486.
4) 조나단 에드워즈, 정성욱(역), 『신앙감정론』(부흥과개혁사, 2005), p.448.

8. 하나님을 경외하는가, 방종하는가?

1) 제임스 패커, 정옥배(역), 『하나님을 아는 지식』(IVP, 2008), p.128.
2) 존 머리, 박문재(역), 『조직신학』(크리스챤다이제스트, 2008), p.182.
3) 존 번연, 이태복(역), 『경외함의 진수』(지평서원, 2009).
4) 위의 책.

5) 위의 책.
6) 토마스 왓슨, 조계광(역), 『하나님을 경외하는 사람』(규장, 2008), pp.28-38.
7) 제임스 패커, 정옥배(역), 『하나님을 아는 지식』(IVP, 2008), p.138.
8) 존 번연, 이태복(역), 『경외함의 진수』(지평서원, 2009).

9. 하나님의 '말씀'을 듣는가, '음성'을 듣는가?

1) 존 번연, 이태복(역), 『경외함의 진수』(지평서원, 2009).

10. 온전한 복종인가, 선택적 순종인가?

1) 존 칼빈, 원광연(역), 『기독교강요』(CH북스, 2015).
2) 조나단 에드워즈, 정성욱(역), 『신앙감정론』(부흥과개혁사, 2005), pp.541-542 각주 215 재인용.
3) 위의 책, p.541-542 각주 215에서 재인용.
4) 존 번연, 이태복(역), 『경외함의 진수』(지평서원, 2009).

11. 영적 갈망이 있는가, 적당히 안주하는가?

1) 도널드 휘트니, 우수명(역), 『당신의 영적 건강을 진단하라』(NCD, 2008), pp.31-32.
2) 마틴 로이드 존스, 임범진(역), 『성령 하나님과 놀라운 구원』(부흥과개혁사, 2007).
3) 조나단 에드워즈, 정성욱(역), 『신앙감정론』(부흥과개혁사, 2005), p.535.
4) 위의 책, p.531.
5) A. W. 토저, 이영희(역), 『하나님을 추구함』(생명의말씀사, 2006), pp.26-27.
6) 존 파이퍼, 박대영(역), 『하나님을 기뻐하라』(생명의말씀사, 2009), p.535.
7) 존 파이퍼, 김태곤(역), 『금식기도』(생명의말씀사, 2000).
8) 위의 책.

12. 은혜 안에서 형제를 사랑하는가, 끼리끼리 어울리는가?

1) 마틴 로이드 존스, 임성철(역), 『하나님의 자녀』(생명의말씀사, 2010).
2) 존 칼빈, 원광연(역), 『기독교강요』(CH북스, 2015), 1.1.1-2.
3) Lanny Wolfe, '누군가 널 위해 기도하네'.

13. 교회 중심의 삶인가, 나 홀로 신앙인가?

1) 존 칼빈, 원광연(역), 『기독교강요』(CH북스, 2015).
2) 오웬 스트라첸, 더글라스 스위니, 김용남(역), 『조나단 에드워즈의 하나님의 아름다움』(부흥과개혁사, 2012), pp.131-132 재인용.

14. 실천하는 믿음인가, 말만의 믿음인가?

1) 조나단 에드워즈, 정성욱(역), 『신앙감정론』(부흥과개혁사, 2005).
2) 존 그레샴 메이천, 심명석(역), 『믿음이란 무엇인가』(대서, 2011), pp.207-208.
3) On John Wesley's 12 Rules of Conduct, Roberts Liardon, *God's Generals: The Revivalists* (Whitaker House, 2008), p. 82 재인용.

15. 끝까지 인내하는가, 한철 신앙인가?

1) 조나단 에드워즈, 이태복(역), 『기독교 중심』(서울: 개혁된신앙사, 2002).
2) 위의 책, p.186-187. 필자는 이 번역에서 perseverance를 의미 전달을 위해서 '견인'이 아닌 '인내'로 고쳐서 옮겼다. Jonathan Edwards, *Sermons and Discourses, 1734-1738*, ed. M. X. Sesser, vol.19 of The Works of Jonathan Edwards (New Haven, Conn: Yale University Press, 2001), pp. 202-204.
3) 조나단 에드워즈, 정성욱(역), 『신앙감정론』(부흥과개혁사, 2005).
4) 조나단 에드워즈, 원광연(역), 『데이비드 브레이너드 생애와 일기』(CH북스, 2009)에

서 재인용.
5) 위의 책.
6) 조니 에릭슨 타다, 유정희(역), 『조니 에릭슨 타다의 희망노트』(두란노, 2011).
7) 마틴 로이드 존스, 전의우(역), 『하나님 나라』(복있는사람, 2008).
8) 오웬 스트라챈, 더글라스 스웨니, 김찬영(역), 『조나단 에드워즈의 천국과 지옥』(부흥과개혁사, 2012).
9) 존 오웬, 김귀탁(역), 『죄 죽임』(부흥과개혁사, 2009).
10) 리처드 필립스, 전광규(역), 『REC 히브리서』(부흥과개혁사, 2010).

16. 온전한 그리스도인을 향하여

1) 조나단 에드워즈, 정성욱(역), 『신앙감정론』(부흥과개혁사, 2005), p.219.
2) 위의 책, p.225.
3) 제임스 패커, 정옥배(역), 『하나님을 아는 지식』(IVP, 2008).
4) 존 칼빈, 원광연(역), 『기독교강요』(CH북스, 2015).
5) 존 오웬, 김귀탁(역), 『죄 죽임』(부흥과개혁사, 2009).

사명선언문

너희가 흠이 없고 순전하여……세상에서 그들 가운데 빛들로
나타내며 생명의 말씀을 밝혀 _ 빌 2:15-16

1. 생명을 담겠습니다
만드는 책에 주님 주신 생명을 담겠습니다.
그 책으로 복음을 선포하겠습니다.

2. 말씀을 밝히겠습니다
생명의 근본은 말씀입니다.
말씀을 밝혀 성도와 교회의 성장을 돕겠습니다.

3. 빛이 되겠습니다
시대와 영혼의 어두움을 밝혀 주님 앞으로 이끄는
빛이 되는 책을 만들겠습니다.

4. 순전히 행하겠습니다
책을 만들고 전하는 일과 경영하는 일에 부끄러움이 없는
정직함으로 행하겠습니다.

5. 끝까지 전파하겠습니다
모든 사람에게, 땅 끝까지, 주님 오시는 그날까지
복음을 전하는 사명을 다하겠습니다.

서점 안내

광화문점 서울시 종로구 새문안로 69 구세군회관 1층
02)737-2288 / 02)737-4623(F)

강남점 서울시 서초구 신반포로 177 반포쇼핑타운 3동 2층
02)595-1211 / 02)595-3549(F)

구로점 서울시 동작구 시흥대로 602, 3층 302호
02)858-8744 / 02)838-0653(F)

노원점 서울시 노원구 동일로 1366 삼봉빌딩 지하 1층
02)938-7979 / 02)3391-6169(F)

일산점 경기도 고양시 일산서구 중앙로 1391 레이크타운 지하 1층
031)916-8787 / 031)916-8788(F)

의정부점 경기도 의정부시 청사로47번길 12 성산타워 3층
031)845-0600 / 031)852-6930(F)

인터넷서점 www.lifebook.co.kr